▶図解でわかる◀

「みなし相続財産」の基本と課税関係

―保険金・退職手当金・定期金・信託受益権―

改訂版

税理士 武藤 健造 著

第一法規

改訂版はしがき

　相続税は、被相続人の有していた財産について相続人が相続により取得した財産（民法上の相続財産）に対して課される財産税です。

　ところで、例えば、生命保険で被相続人（保険料支払者）の死亡に際し、相続人（保険金受取者）に保険会社から支払われる死亡保険金は相続人固有の財産とされ、相続財産とはされていません。

　被相続人の死亡を契機に相続人が取得する財産でも、相続財産となるものと相続財産にならないものがあります。

　相続税法においては、相続税負担の公平を図る見地から、民法上の相続財産（本来の相続財産）に加え、実質的に相続と同じ効果のある財産の取得を「相続により取得したものとみなす（みなし相続財産）」として相続税の課税対象とすることとしています。

　相続財産として現金を相続する場合も保険金として取得する場合も実質的に同様の経済的効果を有しているからです。

　主なみなし相続財産としては、次のようなものがあります。
・生命保険金、死亡に伴う損害保険金等
・死亡退職金等
・定期金および定期金に関する権利
・特別縁故者が受けた財産分与、特別寄与料
・低額での財産譲り受け、債務の免除による利益
・遺言による信託の受益権
・相続開始前7年以内に贈与を受けた財産
・相続時精算課税に基づき贈与を受けた財産
・一括贈与を受けた教育資金又は結婚・子育て資金の管理残額

初版発行以降、相続時精算課税に係る基礎控除の特例の創設や生前贈与の相続時の加算対象期間の延長等の相続税法の改正、また、将来の相続税対策への関心の高まりなどを背景に、生命保険信託や個人型確定拠出年金（iDeCo）などの「みなし相続財産」の利用者が増加しています。

　本書では、相続税特有の取扱いのある多種多様な「みなし相続財産」について、その仕組みや課税方法等についてできるだけわかりやすく図や計算例を用いて読者の方々に十分理解していただけるような解説となるよう心掛けました。

　本書が一人でも多くの方のお役に立てば幸いです。

　最後に、本書の出版に当たって、大変お世話になりました第一法規株式会社出版編集局の内海重貴氏、伊藤悠里氏に心から感謝申し上げます。

令和7年2月

税理士　武藤健造

目　次

はじめに

1 本来の相続財産 ……………………………………… 5

- （1） 本来の相続財産とは ……………………………… 5
- （2） 本来の相続財産の具体例 ………………………… 5

2 みなし相続財産 ………………………………………… 6

- （1） みなし相続財産とは ……………………………… 6
- （2） みなし相続財産の具体例 ………………………… 6
- （3） 相続又は遺贈により取得したものとみなす区分 ………… 10

第1章　生命保険金等

第1節　生命保険金・死亡に伴う損害保険金 ……………… 15

1 概要 ………………………………………………………… 15

- （1） 生命保険契約について ………………………………… 16
- （2） 保険金請求権について ………………………………… 20

2 生命保険金等の課税関係（所得税・相続税・贈与税） ………… 26

- （1） 所得税が課税される場合 …………………………… 28
- （2） 相続税が課税される場合 …………………………… 28

(3) 贈与税が課税される場合 ……………………………………… 29

3 生命保険金に係る相続税の課税について ………… 34

(1) みなす理由 …………………………………………………… 38
(2) 保険金受取人の指定 ………………………………………… 39
(3) 保険料負担者と保険金受取人、被保険者、契約者が
　　異なるパターン ……………………………………………… 42
(4) 保険金受取人への課税上の留意点 ………………………… 45
(5) 相続財産とみなされる保険金 ……………………………… 47
(6) 相続財産とみなされる保険金の計算 ……………………… 50
(7) 生命保険金の非課税枠 ……………………………………… 51
(8) 年金形式で支給される保険金額 …………………………… 62
(9) 雇用主の保険料負担の場合の保険金の課税 ……………… 70

4 贈与により取得したものとみなされる保険金等 ……75

(1) 概要 …………………………………………………………… 75
(2) 課税の対象となる保険金 …………………………………… 78
(3) みなし贈与財産となる保険金及び保険料の計算 ………… 82
(4) 返還金に対する課税について ……………………………… 82
(5) 保険料負担者の被相続人が負担した
　　保険料等の取扱いについて ………………………………… 83

第2節　生命保険契約に関する権利 ……………………… 86

1 概要 ………………………………………………………… 86

2 みなし相続財産となる権利の額の計算 ……………… 88

目 次

第2章 退職手当金等

退職手当金等に係る課税について …………………… 95

(1) みなす理由 ……………………………………………… 96
(2) 退職手当金等とは ……………………………………… 97
(3) 被相続人の死亡後3年以内に支給が確定したものとは … 99
(4) 被相続人の死亡後確定した賞与・支給期の
    到来していない給与 …………………………………… 105
(5) 退職手当金等に含まれる現物の価額の評価 ………… 105
(6) 退職給与等を受ける者 ……………………………… 105
(7) 弔慰金等に係る相続税課税 ………………………… 107
(8) 個人型確定拠出年金（iDeCo）……………………… 112
(9) 非課税限度額 ………………………………………… 115

第3章 定期金に関する権利

第1節 定期金に関する権利 ……………………………… 123

(1) みなす理由 …………………………………………… 124
(2) 相続財産とみなされる定期金給付契約に関する権利 … 124
(3) みなし相続財産となる権利の額の計算 …………… 125
(4) 定期金給付契約に関する権利の課税関係 ………… 128

第2節 保証期間付定期金に関する権利 ……………… 132

(1) みなす理由 …………………………………………… 133

v

（2） 相続財産とみなされる保証期間付定期金に関する権利… 133
（3） みなし相続財産となる権利の額の計算 ……………… 134
（4） 保証期間付定期金に対する課税関係 ……………… 138

第3節 契約に基づかない定期金に関する権利 ………… 140

（1） みなす理由 ……………………………………… 141
（2） 相続財産とみなされる契約に基づかない
定期金に関する権利 …………………………… 141
（3） みなし相続財産となる権利 ……………………… 142

第4節 贈与財産とみなされる定期金に関する権利 … 144

（1） 贈与財産とみなされる定期金 …………………… 144
（2） 贈与により取得したとみなされる部分の計算 ……… 145
（3） 掛金等 ………………………………………… 146

第4章 その他のみなし遺贈財産

第1節 特別縁故者に対する相続財産の分与 ………… 149

第2節 特別寄与料 ……………………………………… 152

（1） 相続税の課税 …………………………………… 152
（2） 特別寄与料を支払うべき相続人 ………………… 153

目 次

第5章 信託に関する権利

第1節 信託とは ………………………………………………… 159

(1) 用語の定義 ……………………………………………… 159
(2) 信託の仕組みと課税の概要 ……………………………… 163

第2節 信託に関する課税関係 ……………………………… 170

1 信託の効力が生じた時に贈与又は遺贈により取得したものとみなす場合 ……………………………………… 170

(1) 受益者等の有する信託に関する権利 …………………… 171
(2) 課税時期・課税態様 …………………………………… 172
(3) 受益権の評価 …………………………………………… 172

2 新たに信託の受益者等が存するに至った時に贈与又は遺贈により取得したものとみなす場合 ………… 173

(1) 信託の受益者等が存するに至った場合 ………………… 175
(2) 課税時期・課税態様 …………………………………… 176

3 一部の受益者等が存しなくなった時に贈与又は遺贈により取得したものとみなす場合 …………… 177

(1) 信託に関する権利の一部について放棄又は消滅があった場合 ………………………………………… 179
(2) 課税時期・課税態様 …………………………………… 179

4 受益者等の存する信託が終了した時に贈与又は遺贈により取得したものとみなす場合 ………… 179

vii

(1) 信託が終了した場合 ……………………………… 180

(2) 残余財産の給付を受けるべき、又は帰属すべき者 …… 183

(3) 残余財産受益者等が存しない場合の残余財産の
帰属と課税関係…………………………………… 183

(4) 課税時期・課税態様 …………………………… 186

第3節 受益者連続型信託の特例 …………………………… 187

(1) 受益者連続型信託に対する課税の概要 ………………… 187

(2) 相続税法上の受益者連続型信託 ………………… 189

(3) 受益者連続型信託に関する権利の価額 ………………… 191

第4節 受益者等が存しない信託等の特例 ………………… 192

1 受益者等が存しない信託等の特例 ………………… 192

(1) 概要 ……………………………………………… 192

(2) 一定の親族 ……………………………………… 194

(3) 受益者等が存しない信託の受託者が死亡した場合 …… 196

(4) 贈与により取得したものとみなされる場合の
贈与税課税 ……………………………………… 196

2 受益者等が存する信託の受益者等が存しない
こととなった場合 …………………………………… 198

(1) 概要 ……………………………………………… 198

(2) 一定の親族 ……………………………………… 199

(3) 受益者等の次に受益者等となる者が複数存する場合 … 199

(4) 受益者等が存しない信託の受託者の住所等……………… 199

(5) 受益者等が存しない信託の受託者が死亡した場合 …… 200

3 受託者が個人以外である場合 ················· 200

4 法人税等相当額の控除 ····················· 201

5 受益者等が存しない信託について受益者等が
存することとなった場合の特例 ············· 202
   (1) 概要 ································· 202
   (2) 一定の親族 ························· 203
   (3) 「存しない者」の意義 ················· 205
   (4) 贈与する個人の国籍及び住所 ··········· 205
   (5) 信託の受益者等となる者と信託財産 ······· 205
   (6) 相続税法第9条の4との関係 ··········· 206

第5節 その他の信託 ····················· 207

1 生命保険信託 ························· 207

2 賃貸不動産の信託（負担付贈与） ············· 208

第6章 その他のみなし贈与・遺贈財産等

第1節 低額譲受 ······················· 215

第2節 債務免除等 ······················· 216

| 第3節 | その他の利益の享受 …………………………………… 218 |

| 第4節 | 被相続人から相続開始前7年以内に 贈与を受けていた財産 …………………………… 220 |

| 第5節 | 相続等により財産を取得しなかった 相続時精算課税適用者 …………………………… 226 |

| 第6節 | 持分の定めのない法人から特別の利益を受ける 個人に対する課税 ………………………………… 233 |

| 第7節 | その他 …………………………………………………… 235 |

1 直系尊属から教育資金の一括贈与を受けた場合の 贈与税の特例 …………………………………………… 235

  (1)　概要 ……………………………………………………… 235

  (2)　課税態様 ………………………………………………… 236

2 直系尊属から結婚・子育て資金の一括贈与を受けた 場合の贈与税の特例 ………………………………… 236

  (1)　概要 ……………………………………………………… 236

  (2)　課税態様 ………………………………………………… 237

参考法令等

○相続税法（抄） …………………………………………………… 241

○相続税法施行令（抄） …………………………………………… 266

○相続税法施行規則（抄） ………………………………………… 284

○相続税法基本通達（抄） ………………………………………… 286

○財産評価基本通達（抄） ………………………………………… 327

凡　例

1　主な法令等の略称

法令・通達名	略称
国税通則法（昭和37年法律第66号）	通則法
所得税法（昭和40年法律第33号）	所法
所得税法施行令（昭和40年政令第96号）	所令
法人税法（昭和40年法律第34号）	法法
相続税法（昭和25年法律第73号）	相法
相続税法施行令（昭和25年政令第71号）	相令
相続税法施行規則（昭和25年大蔵省令第17号）	相規
租税特別措置法（昭和32年法律第26号）	措法
所得税基本通達（昭和45年直審（所）30）	所基通
相続税法基本通達（昭和34年直資10）	相基通
財産評価基本通達（昭和39年直資56他）	評基通

（表記例）

　　相続税法第1条の3第1項第1号……………相法1の3①一

　　相続税法基本通達3―11………………………相基通3―11

2　内容現在

　本書は、令和7年1月1日現在において施行・適用されている法令通達等に基づいています。

はじめに

はじめに

　相続又は遺贈（贈与者の死亡により効力を生ずる贈与を含みます。以下同じ。）により財産を取得した者には相続税を納める義務があり（相法1の3）、この義務は、相続又は遺贈による財産の取得の時に生じることになります（通則法15②四）。そして、相続税の課税財産の範囲は、相続又は遺贈により取得した財産の全部（居住無制限納税義務者の場合）であるとされています（相法1の3①一、2①）。

　　(注) 相続は、人の死亡によって開始することとなり（民法882）、相続人は相続開始の時から被相続人の財産に属していた一切の権利及び義務を承継することになります（民法896）。

　つまり、相続又は遺贈によって取得した財産（以下「本来の相続財産」といいます。）に対して、相続税が課せられることになり、この場合の相続とは、民法上の相続を指すものと解されています。

【民法の相続財産の意義】

　相続の開始があった場合には、相続人は、被相続人の一身に専属したものを除いて被相続人の財産に属した一切の権利義務を承継します（民法896（相続の一般的効力））。

　また、遺贈があった場合には、その目的となった財産は原則として遺言者の死亡の時から受遺者に帰属します（民法985①（遺言の効力の発生時期））。

　※　共同相続人の中に、被相続人から遺贈や生前贈与などの特別の利益（特別受益）を受けた者（特別受益者）がいる場合は、その贈与等を受けた財産（特別受益財産）の価額を被相続人が相続開始の時において有していた財産の価額に加算したものを相続財産とみなし、それに特別受益者に係る法定相続分を乗じて得た金額から特別受益財産の価額を控除した後の残額が特別受益者の具体的相続分とされます（民法903①）。

　　特別受益は、被相続人から生前贈与を受けたり、遺言により贈与（遺贈）

3

された経済的利益のことで、現金のみならず、不動産や、美術品・自動車などの動産、債権などの権利も特別受益に当たります。また、時効や期間の限定などもないので、生前の贈与（相続開始前相当の期間を経たものであっても広範囲のものが対象とされています。）でも特別受益となります。

　しかし、相続税法では、本来の相続財産に該当しないものでも、相続税負担の回避を防ぎ、実質的な負担の公平を図る見地から、本来の相続財産と実質的に同視すべきいくつかのものについて、これを相続又は遺贈により取得したものとみなして課税対象として課税しているものがあります。これらは「みなし相続財産」と呼ばれています（以下「みなし相続財産」といいます。）。

参　考

○相続税法
　（相続又は遺贈により取得したものとみなす場合）
第3条　次の各号のいずれかに該当する場合においては、当該各号に掲げる者が、当該各号に掲げる財産を相続又は遺贈により取得したものとみなす。この場合において、その者が相続人（相続を放棄した者及び相続権を失つた者を含まない。第15条、第16条、第19条の2第1項、第19条の3第1項、第19条の4第1項及び第63条の場合並びに「第15条第2項に規定する相続人の数」という場合を除き、以下同じ。）であるときは当該財産を相続により取得したものとみなし、その者が相続人以外の者であるときは当該財産を遺贈により取得したものとみなす。
　一～六　略
　2・3　略

はじめに

1 本来の相続財産

　相続税法上、いわゆる積極財産として、本来の相続財産、みなし相続財産そして非課税財産があり、消極財産として被相続人の借入金などの債務があります。相続税額の計算上、積極財産について課税価格に算入すべき価額は被相続人の債務のうち一定のものの金額を控除（債務控除）した後の金額によるものとされています。

⑴　本来の相続財産とは

　一般には被相続人に帰属していた財産上の権利義務で相続又は遺贈を原因として、相続人又は受遺者が取得する財産をいいますが、相続税法では、被相続人に帰属していた財産のうち、金銭に見積もることができる経済的価値のあるものすべてをいうこととし、積極財産だけを指しています（民法上、消極財産を含むこともあります。）。

　なお、未登記の土地建物等、被相続人名義以外の家族名義・他人名義の預貯金等であっても、実質的に被相続人に帰属する財産は相続財産に含まれます。

⑵　本来の相続財産の具体例

　土地、家屋、借地権、株式、預貯金、現金、貴金属、宝石、書画、骨とう、自動車、電話加入権、立木、金銭債権、著作権や特許権、商標権などの無体財産権など。

※相続税が課税されないもの……従たる権利（質権、抵当権、地役権等）

5

② みなし相続財産

⑴ みなし相続財産とは

　民法上は被相続人から相続又は遺贈により取得したものではないが、実質的に、相続又は遺贈により取得した財産と同様の経済的効果をもつものがあり、相続税法では課税の公平を図る見地から、このような財産を相続又は遺贈により取得したものとみなして（みなし相続財産）、相続税の課税対象としています。

⑵ みなし相続財産の具体例

① 生命保険金等（相法3①一）

② 退職手当金等（相法3①二）

③ 生命保険契約に関する権利（相法3①三）

④ 定期金に関する権利（相法3①四）

⑤ 保証期間付定期金に関する権利（相法3①五）

⑥ 契約に基づかない定期金に関する権利（相法3①六）

⑦ その他

　（i） 遺贈により取得したものとみなされるもの（相法4、7、8、9、9の2、9の4、65①）

　　　特別縁故者に対する相続財産の分与、特別寄与者が支払を受ける特別寄与料、低額譲受、債務免除等、その他の利益の享受、信託に関する権利等、持分の定めのない法人から受ける特別の利益の享受

　（ii） 相続又は遺贈により財産を取得しなかった相続時精算課税適用者の受贈財産（相法21の16①）

（ⅲ）　直系尊属からの教育資金の一括贈与について贈与税の非課税の適用を受けている場合において、その贈与等の日から教育資金管理契約の終了の日までの間に贈与者が死亡したときの管理残額（措法70の2の2⑫）

　　（注）上記の「管理残額」とは、非課税拠出額から教育資金支出額を控除した残額をいいます。

（ⅳ）　直系尊属からの結婚・子育て資金の一括贈与について贈与税の非課税の適用を受けている場合において、その贈与等の日から結婚・子育て資金管理契約の終了の日までの間に贈与者が死亡したときの管理残額（措法70の2の3⑫）

　　（注）上記の「管理残額」とは、非課税拠出額から結婚・子育て資金支出額を控除した残額をいいます。

（ⅴ）　農地等を贈与した場合の贈与税の納税猶予の適用に係る農地等の贈与者が死亡した場合のその農地等（措法70の5）

　　（注）この場合、相続税の課税価格の計算の基礎に算入するその農地等の価額については、贈与者の死亡の日における価額とすることとされています。

（ⅵ）　個人の事業用資産についての贈与税の納税猶予の適用を受けている受贈者に係る贈与者が死亡した場合のその納税猶予の適用の対象となっていた特例受贈事業用資産（措法70の6の9）

　　（注）この場合、相続税の課税価格の計算の基礎に算入するその特例受贈事業用資産の価額については、贈与時の価額とすることとされています。

（ⅶ）　非上場株式等についての贈与税の納税猶予の適用を受けている受贈者に係る贈与者が死亡した場合のその納税猶予の適

用の対象となっていた非上場株式等（措法70の7の3、70の7の7）

（注）この場合、相続税の課税価格の計算の基礎に算入するその非上場株式等の価額については、贈与時の価額とすることとされています。

参 考

1　みなし相続財産

財産の種類	関係法令	規定の要旨
生命保険金、偶然な事故に基因する死亡に伴う損害保険金	相法3①一	各号に掲げる財産を相続又は遺贈により取得したものとみなす。
退職手当金等	相法3①二	
生命保険契約に関する権利	相法3①三	
定期金に関する権利	相法3①四	
保証期間付定期金に関する権利	相法3①五	
契約に基づかない定期金に関する権利	相法3①六	
特別縁故者に対する相続財産の分与	相法4①	与えられた時のその財産の時価に相当する金額を遺贈により取得したものとみなす。
特別寄与者が支払を受ける特別寄与料	相法4②	支払を受けるべき特別寄与料の額を遺贈により取得したものとみなす。
低額譲受	相法7	（遺言により著しく低い価額の対価で財産の譲渡を受けた場合）その対価と時価との差額に相当する金額を遺贈により取得したものとみなす。

8

債務免除等	相法8	（遺言により対価を支払わないで、又は著しく低い価額の対価で債務を免除等された場合）その免除等された債務の金額に相当する金額を遺贈により取得したものとみなす。
その他の利益の享受	相法9	（遺言により対価を支払わないで、又は著しく低い価額の対価で利益を受けた場合）その時の利益の金額に相当する金額を遺贈により取得したものとみなす。
信託に関する権利	相法9の2〜9の6	（遺言等により委託者以外の者が受ける信託の利益について）その利益を受ける権利を遺贈により取得したものとみなす。
相続時精算課税適用者（相続又は遺贈により財産を取得しなかった者）の受贈財産	相法21の16①	その財産を相続又は遺贈により取得したものとみなす。
特別の法人から受ける利益	相法65①	（持分の定めのない法人で、その施設の利用等について役員等又はこれらの者の親族等に対し特別の利益を与えるものに対して遺産の贈与又は遺贈があった場合においては、一定の場合を除き）その法人から特別の利益を受ける者が、その財産の贈与又は遺贈により受ける利益に相当する金額をその財産を贈与又は遺贈した者から贈与又は遺贈により取得したものとみなす。

2 みなし相続財産ではないが課税価格の計算の基礎となるもの

財産の種類	関係法令	規定の要旨
相続時精算課税適用者（相続又は遺贈により財産を取得した者）の受贈財産	相法21の15①	その財産の価額から相続時精算課税に係る贈与税の基礎控除額を控除した残額を相続税の課税価格に加算した価額をもって、相続税の課税価格とする。
相続開始前７年以内の贈与財産	相法19①	その財産の価額のうち (1)相続開始前３年以内に取得した財産の価額の合計金額と (2)相続開始前３年以内に取得した財産以外の財産の価額の合計額から100万円を控除した後の金額との合計額を相続税の課税価格に加算したものを相続税の課税価格とみなす。

⑶　相続又は遺贈により取得したものとみなす区分

　上記⑵①から⑥までのそれぞれに該当する財産を取得したものとみなされる者が相続人である場合には、相続により取得したものとみなされ、財産を取得したものとみなされる者が相続人以外の者である場合には、遺贈により取得したものとみなされます（相法3①）。

① 　この結果、遺贈により取得したものとみなされた場合、債務控除（相法13）は包括遺贈及び被相続人からの相続人に対する遺贈にしか適用されないことや、相次相続控除（相法20）は被相続人からの相続人に対する遺贈にしか適用されないことになります。

② 　相続を放棄した者や相続権を失った者が、生命保険金、退職手当金等を取得した場合には、相続人が取得したことにはならず、相続人以外の者が取得したこととされるため、遺贈により取得したものとみなされます。

はじめに

※　結果、相続人に該当しない相続を放棄した者及び相続権を失った者が遺贈
により取得したものとみなされる生命保険金及び退職手当金等については、
後述する非課税の規定（相法12①五、六）は適用されないことになります。
　　また、「相続権を失った者」は遺産に係る基礎控除額の計算の場合の相続
人に含まれません。

参　考

〇相続税法基本通達
　（「相続を放棄した者」の意義）
3―1　法第3条第1項に規定する「相続を放棄した者」とは、民法第915条
　《相続の承認又は放棄をすべき期間》から第917条までに規定する期間内に同
　法第938条《相続の放棄の方式》の規定により家庭裁判所に申述して相続の
　放棄をした者（同法第919条第2項《相続の承認及び放棄の撤回及び取消し》
　の規定により放棄の取消しをした者を除く。）だけをいうのであって、正式
　に放棄の手続をとらないで事実上相続により財産を取得しなかったにとどま
　る者はこれに含まれないのであるから留意する。
　（「相続権を失った者」の意義）
3―2　法第3条第1項に規定する「相続権を失った者」とは、民法第891条
　の各号《相続人の欠格事由》に掲げる者並びに同法第892条《推定相続人の
　廃除》及び第893条《遺言による推定相続人の廃除》の規定による推定相続
　人の廃除の請求に基づき相続権を失った者（同法第894条《推定相続人の廃
　除の取消し》の規定により廃除の取消しのあった者を除く。）だけをいうの
　であるから留意する。
　（相続を放棄した者の財産の取得）
3―3　相続を放棄した者が法第3条第1項各号に掲げる財産を取得した場合
　においては、当該財産は遺贈により取得したものとみなされるのであるから
　留意する。

第 1 章

生命保険金等

第1章　生命保険金等

第**1**節　生命保険金・死亡に伴う損害保険金

1 概要

　被相続人の死亡により相続人その他の者が生命保険契約^(注1)の保険金（共済金を含みます。）又は損害保険契約^(注2)の保険金（偶然な事故に基因する死亡に伴い支払われるものに限ります。）を取得した場合においては、その保険金受取人（共済金受取人を含みます。）について、それらの保険金^(注3)のうち被相続人が負担した保険料（共済掛金を含みます。）の金額のそれらの契約に係る保険料で被相続人の死亡の時までに払い込まれたものの全額に対する割合に相当する部分を相続により取得したものとみなし、その者が相続人以外の者であるときはその相当する部分を遺贈により取得したものとみなされます（相法3①一）。

　（注1）保険業法（平成7年法律第105号）第2条第3項に規定する生命保険会社と締結した保険契約（これに類する共済に係る契約を含みます。）その他の相続税法施行令第1条の2第1項で定める契約をいいます。

　（注2）保険業法第2条第4項に規定する損害保険会社と締結した保険契約その他の相続税法施行令第1条の2第2項で定める契約をいいます。

　（注3）相続税法第3条第1項第2号に掲げる給与及び第5号又は第6号に掲げる権利に該当するものを除きます。

15

(1) **生命保険契約について**

　生命保険契約とは、保険会社（保険者）が一定期間（保険期間）に、あらかじめ定められた一定の事由（保険事故）が生じたことを条件として、あらかじめ定められた基準に従って保険金を支払うことを約し、これに対して相手方である保険契約者が保険料を支払うことを約する契約をいうものとされています。

【生命保険契約の仕組み】

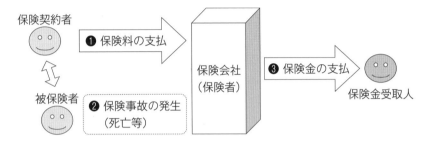

保険契約者……保険会社と保険契約を結び、契約上の一切の権利（契約内容変更の請求権など）と義務（保険料支払義務など）をもつ者をいいます。

被保険者………その者の生死、災害及び疾病に関して生命保険の対象となっている者のことをいいます。

保険金受取人…保険契約者から保険金の受取人として指定された者をいいます。

保険料…………保険契約者が保険会社に払い込む金銭をいいます。その額は、保険の種類、契約時の被保険者の年齢、性別、保険期間、保険金額などによって決められます。

保険金…………被保険者の死亡、高度障害、満期（生存）などのとき

に、保険会社から保険金受取人に支払われる金銭のことで、それぞれ死亡保険金、高度障害保険金、満期保険金といいます。

保険者‥‥‥‥‥保険会社。保険給付（保険金）を支払う義務のある者をいいます。

保険事故‥‥‥‥保険契約中に保険金や給付金の支払対象となる事由のこと。死亡保険金は被保険者が死亡又は高度障害となった際に支払われます。

 相続税法上の規定

「生命保険契約の保険事故」

「保険事故」からは、「傷害、疾病その他これらに類する保険事故で死亡を伴わないもの」が除かれます（相基通3－7）。

「損害保険契約の保険事故」

「保険事故」は、偶然な事故に基因する保険事故で死亡を伴うものに限られています（相法3①一）。

「保険金受取人」

契約上の受取人以外の者が現実に保険金を取得しているときは、保険証券に記載されている保険金受取人の名義変更の手続きがされていなかったことにつきやむを得ない事情があると認められる場合など、現実に保険金を取得した者がその保険金を取得することにつき相当の理由があると認められるときは、その現実に保険金を取得した者を保険金受取人とすることとされています（相基通3－11、3－12、5－2）。

上記の場合を除き、保険契約上の保険金受取人以外の者が保険金を受け取った場合には、保険金受取人がまず保険金の支払を受け、それを実際の受取人に贈与したものと解すべきことになります。

参　考

　保険契約等については、保険法（平成20年法律第56号）第2条で次のように規定されています。

○保険法

　（定義）

第2条　この法律において、次の各号に掲げる用語の意義は、当該各号に定めるところによる。

　一　保険契約　保険契約、共済契約その他いかなる名称であるかを問わず、当事者の一方が一定の事由が生じたことを条件として財産上の給付（生命保険契約及び傷害疾病定額保険契約にあっては、金銭の支払に限る。以下「保険給付」という。）を行うことを約し、相手方がこれに対して当該一定の事由の発生の可能性に応じたものとして保険料（共済掛金を含む。以下同じ。）を支払うことを約する契約をいう。

　二　保険者　保険契約の当事者のうち、保険給付を行う義務を負う者をいう。

　三　保険契約者　保険契約の当事者のうち、保険料を支払う義務を負う者をいう。

　四　被保険者　次のイからハまでに掲げる保険契約の区分に応じ、当該イからハまでに定める者をいう。

　　イ　損害保険契約　損害保険契約によりてん補することとされる損害を受ける者

　　ロ　生命保険契約　その者の生存又は死亡に関し保険者が保険給付を行うこととなる者

　　ハ　傷害疾病定額保険契約　その者の傷害又は疾病（以下「傷害疾病」という。）に基づき保険者が保険給付を行うこととなる者

　五　保険金受取人　保険給付を受ける者として生命保険契約又は傷害疾病定額保険契約で定めるものをいう。

　六　損害保険契約　保険契約のうち、保険者が一定の偶然の事故によって生ずることのある損害をてん補することを約するものをいう。

　七　傷害疾病損害保険契約　損害保険契約のうち、保険者が人の傷害疾病によって生ずることのある損害（当該傷害疾病が生じた者が受けるものに限る。）をてん補することを約するものをいう。

　八　生命保険契約　保険契約のうち、保険者が人の生存又は死亡に関し一定

の保険給付を行うことを約するもの（傷害疾病定額保険契約に該当するものを除く。）をいう。

九　傷害疾病定額保険契約　保険契約のうち、保険者が人の傷害疾病に基づき一定の保険給付を行うことを約するものをいう。

○保険業法

（定義）

第2条　この法律において「保険業」とは、人の生存又は死亡に関し一定額の保険金を支払うことを約し保険料を収受する保険、一定の偶然の事故によって生ずることのある損害をてん補することを約し保険料を収受する保険その他の保険で、第3条第4項各号又は第5項各号に掲げるものの引受けを行う事業（次に掲げるものを除く。）をいう。

一～三　略

2　この法律において「保険会社」とは、第3条第1項の内閣総理大臣の免許を受けて保険業を行う者をいう。

3　この法律において「生命保険会社」とは、保険会社のうち第3条第4項の生命保険業免許を受けた者をいう。

4　この法律において「損害保険会社」とは、保険会社のうち第3条第5項の損害保険業免許を受けた者をいう。

5　この法律において「相互会社」とは、保険業を行うことを目的として、この法律に基づき設立された保険契約者をその社員とする社団をいう。

6　この法律において「外国保険業者」とは、外国の法令に準拠して外国において保険業を行う者（保険会社を除く。）をいう。

7　以下略

（免許）

第3条　保険業は、内閣総理大臣の免許を受けた者でなければ、行うことができない。

2　前項の免許は、生命保険業免許及び損害保険業免許の2種類とする。

3　生命保険業免許と損害保険業免許とは、同一の者が受けることはできない。

4　生命保険業免許は、第1号に掲げる保険の引受けを行い、又はこれに併せて第2号若しくは第3号に掲げる保険の引受けを行う事業に係る免許とする。

一　人の生存又は死亡（当該人の余命が一定の期間以内であると医師により診断された身体の状態を含む。以下この項及び次項において同じ。）に関し、

一定額の保険金を支払うことを約し、保険料を収受する保険（次号ハに掲げる死亡のみに係るものを除く。）

二　次に掲げる事由に関し、一定額の保険金を支払うこと又はこれらによって生ずることのある当該人の損害をてん補することを約し、保険料を収受する保険

イ　人が疾病にかかったこと。

ロ　傷害を受けたこと又は疾病にかかったことを原因とする人の状態

ハ　傷害を受けたことを直接の原因とする人の死亡

ニ　イ又はロに掲げるものに類するものとして内閣府令で定めるもの（人の死亡を除く。）

ホ　イ、ロ又はニに掲げるものに関し、治療（治療に類する行為として内閣府令で定めるものを含む。）を受けたこと。

三　次項第1号に掲げる保険のうち、再保険であって、前2号に掲げる保険に係るもの

5　損害保険業免許は、第1号に掲げる保険の引受けを行い、又はこれに併せて第2号若しくは第3号に掲げる保険の引受けを行う事業に係る免許とする。

一　一定の偶然の事故によって生ずることのある損害をてん補することを約し、保険料を収受する保険（次号に掲げる保険を除く。）

二　前項第2号に掲げる保険

三　前項第1号に掲げる保険のうち、人が外国への旅行のために住居を出発した後、住居に帰着するまでの間（以下この号において「海外旅行期間」という。）における当該人の死亡又は人が海外旅行期間中にかかった疾病を直接の原因とする当該人の死亡に関する保険

6　略

(2)　保険金請求権について

　保険契約者（例えば被相続人）の死亡を保険事故として、保険金受取人（例えば相続人等）が取得する生命保険金（保険金請求権）は、保険者（保険会社）から保険金受取人に直接支払われるものであり、被相続人から承継するものではありません。

第 1 章　生命保険金等

　したがって、生命保険金（保険金請求権）は保険金受取人の固有財産であり、遺産分割の対象にはなりません。

参考　昭和40年 2 月 2 日最高三小判民集19巻 1 号 1 頁

　「被保険者死亡の場合の保険金受取人を単に「その死亡の場合はその相続人」と約定し…た場合は、他に特段の事情のないかぎり、被保険者死亡の時における、保険金請求権発生当時の相続人たるべき者個人を保険金受取人として特に指定したいわゆる他人のための保険契約と解するのが相当である。」

　「しかして右の如く保険金受取人に指定された相続人は、被保険者の死亡によつて、保険契約に基づく当然の効力として保険金請求権を取得するのであつて、それは相続に基づく承継取得ではないから、この場合保険金請求権は右相続人の固有財産に属し、その相続財産に属するものでないことは当然である。」

　「保険金受取人としてその請求権発生当時の相続人たるべき個人を特に指定した場合には、右請求権は、保険契約の効力発生と同時に右相続人の固有財産となり、被保険者（兼保険契約者）の遺産より離脱しているものといわねばならない。」

　なお、死亡保険金の受取人が「相続人」と指定されている場合において、相続人が複数いる場合には、民法第427条の「別段の意思表示」があるものとして、共同相続人はそれぞれ、各自の法定相続分に応じて、生命保険金請求権を取得するものと解されています（平成 6 年 7 月18日最高二小判民集48巻 5 号1233頁）。

21

①　遺産分割との関係

　生命保険金は相続財産ではないため、原則として遺産分割の対象財産にはならず、受取人に指定された者が固有の権利として生命保険金請求権を取得するとされています（平成14年11月5日最高一小判民集56巻8号2069頁）。

　しかし、支払われる生命保険金は比較的高額になる場合が多く、これを一切考慮しないで遺産分割等がなされると、相続人間の公平を欠くおそれがあることから、「保険金受取人である相続人とその他の共同相続人との間に生ずる不公平が民法903条の趣旨に照らし到底是認することができないほどに著しいものであると評価すべき特段の事情が存する場合には、同条の類推適用により、……特別受益に準じて持戻しの対象となる」（平成16年10月29日最高二小決民集58巻7号1979頁）とされています。

②　遺留分侵害額請求との関係

　遺留分は、兄弟姉妹を除く法定相続人に認められた最低限の遺産の取り分のことをいいますが、生命保険金は被相続人の財産ではなく、保険金受取人固有の財産として扱われます。

　このことから、生命保険金は、原則としては遺留分侵害額請求の対象財産にはなりません。

　しかし、遺留分制度の趣旨は遺族の生活保障の意味合いももつので、相続財産がほとんどなく生命保険金が唯一の財産といえるような場合に、生命保険金に対して何らの請求もできないというのは相続人間の公平を著しく欠くことになりますから、例外的に遺留分侵害額請求ができる可能性があります。

　生命保険金が遺留分侵害額請求の対象になる可能性があるのは、

第1章　生命保険金等

以下の3点を満たすようなケースです。

（ⅰ）　受取人が特定の相続人であること

（ⅱ）　相続財産と保険金の金額を比べた際に、保険金が著しく高額であること

（ⅲ）　保険金を受け取った相続人とそれ以外の相続人との間に著しい不公平が生じていること

③　相続財産の「持戻し」との関係

　民法第903条では、特定の相続人が被相続人から遺贈又は婚姻・養子縁組・生活の資本として贈与を受けた場合（特別受益といいます。）には、その財産を相続財産に加算をして（財産の「持戻し」といいます。）各相続人の相続分を算定するとされています。

　死亡保険金がこの「特別受益」に該当するのかどうかについては、上記最高裁決定（平成16年10月29日）では、「死亡保険金は原則としては特別受益に該当しないが、『保険金受取人である相続人とその他の共同相続人との間に生ずる不公平が民法903条の趣旨に照らし到底是認することができないほどに著しいものであると評価すべき特段の事情が存する場合』には、特別受益として持戻しの対象とするべき」としています。

　また、「特段の事情の有無については、死亡保険金の額やその額の遺産総額に対する比率、同居の有無や介護などによる貢献度を考慮して判断すべき」としています。

　このように死亡保険金の額のほか、相続財産の額や個別の事情を考慮した上で、死亡保険金が相続財産に含まれるかどうか判断されることになります。

　死亡保険金の支払を受けたことが、特別受益に当たるとすると、

23

死亡保険金を加えたものを相続財産として遺産分割することになります。

④　保険金受取人が相続放棄者の場合

相続人は自己のために相続の開始があったことを知った時から3か月以内に家庭裁判所に相続放棄の申述をすることによって、相続を放棄することができます（民法915、938）。

相続放棄によって、その者はその相続に関してはじめから相続人でなかったものとみなされ、一切の相続財産（積極財産及び消極財産）を取得できないことになります（民法939）。

しかし、生命保険金請求権は保険金受取人の固有財産であって、相続財産を構成するものではないとされていますので、生命保険金は遺産には該当せず、相続放棄の対象とはなりません。

なお、受け取った保険金については、受取人が相続人でないこととなるため、相続税の非課税枠はなく、全額がその課税対象となります。

⑤　限定承認後に保険金を受け取った場合

限定承認とは、相続人が相続によって取得した相続財産額の範囲内で被相続人の債務を負担するという条件付きの相続のことをいいます（民法922）。

相続人が受け取った生命保険金は、相続税額を計算する上で相続財産とみなされる財産（みなし相続財産）であって、本来の相続財産ではないので限定承認をした財産の範囲（価額）には含めないことになっています。

したがって、保険金受取人が相続について限定承認した場合、そ

第1章　生命保険金等

の保険金をもって相続債務の弁済に充てる必要はないことになりま
す。

2 生命保険金等の課税関係 （所得税・相続税・贈与税）

　交通事故や病気などで被保険者が死亡し、保険金受取人が死亡保険金を受け取った場合には、保険料負担者、保険金受取人、被保険者が誰かにより、所得税・相続税・贈与税のいずれかが課税されます。

第1章　生命保険金等

参考　保険金の種類とその課税関係

※　契約者と保険料負担者は同一です。

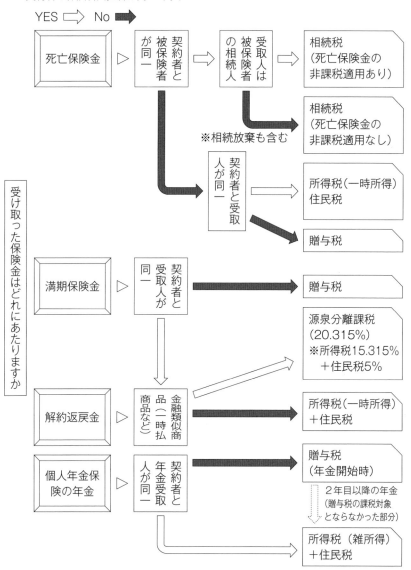

（出典）（公財）生命保険文化センターHP「知っておきたい生命保険の基礎知識」をもとに筆者作成

(1) 所得税が課税される場合

　保険料負担者と保険金受取人が同じ者の場合は、受け取った死亡保険金には所得税が課税されます。この場合の死亡保険金は、受取の方法により、一時所得（所法34）又は雑所得（所法35）として課税されます。

① 死亡保険金を一度に受領した場合

　死亡保険金を一度に受領した場合には、一時所得になります。一時所得の場合の所得の金額は、受け取った保険金の総額から既に払い込んだ保険料を差し引き（所令183）、さらに一時所得の特別控除額50万円を差し引いた金額です（所法34）。課税の対象になるのは、この金額をさらに2分の1にした金額です（所法22②二）。

　(注)　上記一時所得の特別控除額の控除前の金額が50万円に満たない場合は、課税対象となりません。

② 死亡保険金を年金形式で受領した場合

　死亡保険金を年金形式で受領した場合には、雑所得になります。雑所得の場合の所得の金額は、その年に受け取った年金の額に対応する払込保険料の額を差し引いた金額です（所令183）。受け取る際は、原則として所得税が源泉徴収されます（所法207）。

(2) 相続税が課税される場合

　保険料負担者と保険金受取人が異なる者の場合には、受け取った死亡保険金は相続財産や贈与財産とみなされ、相続税か贈与税が課税されます。相続税が課税されるのは、死亡した被保険者と保険料負担者が同じ者の場合です。

　保険金受取人が被保険者の相続人であるときは、相続により取得したものとみなされ、相続人以外の者が保険金受取人であるときは遺贈

により取得したものとみなされます（相法3①）。

　なお、相続により取得したものとみなされる場合には、相続人全体で、500万円に法定相続人の数を乗じて計算した金額（保険金の非課税限度額）までは相続税の課税対象外とされ、これを超える部分の金額が相続税の課税対象になります（相法12①五）。

　また、死亡保険金を年金形式で受領する場合には、定期金に関する権利の評価の規定により評価されます（相法24、相基通24―2）（P62(8)参照）。さらに、毎年受け取る年金は、雑所得となり、受け取る際は、原則として所得税が課されます（所法35）。

(3)　贈与税が課税される場合

　保険料負担者と保険金受取人が異なる者の場合には、受け取った死亡保険金は相続財産や贈与財産とみなされ、相続税か贈与税が課税されます。贈与税が課税されるのは、死亡した被保険者と保険料負担者が異なる者の場合です。つまり、贈与税が課税されるのは、保険料負担者、被保険者、保険金受取人がすべて異なる場合です（相法5）。

　この場合の死亡保険金は、その年に贈与を受けた他の財産と合計され、贈与税の基礎控除額110万円が差し引かれて課税されます（相法21の2、21の5、措法70の2の4）。

　また、死亡保険金を年金形式で受領する場合には、定期金に関する権利の評価の規定により評価されます（相法24、相基通24―2）。さらに、毎年受け取る年金は、雑所得となり、受け取る際は、原則として所得税が課されます（所法35）。

【保険金の課税関係まとめ】

　　保険金は、保険契約に基づき、被保険者が死亡した場合や保険契約が満期となった場合に支払われ、また、保険料負担者と保険金受取人が異なるなどいくつかのケースが生じます。

　　保険契約の内容等による課税関係は、次の表のとおりです。

○保険金を受け取ったときの税金

保険契約の種類	契約者	被保険者	保険料負担者	保険金受取人	課　税　関　係
生命保険契約又は損害保険契約 ＊損害保険契約の保険金は、偶然な事故に基因する死亡に伴い支払われるものに限る。	A	A	A	B	（Aの死亡の場合） 　Bが相続人のときは相続、相続人以外のときは遺贈により取得したとみなされる。 （満期の場合） 　BがAから贈与により取得したとみなされる。
	A	A	C	B	Aの死亡又は満期のいずれの場合も、BがCから贈与により取得したとみなされる。
	A	A	1/2 A 1/2 C	B	（Aの死亡の場合） 　Bが相続人のときは保険金の1/2を相続、相続人以外のときは遺贈により取得したとみなされ、さらに、BがCから保険金の1/2を贈与により取得したとみなされる。 （満期の場合） 　BがA、Cのそれぞれから保険金の1/2ずつを贈与により取得したとみなされる。

| | | A | B | A | A | Bの死亡又は満期のいずれの場合も、Aの一時所得となる。 |

　生命保険金に相続税が課される場合は、上表のとおり、被保険者と保険料の負担者が同じ者の場合です。

　例えば、Aを被保険者とする保険で、保険料もAが負担していて、保険金の受取人がBになっているパターンです。このような場合には、生命保険金に相続税が課されます（ただし、満期になったことにより受け取った保険金には贈与税が課されます。）。

　また、相続税法第3条第1項第1号の規定により相続又は遺贈により取得したものとみなされる保険金は、保険料（共済掛金を含みます。）の負担者の死亡により支払われるものに限られ、その死亡した者及びその受取人以外の者が保険料を負担していたものについては、相続税法第5条第1項の規定により保険金受取人が保険料を負担した者から贈与により取得したものとみなされます（相基通3―16）。なお、相続税法第3条第1項第3号の規定により、保険契約に関する権利を保険料負担者から相続又は遺贈により取得したものとみなされた者は、その保険料を自己が負担したものとみなされます（相基通3―35）。

　また、保険金受取人自身が負担した保険料の額に対応する部分の保険金は、所得税法の規定による一時所得としての課税問題が生ずることになります。

　さらに、被保険者の生存・死亡による年金受取に係る課税関係は次の表のとおりです。

〇個人年金保険の年金を受取ったときの税金

区分	契約者（保険料負担者）	被保険者	年金受取人	受取方法	課　税　関　係
被保険者が生存している場合	A	A又はB	A		年金受取人に対し、毎年受け取る年金に所得税（雑所得）が課税される。
	A	A又はB	B		年金受取人に対し、年金開始時点で年金の権利評価額に贈与税、また2年目以降毎年受け取る年金に所得税（雑所得）が課税される。
年金受取開始後に被保険者が死亡した場合（確定年金・保証期間付年金の場合）	A	A	A	一括受取	法定相続人が受け取れる未払年金の現価（将来の各年の未払年金額の現時点での金額の総和）に対し相続税が課税される。
				年金受取	年金受取人が受ける年金受給権の評価額に対し相続税、また2年目以降の毎年受け取る年金に所得税（雑所得）が課税される。
	A	A	B	一括受取	年金受取開始時点に権利評価額が贈与税の課税対象になっているため、年金受取人に対し未払年金の現価に所得税（一時所得）が課税される。
				年金受取	年金受取開始時点に年金の権利評価額が贈与税の課税対象になっているため、年金受取人に対し、2年目以降の毎年受け取る年金に所得税（雑所得）が課税される。

	A	B	A	一括受取	年金受取人が受け取る未払年金の現価に対し、所得税（一時所得）が課税される。
				年金受取	年金受取人に対し、毎年受け取る年金に所得税（雑所得）が課税される。
	A	B	B	一括受取	**契約者（保険料負担者）が受け取るとき**　未払年金の現価に対し、所得税（一時所得）が課税される。**契約者以外の者が受け取るとき**　未払年金の現価に対し、贈与税が課税される。
				年金受取	**契約者（保険料負担者）が年金継続受取人のとき**　毎年受け取る年金に所得税（雑所得）が課税される。**契約者（保険料負担者）以外の者が年金継続受取人のとき**　年金の権利評価額に対し贈与税、また2年目以降の毎年受け取る年金に所得税（雑所得）が課税される。

死亡保険金を契約上の受取人以外の者が受け取った場合

　被相続人が保険料を支払っていた生命保険金は、相続税法上のみなし相続財産であり、本来の相続財産ではないため、遺産分割の対象とはならず、契約上の受取人が、相続又は遺贈により取得したとみなすこととされています（相法3、相基通3－11）。したがって、契約上の受取人以外の者が保険金を受け取った場合は、その者は、その契約上の受取人から贈与により取得したことになりますので、贈与税の課税対象となります。

3 生命保険金に係る相続税の課税について

　相続税法においては、保険料の負担者が誰であるかによって次のような課税関係になっています。
① 　保険料の負担者が被相続人である場合には、その被相続人の負担した保険料の額に対応する部分の保険金は、保険金受取人が被相続人から相続又は遺贈により取得したものとみなす。
② 　保険料の負担者が被相続人及び保険金受取人以外の第三者である場合には、その第三者が負担した保険料の額に対応する部分の保険金は、保険金受取人が保険料を負担した第三者から贈与により取得したものとみなす（被相続人が負担した部分があるときは、その部分については、上記①）。
③ 　保険料の負担者が保険金受取人自身である場合には、その者が負担した保険料の額に対応する部分の保険金については、相続税及び

贈与税の課税問題は生じないで、所得税が課税される。

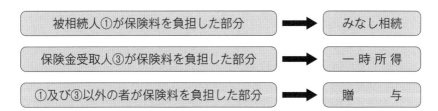

　相続税法第3条第1項第1号により相続により取得したとみなされる場合は、被相続人の死亡により相続人その他の者が、被相続人が保険料を負担した生命保険契約の保険金又は損害保険契約の保険金（偶然な事故に基因する死亡に伴い支払われるものに限ります。）を取得する場合です。

（注1）ここにいう生命保険金からは、後述する退職手当金等、保証期間付定期金に関する権利及び契約に基づかない定期金に関する権利に該当するもの（相続税法第3条第1項第2号、第5号及び第6号）は除かれています。

（注2）「生命保険契約」とは、保険業法第2条第3項に規定する生命保険会社と締結した保険契約（これに類する共済に係る契約を含みます。）その他の政令で定める契約をいいます（相令1の2①）。

（注3）「損害保険契約」とは、保険業法第2条第4項に規定する損害保険会社と締結した保険契約その他の政令で定める契約をいいます（相令1の2②）。
　　　みなし相続の対象となる損害保険契約の保険金は、偶然な事故に基因する死亡に伴い支払われるものに限られています（例えば、人に対する事故の保険すなわち被保険者が傷害を受け、さらにはその傷害に基因して一定期間内に死亡した場合に保険金を支払う傷害保険など）。

○相続税法施行令

（生命保険契約等の範囲）

第1条の2　法第3条第1項第1号に規定する生命保険会社と締結した保険契約その他の政令で定める契約は、次に掲げる契約とする。

一　保険業法（平成7年法律第105号）第2条第3項（定義）に規定する生命保険会社と締結した保険契約又は同条第6項に規定する外国保険業者若しくは同条第18項に規定する少額短期保険業者と締結したこれに類する保険契約

二　郵政民営化法等の施行に伴う関係法律の整備等に関する法律（平成17年法律第102号）第2条（法律の廃止）の規定による廃止前の簡易生命保険法（昭和24年法律第68号）第3条（政府保証）に規定する簡易生命保険契約（簡易生命保険法の一部を改正する法律（平成2年法律第50号）附則第5条第15号（用語の定義）に規定する年金保険契約及び同条第16号に規定する旧年金保険契約を除く。）

三　次に掲げる契約

　イ　農業協同組合法（昭和22年法律第132号）第10条第1項第10号（事業の種類）の事業を行う農業協同組合又は農業協同組合連合会と締結した生命共済に係る契約

　ロ　水産業協同組合法（昭和23年法律第242号）第11条第1項第12号（事業の種類）若しくは第93条第1項第6号の2（事業の種類）の事業を行う漁業協同組合若しくは水産加工業協同組合又は共済水産業協同組合連合会と締結した生命共済に係る契約（漁業協同組合又は水産加工業協同組合と締結した契約にあつては、財務省令で定める要件を備えているものに限る。）

　ハ　消費生活協同組合法（昭和23年法律第200号）第10条第1項第4号（事業の種類）の事業を行う消費生活協同組合連合会と締結した生命共済に係る契約

　ニ　中小企業等協同組合法（昭和24年法律第181号）第9条の2第7項（事業協同組合及び事業協同小組合）に規定する共済事業を行う同項に規定する特定共済組合と締結した生命共済に係る契約

　ホ　独立行政法人中小企業基盤整備機構と締結した小規模企業共済法（昭和40年法律第102号）第2条第2項（定義）に規定する共済契約のうち

第1章　生命保険金等

小規模企業共済法及び中小企業事業団法の一部を改正する法律（平成7
年法律第44号）附則第5条第1項（旧第2種共済契約に係る小規模企業
共済法の規定の適用についての読替規定）の規定により読み替えられた
小規模企業共済法第9条第1項各号（共済金）に掲げる事由により共済
金が支給されることとなるもの

ヘ　法第12条第1項第4号に規定する共済制度に係る契約

ト　法律の規定に基づく共済に関する事業を行う法人と締結した生命共済
に係る契約で、その事業及び契約の内容がイからニまでに掲げるものに
準ずるものとして財務大臣の指定するもの

2　法第3条第1項第1号に規定する損害保険会社と締結した保険契約その他
の政令で定める契約は、次に掲げる契約とする。

一　保険業法第2条第4項に規定する損害保険会社と締結した保険契約又は
同条第6項に規定する外国保険業者若しくは同条第18項に規定する少額短
期保険業者と締結したこれに類する保険契約

二　次に掲げる契約

イ　前項第3号イに規定する農業協同組合又は農業協同組合連合会と締結
した傷害共済に係る契約

ロ　前項第3号ロに規定する漁業協同組合若しくは水産加工業協同組合又
は共済水産業協同組合連合会と締結した傷害共済に係る契約（漁業協同
組合又は水産加工業協同組合と締結した契約にあつては、財務省令で定
める要件を備えているものに限る。）

ハ　前項第3号ハに規定する消費生活協同組合連合会と締結した傷害共済
に係る契約

ニ　前項第3号ニに規定する特定共済組合と締結した傷害共済に係る契約

ホ　条例の規定により地方公共団体が交通事故に基因する傷害に関して実
施する共済制度に係る契約

ヘ　法律の規定に基づく共済に関する事業を行う法人と締結した傷害共済
に係る契約で、その事業及び契約の内容がイからニまでに掲げるものに
準ずるものとして財務大臣の指定するもの

○相続税法基本通達

（法施行令第1条の2第1項に含まれる契約）

3—4　相続税法施行令（昭和25年政令第71号。以下「法施行令」という。）
第1条の2第1項第1号に規定する保険契約及び同項第3号に規定する契約

37

には、同項第1号又は第3号に掲げる者と締結した保険法（平成20年法律第56号）第2条第9号《定義》に規定する傷害疾病定額保険契約（以下3―5において同じ。）が含まれることに留意する。

（法施行令第1条の2第2項に含まれる契約）

3―5　法施行令第1条の2第2項第1号に規定する保険契約及び同項第2号に規定する契約には、同項第1号又は第2号に掲げる者と締結した傷害疾病定額保険契約が含まれることに留意する。

（法第3条第1項第1号に規定する保険金）

3―7　法第3条第1項第1号の生命保険契約又は損害保険契約（以下3―7から3―9まで及び3―11から3―13までにおいてこれらを「保険契約」という。）の保険金は、被保険者（被共済者を含む。以下同じ。）の死亡（死亡の直接の基因となった傷害を含む。以下3―16及び3―17において同じ。）を保険事故（共済事故を含む。以下同じ。）として支払われるいわゆる死亡保険金（死亡共済金を含む。以下同じ。）に限られ、被保険者の傷害（死亡の直接の基因となった傷害を除く。以下3―7において同じ。）、疾病その他これらに類するもので死亡を伴わないものを保険事故として支払われる保険金（共済金を含む。以下同じ。）又は給付金は、当該被保険者の死亡後に支払われたものであっても、これに含まれないのであるから留意する。

（注）被保険者の傷害、疾病その他これらに類するもので死亡を伴わないものを保険事故として被保険者に支払われる保険金又は給付金が、当該被保険者の死亡後に支払われた場合には、当該被保険者たる被相続人の本来の相続財産になるのであるから留意する。

(1) みなす理由

　被相続人の死亡により相続人等が受け取る保険金は、被相続人に帰属した後に相続人等が取得するのではなく、保険契約に基づいて被相続人の死亡という事実の発生によって、相続人等が受け取るべきもの、すなわち、保険金受取人の固有財産と解されており、法律的には、相続により取得した財産とはなりません。

　しかし、被相続人が保険料を負担し、その死亡により相続人等が取得するものですから、本来の相続財産と経済的実質は異ならないもの

です。

　そこで、相続税法は特定の生命保険金等を「みなし相続財産」として、税負担の公平を図るため、これを相続又は遺贈による財産取得とみなすこととして相続税を課税することにしています（相法3①一）。

　なお、死亡保険金には、後述する「法定相続人数×500万円」の非課税限度額（非課税枠）が用意されています。

(2) 保険金受取人の指定
① 保険金受取人が特定人（相続人）に指定されている場合

　被相続人が亡くなった場合に生命保険金が支払われるという生命保険契約において、その生命保険金の受取人が特定人に指定されている場合には、その生命保険金は受取人の固有財産となり、相続財産（遺産）に含まれないことになります。

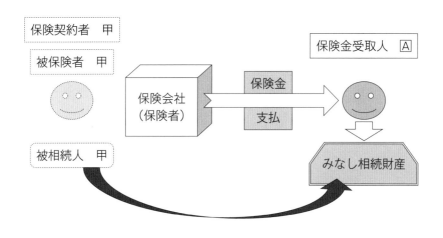

参考 昭和6年2月20日大審院判法律新聞3244号10頁

　保険契約により保険金額受取人として指定された者の有する権利は、同人固有の権利であってこれに基づき保険者より受領した金銭は同人固有の財産であって、仮に被保険者にして保険契約者である者が右保険金額の一部を第三者に遺贈すべき旨の遺言をしたとしても、右受取人が承諾しない限り右第三者に対して右金額の給付をする義務を負うものではない。

② **被保険者が被保険者（自分）を保険金受取人とした場合**

　保険契約者である者が被保険者で、かつ死亡保険金受取人に指定されている場合です。この場合は被保険者自身が受け取ったのですから、その生命保険金は相続財産になります。

　そして相続人による遺産分割協議の対象になります。

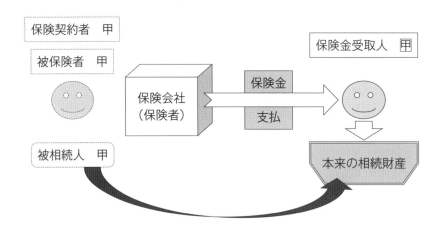

③ 被保険者が被保険者（自分）又は「相続人」を保険金受取人とした場合

被相続人が自ら被保険者となり、保険金受取人を「被保険者（つまり被相続人自身）又は相続人」とした場合は、その相続人の固有財産となり、相続財産（遺産）には含まれないことになります。

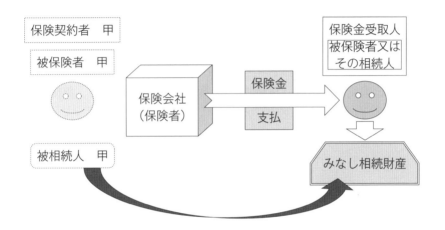

> **参考** 昭和40年2月2日最高三小判民集19巻1号1頁ほか
>
> 本件養老保険契約において保険金受取人を単に「被保険者またはその死亡の場合はその相続人」と約定し、被保険者死亡の場合の受取人を特定人の氏名を挙げることなく抽象的に指定している場合でも、保険契約者の意思を合理的に推測して、保険事故発生の時において被指定者を特定し得る以上、右の如き指定も有効であり、特段の事情のないかぎり、右指定は、被保険者死亡の時における、すなわち保険金請求権発生当時の相続人たるべき者個人を受取人として特に指定したいわゆる他人のための保険契約と解するのが相当である。

④ 保険金受取人を指定しなかった場合

　被相続人自らが被保険者となり、しかも保険金受取人を指定しなかった場合には、その保険契約約款に従って決することになりますが、特段の事情がない限り民法の規定による法定相続分に応じて分割することになります。

(3) 保険料負担者と保険金受取人、被保険者、契約者が異なるパターン

① 保険料負担者と保険金受取人が異なる場合

　保険料の負担者（被相続人）、被保険者（被相続人）、保険金受取人（相続人）

　死亡保険金は、保険金受取人に支払われます。この場合、保険金は遺産分割の対象となりませんが、相続税法上は遺産とみなされ相続税が課税されます。

　また、死亡保険金には、後述する「法定相続人数×500万円」の非課税限度額（非課税枠）の適用があります。

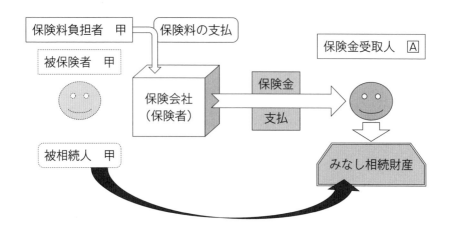

② 保険料負担者と被保険者が異なる場合

契約者（被相続人）、保険料の負担者（被相続人）、被保険者（相続人）、保険金受取人（相続人）

被相続人の死亡が支払事由とはなっていないため、死亡保険金の支払はありません。

しかし、この場合、保険契約者が被相続人であることから本来の相続財産に該当し、被相続人が支払っている保険料の額に対応する部分が相続税の課税対象となります。相続財産には、「相続開始時点の解約返戻金額」で計上します。

このパターンの場合には非課税枠はありませんので注意が必要です。

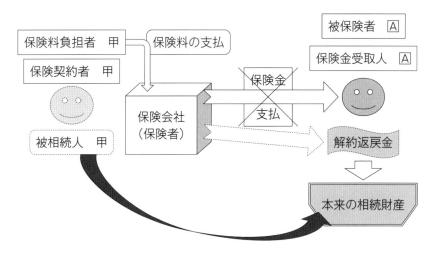

③ 保険料負担者と契約者が異なる場合

　契約者（相続人）、保険料の負担者（被相続人）、被保険者（相続人）、保険金受取人（被相続人）

　この場合は被保険者が死亡したわけではないので死亡保険金は支払われません。また、被相続人が契約者ではないので遺産分割の対象とはならず、この生命保険契約は、契約者固有の財産となります。

　しかし、被相続人が保険料を負担しているため、「みなし相続財産」に該当し、相続税の課税対象となります。

　このパターンのみなし相続財産の場合には非課税枠はありませんので注意が必要です。

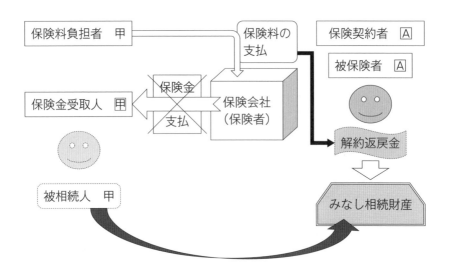

　遺産分割協議が不要である理由は、保険事故発生前において保険契約を解約して解約返戻金を受け取ることができるのは保険契約者であるAであり、また保険金受取人を変更することができるのは、

保険契約者であるAであるためです。

つまり、保険契約者としての権利を既に有しているためです。

この契約では、甲が負担した保険料はAが負担したものとされるため、中途解約・満期や保険事故が発生しなければ、所得税や贈与税は課税されず、Aの相続の時に相続税の課税対象となります。

なお、生命保険契約に関する権利は、保険契約者固有の財産とされるため、金融資産を生前に分けることができます。

(4) 保険金受取人への課税上の留意点

① 保険金受取人が相続人以外の場合

保険金受取人が、孫や子の配偶者などの相続人以外の場合です。

このパターンのように相続人以外の者が保険金受取人になっている場合でも、その相続人以外の者に相続税が課されます。

この場合、**1**(2)④（P24）の相続放棄者のところで説明したように生命保険金の非課税枠が使えません。

また、相続人以外の者であるということは、相続税の2割加算の対象にもなってしまいます（相法18）。

② 保険金受取人が既に死亡していた場合

被保険者の死亡前に保険金受取人に指定していた者が先に死亡し、その後、保険金受取人の変更手続をしていなかった場合です。

この場合には、死亡した保険金受取人の法定相続人が受取人となります。

その受取人が被保険者の法定相続人に該当する場合には、非課税枠の適用があります。上記(2)③（P41）のパターンと異なり、必ずしも受取人＝法定相続人ではないので注意が必要です。

45

また、保険金を受け取る割合は、上記(2)④同様保険契約の約款によりますが、法定相続分ではなく均等であることが一般的です。

③　保険金受取人が「法定相続人」と指定されていた場合

　保険金受取人が個別具体的ではなく「法定相続人」と指定されていた場合には、民法上の法定相続分の割合に応じて保険金を受け取ります。相続税の非課税枠も適用可能です。

 保険金受取人は遺言書で変更できる？

　生命保険の死亡保険金は、保険金受取人の固有財産であるため被保険者死亡後に変更することは原則としてできませんが、遺言で保険金受取人を変更することができます。

 保険金受取人に指定された者以外が保険金を受け取れる!?

　保険金は受取人の固有財産であるため、その受取人以外の者が受け取ると贈与税の問題が生じます。

　しかし、やむを得ない事情がある場合には、その保険契約上の受取人以外の者が受け取れる場合もあります。

○相続税法基本通達

（保険金受取人の実質判定）

3-12　保険契約上の保険金受取人以外の者が現実に保険金を取得している場合において、保険金受取人の変更の手続がなされていなかったことにつきやむを得ない事情があると認められる場合など、現実

第1章　生命保険金等

> に保険金を取得した者がその保険金を取得することについて相当な
> 理由があると認められるときは、3−11にかかわらず、その者を法
> 第3条第1項第1号に規定する保険金受取人とするものとする。

　例えば、やむを得ない事情があると認められる場合として、次
のような例が考えられます。

イ　独身時代に親を保険金受取人とする生命保険契約を締結して
　いた子が、その結婚後、保険金受取人を配偶者に変更する前に
　死亡してしまった場合において、この死亡保険金は子の配偶者
　が取得すべきものであったとして、親が保険金を受け取らずに、
　子の配偶者がこれを受け取り、子の配偶者を保険金受取人とし
　て相続税の申告がなされたとき

ロ　被相続人が取引先等に対する債務の担保としてその取引先等
　を保険金受取人とする生命保険契約を締結していた場合におい
　て、被相続人の死亡によって保険会社から支払われた保険金が
　取引先等に対する債務の返済に充当され、その債務の金額を超
　える部分の金額を被相続人の相続人が取得したときにおいて、
　その相続人が保険会社から支払われた保険金の全額を相続税法
　第3条第1項第1号に規定する保険金としてその相続人が受け
　取ったものとし、取引先等に対する債務については相続税法第
　13条第1項に定める債務控除の対象として相続税の申告がさ
　れたとき

⑸　相続財産とみなされる保険金

　相続税法第3条第1項第1号にいう保険金に該当するものは、次の
ような保険金に限られます（相基通3―7）。

47

① 生命保険契約の保険金については、被保険者の死亡を保険事故と
して支払われる死亡保険金
② 損害保険契約の保険金については、被保険者の死亡又は被保険者
の死亡の直接の基因となった傷害を保険事故として支払われる死亡
保険金

　（注）損害保険契約の場合には、事故により即死した場合のほか傷害を受け
た日から180日以内に、その傷害の直接の結果として被保険者が死亡した
場合には、いわゆる死亡保険金が支払われることになっていますが、こ
の保険金については、相続税法第3条第1項第1号にいう保険金に含ま
れます。

　　　また、生命保険契約又は損害保険契約の保険金であっても、次に掲げ
るようなものは、いわゆる死亡保険金に該当しないので、たとえ、被保
険者の死亡後に支払われたものであっても、同号にいう保険金には該当
しないことになります。

　　① 被保険者の傷害（死亡の直接の基因となった傷害を除きます。）又は
疾病を保険事故とする旨の特約のある生命保険契約において、これら
の保険事故が発生して支払を受ける保険金又は給付金

　　② 傷害を保険事故として支払われる後遺障害保険金又は医療保険金

　　　なお、被保険者の傷害又は疾病を保険事故として被保険者に支払われ
る保険金又は給付金が、被保険者の死亡後に支払われた場合には、被保
険者たる被相続人の本来の相続財産になります。

　　　損害保険契約の保険金で、偶然な事故に基因する死亡に伴い支払われ
る死亡保険金のうち、被相続人その他保険金受取人以外の者が負担した
保険料相当部分は、本来相続税又は贈与税の課税対象になるのですが、
無保険車傷害保険契約に基づいて取得する保険金は、加害者の負担すべ
き損害賠償責任の範囲内で支払われるものであり、保険会社は支払保険
金の範囲内で保険金請求権者（被害者の相続人等）が加害者に対して有
している損害賠償請求権を代位取得することとされています。こういっ
た点から、この保険金は、実質的には損害賠償金としての性格を有する
ことから、相続税法第3条第1項第1号の規定により相続又は遺贈によ
り取得したものとみなされる保険金には含まれないものとして取り扱わ
れています（相基通3─10）。

第1章　生命保険金等

参　考

　相続税法第3条第1項第1号にいう生命保険金には、以下で述べる退職手当金等、保証期間付定期金に関する権利又は契約に基づかない定期金に関するものは含まれていません（相法3①二、五又は六）。

　生命保険金から除外されると考えられる具体例は、次のようなものです。

（ⅰ）　生命保険金で退職手当金に該当するもの（相法3①二）

　イ　適格退職年金保険の保険金で、被相続人の死亡により相続人等が取得するもの（継続受取人が取得するものは、（ⅲ）に該当する。）

　ロ　退職金に充てることが、その契約又は従業員等と事業主との間の契約により明らかにされているいわゆる退職金充当保険の保険金で被相続人の死亡退職により支給されるもの（継続受取人の受給権たる保険金についてはイと同様（ⅲ）に該当する。）

（ⅱ）　生命保険金で継続受取人の契約に基づく定期金受給権に該当するもの（相法3①五）

　いわゆる個人年金保険（利殖年金保険）契約で保証期間付のものの場合の継続受取人の一時金又は年金の受給権がこれに該当する。

（ⅲ）　生命保険金で契約に基づかない定期金受給権に該当するもの（相法3①六）

　適格退職年金保険の保証期間付の場合の継続受取人の年金又は一時金の受給権がこれに該当する。

　これらに該当する場合には、生命保険金等の非課税限度の適用が

49

なくなります。なお、（ⅰ）の退職手当金等に該当する場合は、退職手当等の非課税限度の適用はあります。

⑹ 相続財産とみなされる保険金の計算

　被相続人の死亡により、相続又は遺贈により取得したものとみなされる保険金は、受け取る保険金の額に、その契約に係る保険料で被相続人の死亡の時までに払い込まれたものの全額に占める被相続人が負担した保険料（共済掛金を含みます。）の金額の割合を乗じて得た金額です。これを算式に示すと次のとおりです。

《算式》

相続財産とみなされる金額	＝	取得した保険金額	×	被相続人が負担した保険料の金額
				保険契約に基づき被相続人の死亡時までに払い込まれた保険料の総額

設 例

　＜生命保険金に関する計算＞

　被相続人Ａの死亡を保険事故として、相続人である保険金受取人Ｃは保険金6,000万円を取得した。

　なお、死亡時までに払い込まれていた保険料の総額240万円のうち被相続人Ａが180万円、相続人Ｂが60万円を負担していた。

解 答

　相続により取得したとみなされる金額は、次のとおりです。

　＜Ａから相続により取得したとみなされる金額＞

第1章　生命保険金等

$$6{,}000万円 \times \frac{180万円}{240万円} = 4{,}500万円$$

(注)　残額の1,500万円（＝6,000万円－4,500万円）は、BからCへの贈与とみなされ、贈与税の課税関係が発生します。

(7)　生命保険金の非課税枠

①　非課税限度額

　相続税では生命保険金は、みなし相続財産として相続税の課税対象となりますが、非課税限度額「法定相続人数×500万円」までは相続税が課税されません（相法12①五）。

参考

○相続税法

（相続税の非課税財産）

第12条　次に掲げる財産の価額は、相続税の課税価格に算入しない。

一～四　略

五　相続人の取得した第3条第1項第1号に掲げる保険金（前号に掲げるものを除く。以下この号において同じ。）については、イ又はロに掲げる場合の区分に応じ、イ又はロに定める金額に相当する部分

イ　第3条第1項第1号の被相続人のすべての相続人が取得した同号に掲げる保険金の合計額が500万円に当該被相続人の第15条第2項に規定する相続人の数を乗じて算出した金額（ロにおいて「保険金の非課税限度額」という。）以下である場合　当該相続人の取得した保険金の金額

ロ　イに規定する合計額が当該保険金の非課税限度額を超える場合　当該保険金の非課税限度額に当該合計額のうちに当該相続人の取得した保険金の合計額の占める割合を乗じて算出した金額

六　略

2　略

○生命保険金の非課税限度額は、次の算式によります。

《算式》

500万円 × 「法定相続人の数」 ＝ 保険金の非課税限度額

（注）すべての相続人（放棄した者等を除きます。）の取得した保険金の合計
額が保険金の非課税限度額以下である場合には、その保険金の全額が非
課税となります。

参考　非課税限度額を算定するときの「法定相続人の数」とは

相続税法第15条第2項に規定する「相続人の数」のことをいい、
民法の規定による「相続人の数」と次の点で異なっています（相法
15②）。

（ⅰ）　相続の放棄があった場合には、その放棄がなかったものとす
る。

（ⅱ）　被相続人に養子がいる場合には、次の区分に応じて、「法定
相続人の数」に算入する養子の数が、次の人数に制限されている。

イ　被相続人に実子がいる場合　　1人

ロ　被相続人に実子がいない場合　2人

この場合、次の者は被相続人の実子とみなしてイ又はロの数を
計算します（相法15③、相令3の2）。

（イ）　特別養子縁組（民法817の2①）による養子となった者

（ロ）　配偶者の実子で被相続人の養子となった者

（ハ）　配偶者の特別養子縁組による養子となった者で被相続人の
養子となった者

（ニ）　実子等の代襲相続人

第1章　生命保険金等

②　各相続人の非課税の額

　すべての相続人（放棄した者等を除きます。）の取得した保険金
の合計額が保険金の非課税限度額を超える場合には、次の算式によ
り算出した金額が、各相続人の非課税の額となります。

☞　この制度は、生命保険制度を通じて貯蓄増進を図る見地のほか、被相続人
の死後における相続人の生活安定のための社会的見地から設けられたもので
す。そのため、その適用が受けられる者は、相続人（相続を放棄した者又は
相続権を失った者を除きます。）に限られます。

《算式》　その相続人の非課税金額

| その相続人の非課税金額 | ＝ | 保険金の非課税限度額 | × | その相続人が取得した保険金の合計額 / すべての相続人（放棄した者等を除く。）が取得した保険金の合計額 |

（注）被相続人の死亡により取得した保険金は、その保険金の受取人が、被相
続人の相続人であるときは相続により、相続人以外の者であるときは遺贈
により取得したものとみなされて相続税が課税されますが、この場合、相
続人が相続によって取得したものとみなされる保険金に限り、一定額まで
相続税の非課税財産とされます（相法12①五）。

　　したがって、その保険金が相続によって取得したものとみなされるか又
は遺贈によって取得したものとみなされるかによって、保険金についての
相続税の非課税規定の適用の有無が決まることになります。

53

設例 1

<生命保険金等の非課税金額>

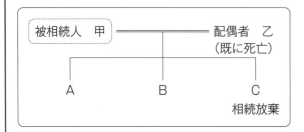

1 相続等により取得したものとみなされる生命保険金等の金額

  A　10,000千円
  B　10,000千円
  C　10,000千円　　※Cは、相続の放棄をしている。

2 生命保険金の非課税金額

  A　7,500千円
  B　7,500千円

解答 1

生命保険金等の非課税金額

(1) **非課税限度額の総額**

　5,000千円×3人（法定相続人の数）＝15,000千円

　　　　　※法定相続人　A、B、C（相続放棄者）

(2) **相続人が取得した保険金の合計額**

　20,000千円＝10,000千円＋10,000千円
　　　　　　　　（A）　　　（B）

(3) 各相続人の非課税金額

A　7,500千円＝15,000千円×$\dfrac{10,000千円}{20,000千円}$

B　7,500千円＝15,000千円×$\dfrac{10,000千円}{20,000千円}$

（注）Cは相続放棄をしたことにより、非課税の適用はありません。

生命保険金などの明細書

被相続人 ___

第9表（令和6年1月分以降用）

1　相続や遺贈によって取得したものとみなされる保険金など

この表は、相続人やその他の人が被相続人から相続や遺贈によって取得したものとみなされる生命保険金、損害保険契約の死亡保険金及び特定の生命共済金などを受け取った場合に、その受取金額などを記入します。

保険会社等の所在地	保険会社等の名称	受取年月日	受取金額	受取人の氏名
千代田区〇〇	〇〇生命保険	6・3・5	10,000,000 円	A
千代田区〇〇	〇〇生命保険	6・3・5	10,000,000	B
千代田区〇〇	〇〇生命保険	6・3・5	10,000,000	C
		・・		
		・・		

（注）　1　相続人（相続の放棄をした人を除きます。以下同じです。）が受け取った保険金などのうち一定の金額は非課税となりますので、その人は、次の2の該当欄に非課税となる金額と課税される金額とを記入します。
　　　　2　相続人以外の人が受け取った保険金などについては、非課税となる金額はありませんので、その人は、その受け取った金額そのままを第11表の付表4の「財産の明細」の「価額」欄に転記します。
　　　　3　相続時精算課税適用財産は含まれません。

2　課税される金額の計算

この表は、被相続人の死亡によって相続人が生命保険金などを受け取った場合に、記入します。

保険金の非課税限度額	［第2表の Ⓐ の 法定相続人の数］ （500万円× **3** 人）により計算した金額を右のⒶに記入します。	Ⓐ 15,000,000 円

保険金などを受け取った相続人の氏名	① 受け取った保険金などの金額	② 非課税金額 $\left(Ⓐ \times \dfrac{各人の①}{Ⓑ} \right)$	③ 課税金額 （①－②）
A	10,000,000 円	7,500,000 円	2,500,000 円
B	10,000,000	7,500,000	2,500,000
合　　計	Ⓑ 20,000,000	15,000,000	5,000,000

（注）　1　Ⓑの金額がⒶの金額より少ないときは、各相続人の①欄の金額がそのまま②欄の非課税金額となりますので、③欄の課税金額は0となります。
　　　　2　③欄の金額を第11表の付表4の「財産の明細」の「価額」欄に転記します。

第9表（令6.7）　　　　　　　　　　　　　　　　　　　　　　　　　　（資4-20-10-A4統一）

（注）相続の放棄をしたCの受け取った生命保険金の金額（10,000,000円）をそのまま第11表の付表4の「財産の明細」の「価額」欄に移記します。

第1章　生命保険金等

設例 2

<各人の生命保険金等の非課税金額>

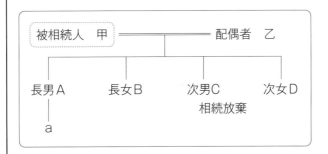

被相続人甲の死亡により支払われた保険金は、次のとおりである。

保険金受取人	保険金額	保険料支払者
配偶者乙	20,000千円	甲　2,000千円
長男A	20,000千円	甲　1,500千円 乙　　500千円
長男Aの子a	4,000千円	甲　　200千円 A　　200千円
長女B	10,000千円	甲　　300千円 乙　　200千円 B　　100千円
次男C	6,000千円	甲　　600千円
次女D	5,000千円	乙　　400千円

※次男Cは、相続の放棄をしている。

解答 2

1　相続等により取得したものとみなされる生命保険金等の金額

配偶者乙　　20,000千円

長　男A　　15,000千円

長男Aの子a 2,000千円

長　女B 5,000千円

次　男C 6,000千円

次　女D 　な　し

2　生命保険金の非課税金額

配偶者乙 12,500千円

長　男A 9,375千円

長　女B 3,125千円

解説 2

1　相続等により取得したものとみなされる生命保険金等の金額

配偶者乙 $20,000千円 = 20,000千円 \times \dfrac{2,000千円}{2,000千円}$

長　男A $15,000千円 = 20,000千円 \times \dfrac{1,500千円}{1,500千円 + 500千円}$

長男Aの子a $2,000千円 = 4,000千円 \times \dfrac{200千円}{200千円 + 200千円}$

長　女B $5,000千円 = 10,000千円 \times \dfrac{300千円}{300千円 + 200千円 + 100千円}$

次　男C $6,000千円 = 6,000千円 \times \dfrac{600千円}{600千円}$

次　女D 被相続人甲の支払っている保険料がないため、相続税は課税されません。

第1章　生命保険金等

2　生命保険金等の非課税金額

(1)　非課税限度額の総額

5,000千円 × 5人（法定相続人の数）＝ 25,000千円

※法定相続人　乙、A、B、C（相続放棄者）、D

(2)　相続人が取得した保険金の合計額

40,000千円 ＝ 20,000千円 ＋ 15,000千円 ＋ 5,000千円
　　　　　　　　（乙）　　　（A）　　　（B）

(3)　各相続人の非課税金額

配偶者乙　　12,500千円 ＝ 25,000千円 × $\dfrac{20,000千円}{40,000千円}$

長　男A　　9,375千円 ＝ 25,000千円 × $\dfrac{15,000千円}{40,000千円}$

長　女B　　3,125千円 ＝ 25,000千円 × $\dfrac{5,000千円}{40,000千円}$

（注）次男Cは相続放棄をしたことにより、また、長男Aの子aは相続人でないため、非課税の適用はありません。

設例 3

　Aは、被保険者を自己とし、保険金受取人を弟B、Cとする生命保険契約を締結し、保険料100万円のうち50万円を負担していたが、交通事故により死亡し、保険金2,200万円をB、Cがそれぞれ1,100万円ずつ取得した。保険料の残りの50万円は父甲が負担していた。

　Aはまだ独身であり、配偶者及び子を有していない。Aの遺族は、父甲、母乙、弟B、Cの4人であり、父と母は、Aの相続に関し、相続放棄の手続きをした。

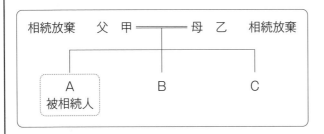

解答 3

　B、Cがそれぞれ取得した保険金1,100万のうち相続により取得したとみなされる保険金等の額は、Aが支払った保険料に対応する部分

$$1,100万円 \times \frac{50万円}{100万円} = 550万円です。$$

　取得した残りの保険金550万円は、それぞれ、父甲から贈与により取得したものとみなされます。

第1章　生命保険金等

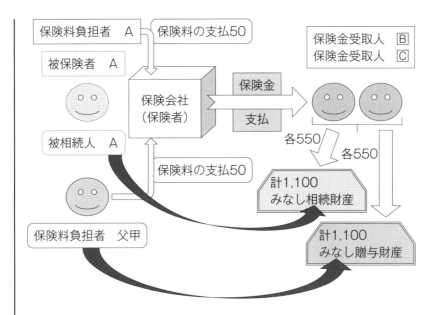

解説 3

　設例の場合、Aの法定相続人は、本来は、父甲と母乙ですが、父甲と母乙が相続を放棄した場合には、父甲と母乙は最初から相続人ではなくなり、弟B、Cが法定相続人となるのでその取得した保険金は相続により取得したものとみなされます。

　なお、相続人が相続により取得したものとみなされた保険金については、全体として法定相続人1人当たり500万円の合計額までは、相続税が課税されないことになっています（相法12①五）。

　　(注)　非課税限度額の総額
　　　　　500万円×2人（法定相続人の数（甲、乙））＝1,000万円
　　　　　課税対象となる生命保険金額
　　　　　1,100万円－1,000万円＝100万円

相続課税上の ポイント	相続放棄があった場合の生命保険金の 取扱い

　被相続人が債務超過の状態にある場合は、相続人は通常、相続の放棄を行って、相続財産及び債務の承継を拒絶します。

　この場合、相続を放棄した相続人が保険金受取人に指定されていた場合の生命保険金はどうなるのでしょうか。

　生命保険金は、もともと相続財産ではないので、たとえ相続を放棄していてもその者が受けることができることになります。

　また、被相続人の債権者は、生命保険金が支払われても、相続を放棄した者に対して債務の弁済を要求することはできません。

☞　なお、相続税では生命保険金や死亡退職金は、みなし相続財産として相続税の課税対象となりますが、「法定相続人数×500万円」までは非課税とされています。この非課税が適用できるのは、相続人に限られますので、相続を放棄した人は、この非課税の適用はないことになります。

(8)　年金形式で支給される保険金額

　生命保険金等には、一時金により支払われるもののほか、年金の方法により支払われるものも含まれます（相基通3―6）。この場合、年金の方法により支払われる生命保険金等の額は定期金に関する権利の価額として、次に掲げる金額により評価されます（相基通24―2）。

①　給付事由が発生しているもの（相法24）

（ⅰ）　有期定期金

　　次に掲げる金額のうちいずれか多い金額

第1章　生命保険金等

イ　解約返戻金の金額

ロ　定期金に代えて一時金の給付を受けることができる場合……
　一時金の金額

ハ　給付を受けるべき金額の１年当たりの平均額×残存期間に応
　ずる予定利率による複利年金現価率

参考

「無期定期金」は、次に掲げる金額のうちいずれか多い金額が評
価額となります。

イ　上記イ又はロの金額

ロ　給付を受けるべき金額の１年あたりの平均受給額を予定利率で
　除した額

　※　期限の定めなく永久的に定期金を受け取れる権利のため、無
　　期定期金に該当するケースはほとんどありません。

（ⅱ）　終身定期金

　　　次に掲げる金額のうちいずれか多い金額

イ　解約返戻金の金額

ロ　定期金に代えて一時金の給付を受けることができる場合……
　一時金の金額

ハ　給付を受けるべき金額の１年当たりの平均額×目的とされた
　者の余命年数に応ずる予定利率による複利年金現価率

（ⅲ）　期間付終身定期金

　　　次に掲げる金額のうちいずれか少ない金額

イ　有期定期金としての評価額

ロ　終身定期金としての評価額

63

（ⅳ）　保証期間付終身定期金

次に掲げる金額のうちいずれか多い金額

イ　有期定期金としての評価額

ロ　終身定期金としての評価額

（ⅴ）　一時金の額を分割の方法により利息を付して受給

一時金の額

②　給付事由が発生していないもの（相法25）

（ⅰ）　解約返戻金を支払う定めがない場合……それぞれ次に掲げる
金額の90％相当額

イ　契約に係る掛金等が一時に払い込まれた場合には、その払込
開始の時から権利取得時までの期間（経過期間）につき、掛金
等の払込金額に対し、契約に係る予定利率による複利計算をし
て得た元利合計額

ロ　イ以外の場合には、経過期間に応じ、払い込まれた掛金等の
１年当たりの平均額に、契約に係る予定利率による複利年金終
価率を乗じて得た金額

（ⅱ）　（ⅰ）以外の場合……権利取得時に解約した場合の解約返戻金
の額

設例 1

　被相続人甲の死亡を保険事故として配偶者乙が取得したものとみ
なされる生命保険金額（受給権）はいくらか。

・配偶者乙　70歳　（保険料負担者　甲2/3　乙1/3）

・保険金は、乙の生存中毎年250万円ずつ支給され、かつ、乙が15

第 1 章　生命保険金等

　　年以内に死亡したときは、その遺族に残りの期間中継続して支払
　　われる。解約返戻金は3,500万円である。（保証期間付終身定期金）
・平均余命　70歳（仮定）…19年
・予定利率（1.5%（仮定））による複利年金現価率
　　　15年：13.343　19年：16.426

解答 1

有期定期金では
　　イ　解約返戻金　　　3,500万円
　　ロ　給付額を基に複利年金現価率により計算した金額
　　　　250万円×13.343＝3,335.7万円
　　判定　　3,500万円＞3,335.7万円……3,500万円　①

終身定期金では
　　イ　解約返戻金　　　3,500万円
　　ロ　給付額を基に複利年金現価率により計算した金額
　　　　250万円×16.426＝4,106.5万円
　　判定　　3,500万円＜4,106.5円……4,106.5万円　②

配偶者乙が取得した生命保険金（保証期間付終身定期金）の金額
　　判定　　3,500万円①＜4,106.5万円②……4,106.5万円②
　　　　　　4,106.5万円×2/3＝2,737.6万円

65

設例 2

＜各人の生命保険金等の非課税金額＞

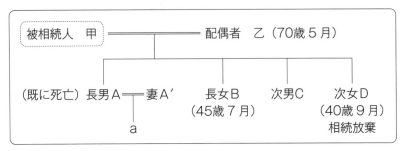

被相続人甲の死亡により支払われた保険金は、次のとおりである。

保険金受取人	保険金額	保険料支払者負担割合	
配偶者乙	年 300万円 解約返戻金は3,500万円である。	甲 3/5 乙 2/5	保険金は、乙の生存中毎年300万円ずつ支給され、かつ、乙が15年以内に死亡したときは、その遺族に残りの期間中継続して支払われる。
長女B	年 150万円 解約返戻金は5,000万円である。	甲 全額	Bの生存中に限り、毎年150万円ずつ保険金が支払われる契約である。
次女D	年 60万円 解約返戻金は540万円である。	甲 全額	保険金は、10年間かつDの生存中に限り毎年60万円ずつ支払われる契約である。
次女D	一時金の額 500万円 解約返戻金は490万円である。	甲 1/2 乙 1/2	保険金は、1年当たり50万円を10年にわたり利息を付して支払われることとなっている。

第1章　生命保険金等

孫a	総額 1,000万円 解約返戻金は950万円であり、定期金に代えて一時金で受け取るとした場合の一時金の額は960万円である。	甲　1/2 乙　1/2	保険金は、毎年100万円ずつ、10年間にわたって支払われる。

平均余命（仮定）　40歳…47年　45歳…42年　70歳…19年

予定利率（1.5%（仮定））による複利年金現価率

　　10年：9.222　15年：13.343　19年：16.426　42年：30.994

　　47年：33.553

解答 2

配偶者乙

　有期定期金では

　　イ　解約返戻金　3,500万円

　　ロ　給付額を基に複利年金現価率により計算した金額

　　　300万円×13.343＝4,002.9万円

　　判定　　3,500万円＜4,002.9万円……4,002.9万円　　①

　終身定期金では

　　イ　解約返戻金　3,500万円

　　ロ　給付額を基に複利年金現価率により計算した金額

　　　300万円×16.426＝4,927.8万円

　　判定　　3,500万円＜4,927.8万円……4,927.8万円　　②

　保証期間付定期金として

①、②いずれか多い金額

4,002.9万円＜4,927.8万円……4,927.8万円

　4,927.8万円×3/5＝2,956.7万円

長女B

　終身定期金として

　　イ　解約返戻金　5,000万円

　　ロ　給付額を基に複利年金現価率により計算した金額

　　150万円×30.994＝4,649.1万円

　　判定　　5,000万円＞4,649.1万円……5,000万円

次女D

　有期定期金では

　　イ　解約返戻金　540万円

　　ロ　給付額を基に複利年金現価率により計算した金額

　　60万円×9.222＝553.3万円

　　判定　　540万円＜553.3万円……553.3万円　　①

　終身定期金では

　　イ　解約返戻金　540万円

　　ロ　給付額を基に複利年金現価率により計算した金額

　　60万円×33.553＝2,013.2万円

　　判定　　540万円＜2,013.2万円……2,013.2万円　　②

　期間付終身定期金として

　　①、②いずれか少ない金額

　　553.3万円＜2,013.2万円……553.3万円

　一時金として

　　500万円×1/2＝250万円

　合計　553.3万円＋250万円＝803.3万円

第1章　生命保険金等

孫a

有期定期金として

イ　解約返戻金　950万円

ロ　一時金　　　960万円

ハ　給付額を基に複利年金現価率により計算した金額

100万円×9.222＝922.2万円

判定　　イ～ハの最大　960万円

960万円×1/2＝480万円

生命保険金の非課税金額の計算

⑴　**非課税限度額の総額**

500万円　×　5人（法定相続人の数）　＝　2,500万円

⑵　**相続人の取得した生命保険金の合計額**

配偶者乙2,956.7万円＋長女B5,000万円＋孫a480万円

＝8,436.7万円

⑶　**各人の非課税金額の計算**

配偶者乙

$$2,500万円×\frac{2,956.7万円}{8,436.7万円}＝876.2万円$$

長女B

$$2,500万円×\frac{5,000万円}{8,436.7万円}＝1,481.6万円$$

孫a

$$2,500万円×\frac{480万円}{8,436.7万円}＝142.2万円$$

69

(注) 次女Dは、相続放棄をしていることから、相続人でないため、非課税の適用はありません。

　相続又は遺贈により取得したものとみなされる生命保険金は、その保険金の支払方法が一時金であるか又は年金であるかを問いません。
　一時金払いの部分と年金払いの部分のある生命保険金の額は、それらの金額の合計額が相続又は遺贈により取得したものとみなされます。
　なお，年金払いの部分の金額は、相続税法第24条に規定する定期金として評価した金額となります。

(9) 雇用主の保険料負担の場合の保険金の課税

　雇用主がその従業員（役員を含みます。以下同じ。）のためにその者（その者の配偶者その他の親族を含みます。）を被保険者とする生命保険契約又はこれらの者の身体を保険の目的とする損害保険契約に係る保険料の全部又は一部を負担している場合において、保険事故の発生により従業員その他の者が当該契約に係る保険金を取得したときの取扱いは、次に掲げる場合の区分に応じ、それぞれ次によるものとされています（相基通3―17）。

第1章　生命保険金等

　雇用主が当該保険金を従業員の退職手当金等として支給することとしている場合には、当該保険金は相続税法第3条第1項第2号に掲げる退職手当金等に該当するものとし、この取扱い（以下の①、②、③）を適用しないこととされています（相基通3―17ただし書）。

①　従業員の死亡を保険事故としてその相続人その他の者が当該保険金を取得した場合

　雇用主が負担した保険料は、当該従業員が負担していたものとして、当該保険料に対応する部分については、みなし相続財産として相続税法第3条第1項第1号の規定が適用されます。

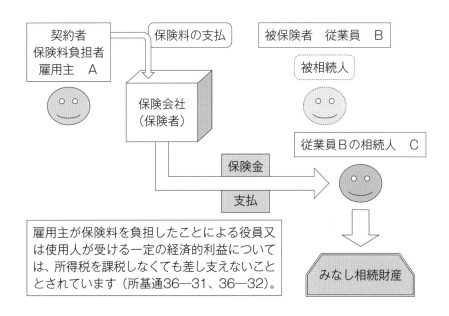

② 従業員以外の者の死亡を保険事故として当該従業員が当該保険金を取得した場合

　雇用主が負担した保険料は、当該従業員が負担していたものとして、当該保険料に対応する部分については、相続税及び贈与税の課税関係は生じないものとされます（この場合、従業員は一時所得としての課税を受けることになります。）。

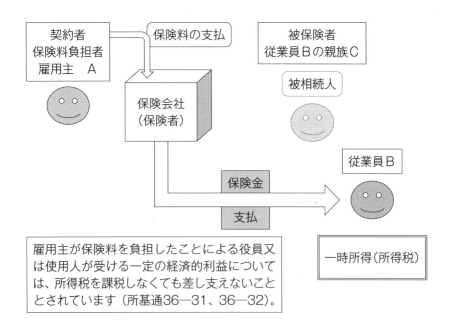

③ 従業員以外の者の死亡を保険事故として当該従業員及びその被保険者以外の者が当該保険金を取得した場合

雇用主が負担した保険料は、当該従業員が負担していたものとして、当該保険料に対応する部分については、みなし贈与財産として相続税法第5条第1項の規定が適用されます。

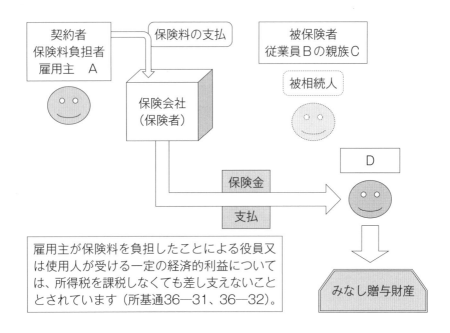

相続課税上のポイント

　雇用主が契約者で、かつ、従業員以外の者が被保険者である生命保険契約に係る保険料を雇用主が負担している場合において、当該従業員が死亡したときは、当該生命保険契約に関する権利については、相続税法第3条第1項第3号（生命保険契約に関する権利）の規定は適用がないものとされています（相基通3―17（注））。

　ただし、この契約に関する権利をその従業員の遺族が承継することとなっている場合には、その権利は退職手当金等として取り扱われることになっています（相基通3―28）。

贈与により取得したものとみなされる保険金等

(1) 概要

次に掲げる保険事故が発生した場合において、その保険料が保険金受取人以外の者によって負担されているときは、全体の払込保険料のうちその者が負担している部分に対応する生命保険金等を保険料負担者から贈与によって取得したものとみなされます（相法5）。

① 生命保険契約の保険事故（傷害、疾病その他これらに類する保険事故で死亡を伴わないものを除きます。）

② 損害保険契約の保険事故（偶然な事故に基因する保険事故で死亡を伴うものに限ります。）

具体的には、

　イ　死亡保険金のうち死亡した被相続人及び保険金受取人が負担した保険料に対応する部分以外の部分すなわち第三者負担対応部分

　ロ　満期保険金のうち保険金受取人以外の者（第三者）が負担した保険料に対応する部分

がみなし贈与財産となります。

なお、その保険事故が保険料負担者の死亡である場合など保険金受取人が相続税法第3条第1項第1号の規定により保険金を、あるいは同項第2号の規定により退職手当金をそれぞれ相続又は遺贈により取得したものとみなされる場合は、相続税を課税されることになり、贈与税の課税は行われないことになります。

参考

○相続税法

（贈与により取得したものとみなす場合）

第5条　生命保険契約の保険事故（傷害、疾病その他これらに類する保険事故で死亡を伴わないものを除く。）又は損害保険契約の保険事故（偶然な事故に基因する保険事故で死亡を伴うものに限る。）が発生した場合において、これらの契約に係る保険料の全部又は一部が保険金受取人以外の者によつて負担されたものであるときは、これらの保険事故が発生した時において、保険金受取人が、その取得した保険金（当該損害保険契約の保険金については、政令で定めるものに限る。）のうち当該保険金受取人以外の者が負担した保険料の金額のこれらの契約に係る保険料でこれらの保険事故が発生した時までに払い込まれたものの全額に対する割合に相当する部分を当該保険料を負担した者から贈与により取得したものとみなす。

2　以下略

【贈与により取得したものとみなす……保険金の仕組み】
＜死亡保険金＞

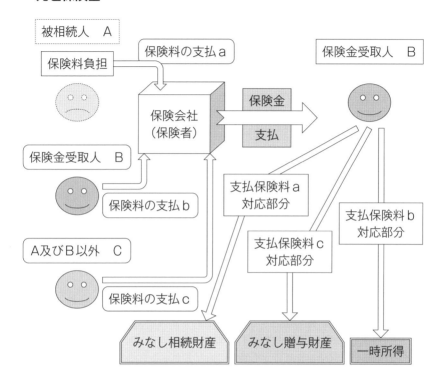

<満期保険金>

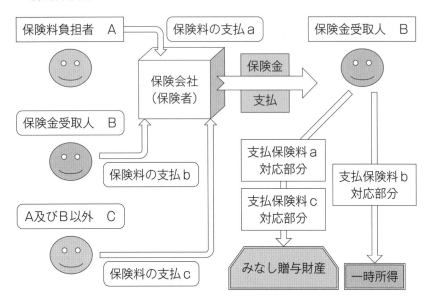

(注) この贈与により取得したものとみなされる保険金についても、相続又は遺贈により取得したものとみなされる保険金と同様に、保険金が年金で支払われる場合、保険金とともに支払われる剰余金等がある場合及び保険金から契約者貸付金等が控除される場合があるほか、無保険車傷害保険契約に基づいて保険金を取得する場合があります。これらの取扱いについては、相続税法基本通達3―6及び3―8から3―10までの取扱いに準ずることとされています（相基通5―1）。

(2) 課税の対象となる保険金

　課税の対象となる保険金は、相続税法第3条第1項第1号における生命保険契約の保険事故又は損害保険契約の保険事故に基づいて支払を受ける保険金ですが、損害保険契約の保険金は、次に掲げるもの以外のものに限られています（相令1の4）。

① 自動車損害賠償保障法第5条に規定する自動車損害賠償責任保険の契約に基づく保険金

第1章　生命保険金等

② 自動車損害賠償保障法第5条に規定する自動車損害賠償責任共済の契約に基づく共済金

③ 原子力損害の賠償に関する法律第8条に規定する原子力損害賠償責任保険契約に基づく保険金

④ その他（上記①から③以外）の損害賠償責任に関する保険又は共済に係る契約に基づく保険金又は共済金

　※　上記④の保険金等については、具体的にどのようなものがこれに該当するか、個々に判断するほかありません。

　　賠償責任保険契約等による保険金が課税対象から除かれているのは、いわば損害の補填であって、これを直接被害者が取得するような場合に贈与税を課税することは妥当でないとの配慮に基づくものであるとされています。

　なお、次に掲げる保険又は共済の契約に基づき支払われるいわゆる死亡保険金のうち、契約者の損害賠償責任に基づく損害賠償金に充てられることが明らかである部分については、上記の相続税法施行令第1条の4に規定する「損害賠償責任に関する保険又は共済に係る契約に基づく保険金」に該当するものとして取り扱っても差し支えないものとされています（相基通5―4）。

(1) 自動車保険搭乗者傷害危険担保特約

(2) 分割払自動車保険搭乗者傷害危険担保特約

(3) 月掛自動車保険搭乗者傷害危険担保特約

(4) 自動車運転者損害賠償責任保険搭乗者傷害危険担保特約

(5) 航空保険搭乗者傷害危険担保特約

(6) 観覧入場者傷害保険

(7) 自動車共済搭乗者傷害危険担保特約

79

自動車保険搭乗者傷害危険担保特約により支払う保険金については、被害者である搭乗者（被保険者）が被害の日から180日以内に死亡しなかったときは、後遺障害保険金及び医療保険金が搭乗者本人に支払われることになり、被害者である搭乗者（被保険者）が被害の日から180日以内に死亡したときは、その搭乗者（被保険者）の相続人に死亡保険金が支払われます。

　この場合、被害者である搭乗者自身の受け取る保険金については、損害の塡補としての性質を有するので、保険料の負担者が誰であるかを問わず、所得税法の分野に属するものとして、すべて非課税とされていますが（所令30一）、被害者である搭乗者の相続人の受け取る死亡保険金については、基本的には生命保険契約に基づく死亡保険金と何ら異なるところはありません。

【図　解】

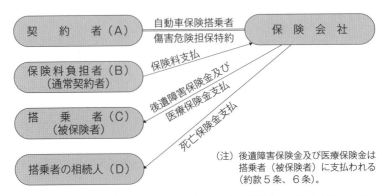

（出典）武田昌輔監修『DHCコンメンタール相続税法』949頁（第一法規、1981）〔最終加除：追録第640号（2024）〕

第1章　生命保険金等

　すなわち、相続税法基本通達5─4に掲げる保険又は共済の契約及びこれらに類する契約に基づく相続人が取得した死亡保険金についての課税関係は、次のようになります（相基通5─5）。

①　被相続人が当該契約に係る保険料の全部又は一部を負担している場合

　　図解の、（C）＝（B）の場合には、死亡保険金のうち被相続人（C）の負担した保険料に対応する部分は、相続税法第3条第1項第1号に規定する保険金として相続税の課税対象となります。

②　被相続人及び保険金受取人以外の者が当該契約に係る保険料を負担している場合

　　図解の、（B）≠（C）、（B）≠（D）の場合には、死亡保険金のうち被相続人及び保険金受取人以外の者（B）が負担した保険料に対応する部分は、相続税法第5条第1項に規定する保険金として贈与税の課税対象となります。

　　なお、この場合、この保険金のうち相続税法基本通達5─4により損害賠償責任に関する保険又は共済に係る契約に基づく保険金として取り扱われる部分がある場合には、その部分は、贈与税の課税対象から除かれます。

（注）搭乗者の死亡により死亡保険金を受け取った搭乗者（被保険者）の相続人自身が当該契約に係る保険料を負担している場合、すなわち図解で説明すれば(B)＝(D)の場合には、その保険金は各種所得の金額の計算上、収入金額又は総収入金額に算入されて所得税の課税対象となります。

81

(3) みなし贈与財産となる保険金及び保険料の計算

　生命保険契約等の保険事故の発生により、贈与により取得したものとみなされる保険金は、受け取る保険金のうち保険金受取人以外の者が負担した保険料の金額の当該契約に係る保険料でこれらの保険事故が発生した時までに払い込まれたものの全額に対する割合に相当する部分の金額です。

《算式》

$$\text{保険料の金額} \times \frac{\text{保険金受取人以外の者が負担した保険料の金額}}{\text{保険事故が発生した時までに払い込まれた保険料の全額}}$$

(4) 返還金に対する課税について

　生命保険契約又は傷害を保険事故とする一定の損害保険契約について返還金等の取得があった場合には、保険料負担者以外の者がこれらを受け取ったときは、その返還金等の受取人は、その金額を保険料負担者から贈与によって取得したものとみなされます（相法5②）。

　損害保険契約では、契約者が保険料負担者とされていますので、その負担した保険料に係る返戻金等以外の返戻金を受け取る場合はほとんど生じ得ないと考えられます。

　なお、このみなし贈与の規定は傷害保険のみに適用される規定のため、建物更生保険や火災相互保険など、蓄積保険料のある長期の損害保険の解約返戻金や、満期保険金には、適用がありません。これらの事実が生じたときは、一時所得として所得税の課税関係が生じるものと考えられます。

第1章　生命保険金等

(5) **保険料負担者の被相続人が負担した保険料等の取扱いについて**

　保険料を負担した者の被相続人が負担した保険料又は掛金はその者が負担した保険料又は掛金とみなされます（相法5③本文）。

　ただし、相続開始の際に、まだ保険事故の発生していない生命保険契約で、被相続人が保険料を負担していたものについて、その保険契約の契約者がその契約に関する権利を相続又は遺贈により取得したものとみなされる場合（相続税法第3条第1項第3号の場合）には、その被相続人が負担した保険料については、この限りでないものとされています（相法5③ただし書）。

　例えば、甲は乙の被相続人で、乙が被保険者、丙が保険金受取人で、かつ、契約者である生命保険契約について、甲及び乙が保険料を負担していた場合を考えてみると、

① 　まず、甲が死亡した場合に、甲の負担した保険料の部分については、その契約に関する権利を契約者である丙が相続等によって取得したものとみなされて、丙に相続税が課税されます（相法3①三）。

② 　次いで、その保険契約の保険事故が発生した際に、丙は乙からそ

の保険金を贈与によって取得したものとみなされますが、通常であれば、乙の被相続人である甲の負担した保険料も乙が負担したものとして贈与したものとみなされる保険金額を計算することになります。

しかし、この場合は、甲の負担した保険料の部分については、既に丙が取得したものとみなされて課税されているので、その部分は乙が負担したものとみなさないこととされています。

設例

＜生命保険金のみなし贈与部分等について＞

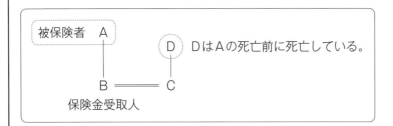

Aの死亡までに払い込まれた保険料　1,080万円

　　Aの負担額　　　　　　　　180万円
　　Bの負担額　　　　　　　　 90万円
　　Cの負担額（Bの妻）　　　360万円
　　Dの負担額（Cの父）　　　450万円
保険金額　2,400万円

解答

(1) Bが契約者の場合

Dの死亡の際Bは契約者として生命保険契約に関する権利につき、遺贈により財産を取得したものとみなされて相続税が課税されています。

　　したがって、保険金受取人Bは、既に、この生命保険契約に関する権利について課税されているので、Aの死亡により受け取る生命保険金のうち贈与により取得したものとみなされる部分の金額は、次のとおりとなります。

$$2,400万円 \times \frac{360万円（Cの負担分）}{1,080万円} = 800万円$$

　　すなわち、相続税法第5条第3項ただし書により、Cの被相続人Dの負担した保険料はCの負担した保険料とはみなさないで計算することになります。

(2)　**Cが契約者の場合**

　　Dの死亡の際Cは契約者として生命保険契約に関する権利につき、相続により財産を取得したものとみなされて相続税が課税されています。

　　しかし、保険金受取人Bは、Dの死亡の際課税されていませんので、相続税法第5条第3項本文により、Cの被相続人Dの負担した保険料は、Cの負担した保険料とみなされて、Aの死亡により受け取る生命保険金のうち贈与により取得したものとみなされる部分の金額を次のとおり計算することになります。

$$2,400万円 \times \frac{360万円（Cの負担分）＋450万円（Dの負担分）}{1,080万円}$$

$$= 1,800万円$$

| 第2節 | 生命保険契約に関する権利 |

1 概要

　相続開始の時までに保険事故が発生していない生命保険契約で、①被相続人が保険料の全部又は一部を負担し、かつ、②被相続人以外の者が契約者である場合には、相続開始によってその契約者は、その契約に関する権利のうち、被相続人が負担した保険料の額に対応する部分を、相続又は遺贈により取得したものとみなされます（相法3①三）。

第 1 章　生命保険金等

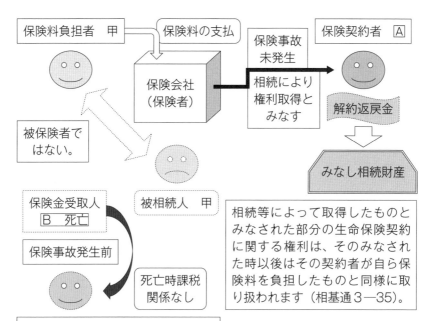

なお、被保険者でない保険契約者が死亡した場合で、保険料をその契約者が負担していたときは、その契約に関する権利は、相続人その他の者が相続又は遺贈により取得する本来の相続財産となります。

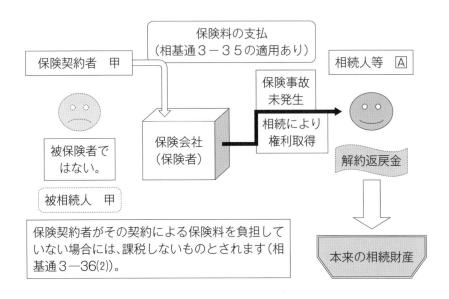

2 みなし相続財産となる権利の額の計算

　被相続人の死亡により相続又は遺贈により取得したものとみなされる権利は、その生命保険の契約者について、その契約に関する権利のうち被相続人が負担した保険料の金額のその契約に係る保険料でその相続開始の時までに払い込まれたものの全額に対する割合に相当する部分です。

第1章 生命保険金等

《算式》

$$\text{生命保険契約}\atop\text{に関する権利} \times \frac{\text{被相続人が負担した保険料の金額}}{\text{相続開始の時までに払い込まれた保険料の全額}}$$

　生命保険契約に関する権利で相続開始の時においてまだ保険事故が発生していないものの権利の価額は、相続開始の時において当該契約を解約するとした場合に支払われることとなる解約返戻金の額となります（評基通214）。

**相続課税上の
ポイント**　　**生命保険契約に関する権利**

　例えば、被相続人が、保険料を負担し、かつ、保険金の受取人になっていて、妻が、被保険者であり、保険契約者でもある場合に被相続人が死亡すると、妻は、以降の保険料を自分で負担して契約を継続するか、又は、解約して保険会社から返戻金を得ることができます。

　そして、妻が契約を継続し満期になった場合は、満期保険金を受け取ることができます。

　被相続人に保険料を負担してもらったことにより、妻は、満期保険金又は解約返戻金を得ることができるので、この満期保険金又は解約返戻金を得ることができる権利（生命保険契約に関する権利）は、相続財産とみなされます。

　なお、契約者が被相続人の場合、すなわち、被相続人が、妻を被保険者とする生命保険を契約して、保険料を負担していた場合は、この生命保険契約に関する権利は、「みなし」ではなく、本

89

来の相続財産になります。

　また、契約者がどちらであれ、解約返戻金や満期保険金が出ない掛け捨て保険の場合は、相続財産にもみなし相続財産にもなりません。

　なお、生命保険契約に関する権利の相続税評価額は、相続開始時に契約を解約した場合に支払われる解約返戻金をベースに算定されます。

設例

＜生命保険契約に関する権利の価額＞

保険契約者	A
保険料負担者	甲 1/2　A 1/2
被保険者	B
保険金受取人	A
解約返戻金の額	360万円

解答

　相続開始の時においてまだ保険事故が発生していない生命保険契約で、被相続人が保険料の全部又は一部を負担し、かつ、被相続人

第1章　生命保険金等

以外の者がその生命保険契約の契約者である場合、その解約返戻金の額をみなし相続財産として相続税が課されます。

　設例の場合、解約返戻金の額のうち、被相続人甲が負担している保険料の割合（1/2）に相当する部分の額を保険契約者Aが相続により取得したものとみなされます。

　360万円　×　1/2　＝　180万円

参考

　「建物更生共済契約」についての課税関係については、当該契約に関する権利は本来の相続財産として相続税の課税対象になることとされています。

国税庁「質疑応答事例」
〇建物更生共済契約に係る課税関係
【照会要旨】
　甲は、乙所有の建物の共済を目的とする建物更生共済に加入し、掛金を負担していました。
　甲又は乙について相続が開始した場合、建物更生共済契約に関する相続税の課税関係はどのようになりますか。
［契約関係］
　　共済契約者（掛金負担者）：甲（長男）
　　被共済者（建物所有者）：乙（父）
　　満期共済金受取人：甲
【回答要旨】
　共済契約者甲について相続が開始した場合には、建物更生共済契約の約款によれば、共済契約者の相続人に契約が承継されることとなっていることから、建物更生共済契約に関する権利が甲の本来の相続財産として相続税の課税対象となり、その評価額は、相続開始時における解約返戻金相当額となります。
　また、乙について相続が開始した場合、当該共済契約に関して相続税の課税対象となるものはありません。
　なお、満期時に取得する満期共済金は、満期共済金受取人の一時所得の課税

91

対象となります。

　リビング・ニーズ特約（被保険者の余命が6か月以内と診断された場合に、主契約の死亡保険金の一部又は全部（上限3,000万円）を生前給付金として被保険者に支払われる特約）に基づき生前給付金の受取人がその支払を受けた後に、その受取人である被保険者が死亡した場合で、その受けた給付金のうち被保険者に係る入院費用等の支払に充てられた後の相続開始時点における残額は、死亡した被保険者に係る本来の相続財産として相続税の課税対象となります（この場合、相続税法第12条第1項第5号《相続税の非課税財産》の規定の適用はありません。）。

　なお、この生前給付金は給付を受ける段階では、「身体の傷害に基因して支払われる保険金（所令30一）」に該当するものと取り扱っており（所基通9―21）、その保険金は所得税法上は非課税所得となります。

第 2 章

退職手当金等

第2章　退職手当金等

退職手当金等に係る課税について

　被相続人の死亡により被相続人に支給されるべきであった退職手当金、功労金その他これらに準ずる給与（弔慰金、花輪代、葬祭料等のうち実質的に退職手当金の性質を有するものが含まれます。）で、被相続人の死亡後3年以内に支給が確定したものを相続人又は相続人以外の者が取得した場合は、その退職手当金等は、相続又は遺贈により取得したものとみなされます（相法3①二）。

参考

○相続税法

　（相続又は遺贈により取得したものとみなす場合）

第3条　次の各号のいずれかに該当する場合においては、当該各号に掲げる者が、当該各号に掲げる財産を相続又は遺贈により取得したものとみなす。（中略）

　一　略

　二　被相続人の死亡により相続人その他の者が当該被相続人に支給されるべきであつた退職手当金、功労金その他これらに準ずる給与（政令で定める給付を含む。）で被相続人の死亡後3年以内に支給が確定したものの支給を受けた場合においては、当該給与の支給を受けた者について、当該給与

　三～六　略

2・3　略

95

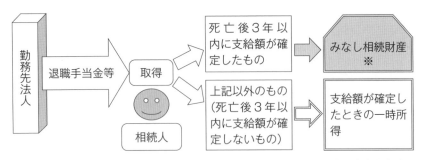

※支給額の確定により新たに期限後申告又は修正申告を行う。

(1) みなす理由

被相続人の死亡により被相続人に支給されるべきであった退職手当金等は、相続人又は相続人以外の者が支給者から直接に支給を受けるものであって、本来の相続財産を構成しません。

しかし、被相続人に支給されるべきであった退職手当金等の実質は、被相続人が死亡したために相続人等に支給されたものであるから、本来の相続財産と経済的実質は異ならないので、相続税法はこのような退職手当金等を「みなし相続財産」として、相続税を課税することとしています。

参考

退職手当金等については本来は退職者自身が受給すべきもので、たまたま受給者となるべき退職者が死亡したため相続人が受給するにすぎず、たとえ、退職給与規程等で受給者を特定しているとしても、それは単に受給代表者を定めただけであり、本来の相続財産を構成するという見解と、死亡の場合の退職金はその受給権者が相続人とは別に定められていることからも明らかなように、受給者の固有財産であって相続財産とならないとする見解とがあります。

第2章　退職手当金等

　また、法人の役員の退職手当金等は、株主総会等の議決を経て支給されることから、死亡の場合は、死亡後の株主総会ではじめて退職手当金の支給が決まることになり、退職者の死亡の時点では何らの権利も発生していないという考え方もあります。

(2)　退職手当金等とは

　退職手当金等とは、退職手当金、功労金その他これらに準ずる給与（以下「退職手当金等」といいます。）のことをいいます。受け取る名目にかかわらず実質的に被相続人の退職手当金等として支給される金品をいいます。したがって、現物で支給された場合も含まれます（相基通3―18、3―24）。

　退職手当金等についての相続税法上の定義は設けられていないので、実質上退職手当金等に該当するかどうかは社会通念により判断するほかありません。

　被相続人の死亡により相続人その他の者が受ける金品が退職手当金等に該当するかどうかは、その金品が退職給与規程その他これに準ずるものの定めに基づいて受ける場合においてはこれにより、その他の場合においては被相続人の地位、功労などを考慮してその被相続人の雇用主等が営む事業と類似する事業におけるその被相続人と同様な地位にある者が受け、又は受けると認められる額等を勘案して判定するものとされています（相基通3―19）。

　なお、雇用主がその従業員（役員を含みます。）のためにその者（その者の配偶者その他の親族を含みます。）を被保険者とする生命保険契約又はこれらの者の身体を保険の目的とする損害保険契約に係る保険料の全部又は一部を負担している場合において、

①　従業員の死亡を保険事故としてその相続人その他の者が当該保険

97

金を取得したとき、
② 従業員以外の者の死亡を保険事故として当該従業員が当該保険金を取得したとき、
③ 従業員以外の者の死亡を保険事故として当該従業員及びその被保険者以外の者が当該保険金を取得したときに、

雇用主がその保険金を従業員の退職手当金等として支給することとしている場合には、保険料の負担者が誰であるかの問題ではなく、相続税法第3条第1項第2号の規定により、その保険金は退職手当金等として相続税の課税対象とされています（相基通3―17ただし書）。

　被相続人の死亡により支給を受けた退職手当金等は、その支給方法に一時金又は年金の違いがあっても、いずれも相続又は遺贈により取得したものとみなされ、その合計額が相続税の課税対象となります。

　なお、年金の方法による退職手当金等の額は、相続税法第24条の定期金に関する権利の評価の規定により計算した金額によるものとされています。

　一時金の場合はその一時金の金額によりますが、この一時金を分割の方法で利息を付して支払又は支給を受ける場合であっても、定期金の評価をせず、その一時金の額によることとされています（相基通24―2）。

第 2 章　退職手当金等

参考

○相続税法基本通達

（退職手当金等の判定）

3 —19　被相続人の死亡により相続人その他の者が受ける金品が退職手当金等
　　に該当するかどうかは、当該金品が退職給与規程その他これに準ずるものの
　　定めに基づいて受ける場合においてはこれにより、その他の場合においては
　　当該被相続人の地位、功労等を考慮し、当該被相続人の雇用主等が営む事業
　　と類似する事業における当該被相続人と同様な地位にある者が受け、又は受
　　けると認められる額等を勘案して判定するものとする。

⑶　被相続人の死亡後 3 年以内に支給が確定したものとは

　死亡後 3 年以内に支給が確定したものには次の 2 つの場合があります。

①　死亡退職で支給される金額が被相続人の死亡後 3 年以内に確定し
　たもの（相基通 3 —30）

②　生前に退職していて、支給される金額が被相続人の死亡後 3 年以
　内に確定したもの（相基通 3 —31）

　この 3 年以内に支給が確定したものであるかどうかは、被相続人に
支給されるべきであった退職手当金等の額が被相続人の死亡後 3 年以
内に確定したものをいい、実際に支給される時期が被相続人の死亡後
3 年以内であるかどうかは問わないこととされています。したがって、
その 3 年以内に支給されることは確定していてもその額が確定しない
ものは、この 3 年以内に支給が確定したものには該当しないものとさ
れています（相基通 3 —30）。

99

参考

○相続税法基本通達

（「被相続人の死亡後 3 年以内に支給が確定したもの」の意義）

3―30　法第 3 条第 1 項第 2 号に規定する「被相続人の死亡後 3 年以内に支給が確定したもの」とは、被相続人に支給されるべきであった退職手当金等の額が被相続人の死亡後 3 年以内に確定したものをいい、実際に支給される時期が被相続人の死亡後 3 年以内であるかどうかを問わないものとする。この場合において、支給されることは確定していてもその額が確定しないものについては、同号の支給が確定したものには該当しないものとする。

設例

　相続又は遺贈により取得したものとみなされる退職手当金に該当するものはどれか。

(1)　甲は A 株式会社を令和 3 （2021）年 3 月11日に死亡退職した。A 株式会社は令和 4 （2022）年 5 月20日甲に対し退職手当金を支給することを決定したが、実際に、甲に対する退職手当金の支給額を4,000万円と確定し、支給されたのは令和 6 （2024）年 6 月10日であった。

(2)　乙は B 株式会社を令和 2 （2020）年12月 5 日に死亡退職した。B 株式会社は令和 5 （2023）年 5 月20日乙に対し退職手当金3,000万円を支給することを決定したが、実際に支給されたのは令和 6 （2024）年12月 5 日であった。

解答

　被相続人の死亡によりその被相続人に支給されるべきであった退職手当金で、被相続人の死亡後 3 年以内に支給の確定したものを相

第2章　退職手当金等

続人が取得した場合には、その退職手当金は相続により取得したものとみなされ、相続税が課税されます。

この場合、支給されることは確定していてもその額が確定しないものについては、支給が確定したものには該当しないものとされるとともに、実際に支給される時期が被相続人の死亡後3年以内であるかどうかは問わないこととされています。

設例(1)では、支給額が確定した時期は相続開始後3年を経過しています。また、設例(2)では、支給日は相続開始から3年を経過していますが、その支給額が確定した日は3年以内になります。

したがって、相続又は遺贈により取得したものとみなされる退職手当金に該当するものは、設例(2)の場合になります。

■参考■ 国税庁「質疑応答事例」

○失踪宣告が行われたことに伴い死亡退職金の支払いがあった場合の課税関係

【照会要旨】

F社（株）の従業員甲、乙は、海外出張中の○年4月6日以後行方不明となっており、F社（株）では、利害関係人として両名の失踪宣告の申立てを行っていたところ、甲、乙の失踪宣告が○＋12年7月確定しました。その結果、甲、乙両名は、失踪期間が満了した○＋7年4月6日に死亡したものとみなされることになりました。そこで、F社（株）は、退職給与規程に基づいて、甲、乙の遺族に対して退職金を支給することとしました。

この場合に、甲、乙の遺族に支給される退職金は、両名が死亡したとみなされた日から3年を経過した日以後に支払われることになりますが、当該退職金は相続税法第3条第1項第2号に規定する退職手当金等として相続税の課税対象となりますか。

【回答要旨】

照会に係る甲、乙のように、退職給与規程の定めによって退職手当金等が支給される従業員については、退職と同時に同規程に基づいて退職手当金等の支給額が確定します。

101

したがって、当該従業員が死亡した場合には、同人に支給されるべき退職手当金等の額は、退職給与規程の定めるところに基づいて自動的に確定すると解されますので、照会の場合のように、その実際の支給が当該従業員の死亡後3年を経過した日以後に行われる場合であっても、当該退職手当金等の額は相続税法第3条第1項第2号に規定する退職手当金等に該当します。

(注)　退職給与規程の適用がない役員等の死亡によって支給される退職手当金等の額は、その支給額について株主総会その他正当な権限を有する機関の決議があった時に確定します。したがって、その決議がその役員等の死亡後3年を経過した日以後に行われた場合には、その決議に基づいて遺族に支給される退職手当金等は、相続税法第3条第1項第2号に規定する退職手当金等には該当しません。この場合には、遺族の所得税（一時所得）の課税対象となります。

　被相続人が生前に退職し、生存中に退職手当金等が確定した後に相続開始があった場合には、その退職手当金等に対しては所得税が課税されることになっていますので、その所得税を差し引いた残余の金額（金銭その他の財産に化体されている。）については、本来の相続財産として相続税が課税されることになります。

　これに対して、生存中に退職しても、被相続人の相続開始時にその支給額が定まらなかったものについては、その支給額が確定されてはじめてその支給を受ける権利が相続人等に発生するものですから、その支給を受ける権利は相続財産とはなりません。

　しかし、この被相続人が生存中に退職し、死亡後に支給が確定した退職手当金等は、被相続人が死亡退職したことに伴いその相続人等が取得した退職手当金等と比べて実質的な差はないので、相続税法第3条第1項の規定の趣旨からみて、同項第2号の退職手当金等に該当すべきものとして取り扱うべきものと考えられます。

　そこで、被相続人の生前退職による退職手当金等であっても、その

支給されるべき額が、被相続人の死亡前に確定しなかったもので、被相続人の死亡後3年以内に確定したものについては、相続税法第3条第1項第2号に規定する退職手当金等に該当するものとされています（相基通3—31）。

参考

〇相続税法基本通達

（被相続人の死亡後支給額が確定した退職手当金等）

3—31　被相続人の生前退職による退職手当金等であっても、その支給されるべき額が、被相続人の死亡前に確定しなかったもので、被相続人の死亡後3年以内に確定したものについては、法第3条第1項第2号に規定する退職手当金等に該当するのであるから留意する。

　相続税の申告後その退職手当金等の額が確定した場合には、修正申告書を提出すべきこととなります。また、その支給額が確定したことにより、新たに相続税の納税義務が生じた場合には、新たに相続税の申告書を提出すべきことにもなります。

　このような修正申告書や新たな申告書を提出する際の延滞税や無申告加算税は次のように取り扱われています。

① 本来の申告期限の翌日から申告書の提出までの期間は、延滞税の計算の基礎となる期間に含まれない（相法51②一）。また、無申告加算税の課否については、国税通則法第66条第1項ただし書の「正当な理由がある場合」に該当するものと考えられる。

② 申告期限後に、退職手当金等の支給確定により既に申告した相続税が増加することとなった者が提出した修正申告書については、延滞税の計算について、①と同様となる（相法51②一）。

設例

　Cは丙社の取締役をしていたが、前年の6月30日に死亡した。C
の相続人であるCの配偶者Dは、相続税の申告書を今年4月20日に
提出した。

　ところで、今年7月に開催された丙社の株主総会において、Cに
対する退職功労金として3,000万円と今まで住んでいた社宅の建物
及びその敷地をDに支給することが決議されたが、この建物及びそ
の敷地については、Cの退職所得として所得税が課税されるととも
に相続税が課税されるか。

解答

　Cの死亡により支給された退職功労金は、相続税法の規定により
Dが相続により取得したものとみなされ相続税が課税されますの
で、その退職功労金には、所得税は課税されません（所法9①
十六）。

　したがって、3,000万円と建物及びその敷地については、相続に
より取得したものとみなされ相続税が課税されますので、Bは相続
税の修正申告をする必要があります。

　相続税法上、退職手当金等として課税の対象になるのは、被相続人
の死亡後3年以内に支給が確定したものに限られていることから、3
年を経過した後にその支給が確定したものについては、その支払を受
ける遺族の一時所得として、所得税が課税されることになります（所
基通34―2）。

第2章　退職手当金等

⑷　被相続人の死亡後確定した賞与・支給期の到来していない給与

　その死亡した者の遺族等がその賞与の支給を受けたときは、その退職が生前退職であるか死亡退職であるかにかかわらず、その賞与は被相続人の本来の相続財産になります（相基通3―32）。

　また、死亡した者の勤務に係る俸給・給料等で、相続開始の時において支給期の到来していないものも、被相続人の死亡後に支給が確定する賞与と同様、被相続人の本来の相続財産になります。したがって、その俸給、給与等は、相続税法第3条第1項第2号に規定する退職手当金等に該当しません（相基通3―33）。

　なお、その賞与、俸給、給与等については、退職手当金等の非課税の規定が適用されないこととなり、また、所得税は課税されず、相続税のみ課税されることとなります。

⑸　退職手当金等に含まれる現物の価額の評価

　⑵で述べたように、退職手当金等には現物で支給されたものも含まれますが、この退職手当金等に含まれることとなる現物の価額をどのように評価することになるかという問題が生じます。これについては、その物の価額が相続税の課税価格に算入されることから、他の相続財産と同様、財産評価基本通達により評価した価額によることになると解されます。

⑹　退職給与等を受ける者

　次のように退職給与規程等に受給権者に関する定めがあるかどうかの区分により、退職手当金等の支給を受けた者が誰であるかを判断することとされています（相基通3―25）。

①　退職給与規程等の定めによりその支給を受ける者が具体的に定め

105

られている場合……その退職給与規程等により支給を受けることと
なる者とされる。

② 退職給与規程等により支給を受ける者が具体的に定められていな
い場合又は被相続人が退職給与規程等の適用を受けない者である場
合……次によることとされる。

（ⅰ） 相続税の申告書を提出する時までに被相続人に係る退職手当
金等を現実に取得した者があるときは、その取得した者とされ
る。

（ⅱ） 相続人全員の協議により支給を受ける者を定めたときは、そ
の定められた者とされる。

（ⅲ） （ⅰ）、（ⅱ）以外のときは、その被相続人に係る相続人の全員
とされる。なお、この場合には、各相続人は、その被相続人に
係る退職手当金等を各人均等に取得したものとして取り扱われ
る。

参 考

○相続税法基本通達

（退職手当金等の支給を受けた者）

3―25 法第3条第1項第2号の被相続人に支給されるべきであった退職手当
金等の支給を受けた者とは、次に掲げる場合の区分に応じ、それぞれ次に掲
げる者をいうものとする。

⑴ 退職給与規程その他これに準ずるもの（以下3―25において「退職給与
規程等」という。）の定めによりその支給を受ける者が具体的に定められ
ている場合 当該退職給与規程等により支給を受けることとなる者

⑵ 退職給与規程等により支給を受ける者が具体的に定められていない場合
又は当該被相続人が退職給与規程等の適用を受けない者である場合

イ 相続税の申告書を提出する時又は国税通則法（昭和37年法律第66号。
以下「通則法」という。）第24条から第26条までの規定による更正（以

106

第2章　退職手当金等

下「更正」という。）若しくは決定（以下「決定」という。）をする時ま
でに当該被相続人に係る退職手当金等を現実に取得した者があるとき
その取得した者
ロ　相続人全員の協議により当該被相続人に係る退職手当金等の支給を受
ける者を定めたとき　その定められた者
ハ　イ及びロ以外のとき　その被相続人に係る相続人の全員
（注）この場合には、各相続人は、当該被相続人に係る退職手当金等を各
人均等に取得したものとして取り扱うものとする。

⑺　弔慰金等に係る相続税課税

　弔慰金等（弔慰金、花輪代、葬祭料など）は、本質的には遺族に対
して死者への弔意を表わすため贈られるものですから、被相続人に支
給される退職手当金等とは異なり、本来的には相続税の課税対象とは
ならないものです。

　しかし、遺族が受ける弔慰金等のうちには、退職手当金等が弔慰金
等の名目で支給されることもあり得るので、次のような取扱いが定め
られています（相基通3―20）。

【弔慰金等に係る相続税課税の取扱い】

　被相続人の死亡により相続人が受ける弔慰金、花輪代、葬祭料等（以
下「弔慰金等」という。）については、次に掲げる金額を弔慰金等に
相当する金額として取り扱い、当該金額を超える部分の金額があると
きは、その超える部分に相当する金額は退職手当金等に該当するもの
として取り扱う。

①　被相続人の死亡が業務上の死亡であるときは、その雇用主等から
受ける弔慰金等のうち、当該被相続人の死亡当時における賞与以外
の普通給与の3年分（遺族の受ける弔慰金等の合計額のうち相続税
法基本通達3―23の各号に掲げるものからなる部分の金額が3年分
を超えるときはその金額）に相当する金額

107

② 被相続人の死亡が業務上の死亡でないときは、その雇用主等から受ける弔慰金等のうち、当該被相続人の死亡当時における賞与以外の普通給与の半年分（遺族の受ける弔慰金等の合計額のうち相続税法基本通達3―23の各号に掲げるものからなる部分の金額が半年分を超えるときはその金額）に相当する金額

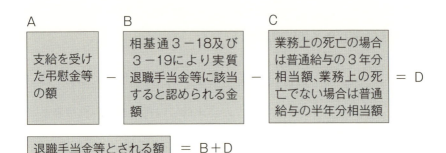

つまり、弔慰金等の額から、相続税法基本通達3―18及び3―19により実質退職手当金等と認められる金額をまず控除した後の額のうち、業務上の死亡か業務外死亡かにより、それぞれ普通給与の一定期間分に相当する額に達するまでの金額が弔慰金等として相続税の課税対象外となります。

設例

被相続人Aは甲社の会社員であった。業務は甲社で運転手をしていたが、業務遂行中、交通事故で死亡した。甲社は、Aの妻Bに対し、次に掲げる名義の金銭を支給した。

弔慰金　900万円

第2章　退職手当金等

　　花輪代　20万円

　　退職手当金　600万円

　Aの死亡当時の給与は月25万円であった。

解答

　弔慰金900万円と花輪代20万円のうちには、実質上退職手当金等に該当する部分がないと認められる場合には、次に掲げる金額については、退職手当金等として支給された600万円とあわせて相続により取得したものとして取り扱われます。

　（900万円＋20万円）－（25万円×12か月×３）＝20万円

　退職手当金等として取り扱われる金額＝600万円＋20万円＝620万円

　なお、労働者災害補償保険法等の一定の法律に基づき遺族等が弔慰金等として受ける金額は、退職手当金等には該当しないものとして取り扱われますので、その金額が上記算式の「普通給与の３年分相当額又は半年分相当額」を超えていてもその全額が弔慰金等として課税対象外とされます（相基通３—23）。

　このような場合において、この一定の法律による弔慰金等のほかに、例えば、勤務先等から支給される他の弔慰金等があっても、既に、「普通給与の３年分相当額又は半年分相当額」として弔慰金等とされる枠がなくなっているので、勤務先等から支給される他の弔慰金等は退職手当金等として課税されることになります。なお、この取扱いは、弔慰金等の支払をする雇用主ごとに適用して計算することになります。

設 例

　被相続人甲の死亡（業務上の死亡に該当）により、労働者災害補償保険法の規定による遺族給付及び葬祭料が3,000万円、また、勤務先である乙社から弔慰金として500万円が相続人Aに支給された。相続により取得したものとみなされる退職手当金等の金額はいくらとなるか。

　甲の死亡時の給与の内訳

　　給与　月額　70万円　　　扶養手当（月額）　10万円

　　賞与　年額　300万円

解 答

　法律に基づく弔慰金 3,000万円 ＞（70万円＋10万円）× 36か月 ＝ 2,880万円

　法律に基づく弔慰金の額が、形式基準による金額を超えることから、乙社からの弔慰金 500万円のすべてが退職手当金に該当する金額になります。

解 説

法律等に基づく弔慰金等と一般の弔慰金等の両方がある場合

　法律等に基づく弔慰金等（相基通3—23に掲げる弔慰金等）については、形式基準にかかわらず、各法律に弔慰金等の算定基準が明示されているため、支給額の全額が適正な弔慰金の額として課税対象外となります。つまり、退職手当金等に該当する部分はないものとされています。ただし、その弔慰金等の額については、一般の弔

第 2 章　退職手当金等

慰金等についての形式基準による適正額を計算する際に影響を及ぼすことがあります。

《算式》退職手当金等に該当する金額

　一般の弔慰金等の金額 －（形式基準による適正額 － 法律に基づく

弔慰金等の金額）

※マイナスの場合は、 0

　この弔慰金等については、原則として贈与により取得した金品に該当するものではありますが、贈与税については、社会通念上相当と認められるものについては課税されないことになっています（相基通21の 3 － 9 ）。また、支給者が法人の場合には一時所得に該当することになりますが、所得税法施行令第30条の規定により、これについても所得税は課税されないこととされています（所基通 9 －23）。

　弔慰金等に対する相続税の課税の判断を行う際の「業務」とは、その被相続人に遂行すべきものとして割り当てられた仕事をいい、「業務上の死亡」とは、直接業務に起因する死亡又は業務と相当因果関係があると認められる死亡をいうものとして取り扱うものとされています（相基通 3 －22）。

　例えば、次のような場合は業務上の死亡に該当することになります。

①　自己の業務遂行中に発生した事故により死亡した場合

②　自己の担当外の業務であっても、雇用主の営む業務の遂行中の事故により死亡した場合

③　出張中又は赴任途上において発生した事故により死亡した場合

④　自己の従事する業務により職業病を誘発して死亡した場合

⑤　作業の中断中の事故であっても、業務行為に附随する行為中の事

111

故によって死亡した場合

　なお、通勤途上の災害は、業務上の災害ではありませんが、昭和48年９月に通勤災害についても業務上の災害の場合に準じて保険給付が行われることになったので、相続税の取扱いでも通勤途上の災害による死亡は業務上の死亡に準じて取り扱われています。

　参考　**国税庁「質疑応答事例」**

〇評価会社が支払った弔慰金の取扱い

【照会要旨】

　１株当たりの純資産価額（相続税評価額によって計算した金額）の計算に当たって、被相続人の死亡に伴い評価会社が相続人に対して支払った弔慰金は負債として取り扱われますか。

【回答要旨】

　退職手当金等に該当し、相続税の課税価格に算入されることとなる金額に限り、負債に該当するものとして取り扱われます。

（理由）

　被相続人の死亡に伴い評価会社が相続人に対して支払った弔慰金については、相続税法第３条（相続又は遺贈により取得したものとみなす場合）第１項第２号により退職手当金等に該当するものとして相続税の課税価格に算入されることとなる金額に限り、株式の評価上、負債に該当するものとして純資産価額の計算上控除します。

　したがって、同号の規定により退職手当金等とみなされない弔慰金については、純資産価額の計算上、負債に該当しません。

⑻　個人型確定拠出年金（iDeCo）

　個人型確定拠出年金（iDeCo）の給付金は、老齢給付金、障害給付金及び死亡一時金の３種類です（確定拠出年金法28、73）。老齢給付金と障害給付金は、加入者に原則５～20年間の有期年金という形で支給されます。

第2章　退職手当金等

　加入者等が死亡した場合には「死亡一時金」として、個人型確定拠出年金（iDeCo）の資産をまとめて現金化したものが加入者の遺族に対し年金ではなく「一括」で支払われます。

　個人型確定拠出年金（iDeCo）の死亡一時金に対する課税は、加入者の死亡から死亡一時金の支給が確定されるまでの期間の長さによって次のようにされています。

①　死亡日から3年以内に支給が確定した確定拠出年金の死亡一時金は、相続財産とみなされる退職手当金等に該当し「みなし相続財産」として相続税が課税されます（相法3①二）。

②　死亡日から3年を超えて5年以内に支払いが確定した死亡一時金は、一時所得として所得税が課税されます（所基通9—17、34—2）。

参考

〇所得税基本通達

（相続財産とされる死亡者の給与等、公的年金等及び退職手当等）

9—17　死亡した者に係る給与等、公的年金等及び退職手当等（法第30条第1項《退職所得》に規定する退職手当等をいう。）で、その死亡後に支給期の到来するもののうち相続税法の規定により相続税の課税価格計算の基礎に算入されるものについては、課税しないものとする。

（遺族が受ける給与等、公的年金等及び退職手当等）

34—2　死亡した者に係る給与等、公的年金等及び退職手当等で、その死亡後に支給期の到来するもののうち9—17により課税しないものとされるもの以外のものに係る所得は、その支払を受ける遺族の一時所得に該当するものとする。

③　5年を超えると死亡一時金を受けることができる遺族が無いものとみなされ、死亡した人の個人型確定拠出年金（iDeCo）資産は死亡した人の相続財産として扱われます（確定拠出年金法41⑤）。

113

この場合は、民法上の法定相続人が財産を取得することになるので、本来の相続財産として課税されることになります。

　（注）法定相続人が５年を超えてから死亡一時金に相当する額を受け取った場合には、相続税の申告を修正する必要性が出てくる場合があります。

> **参 考**
>
> ○確定拠出年金法
> 　（遺族の範囲及び順位）
> 第41条
> 4　死亡一時金を受けることができる遺族がないときは、死亡した者の個人別管理資産額に相当する金銭は、死亡した者の相続財産とみなす。
> 5　死亡一時金を受けることができる者によるその権利の裁定の請求が死亡した者の死亡の後５年間ないときは、死亡一時金を受けることができる遺族はないものとみなして、前項の規定を適用する。

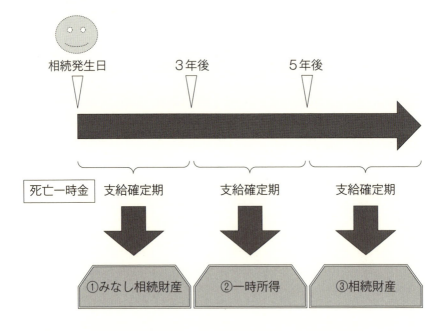

第2章　退職手当金等

⑼　**非課税限度額**

　退職手当金等を相続人が取得した場合には、相続税法第12条第1項第6号の規定により、取得した退職手当金等のうち、原則として「500万円×法定相続人の数」に達するまでの金額が非課税とされます（相法12①六）。

☞　**退職手当金等の非課税枠**

　○退職手当金の非課税限度額は、次の算式によります。

《算式》

> **500万円 ×「法定相続人の数」＝ 死亡退職金の非課税限度額**

　（注）「非課税限度額」や「各人の非課税金額」の計算方法は、第1章の生命保険金の場合と同様です（P51参照）。

　参考　**非課税限度額を算定するときの「法定相続人の数」とは**

　相続税法第15条第2項に規定する「相続人の数」のことをいい、民法の規定による「相続人の数」と次の点で異なっています（相法15②）。

（ⅰ）　相続の放棄があった場合には、その放棄がなかったものとする。

（ⅱ）　被相続人に養子がいる場合には、次の区分に応じて、「法定相続人の数」に算入する養子の数が、次の人数に制限されている。

　イ　被相続人に実子がいる場合　　1人

　ロ　被相続人に実子がいない場合　2人

　この場合、次の者は被相続人の実子とみなしてイ又はロの数を計算します（相法15③、相令3の2）。

（イ）　特別養子縁組（民法817の2①）による養子となった者

（ロ）　配偶者の実子で被相続人の養子となった者

(ハ)　配偶者の特別養子縁組による養子となった者で被相続人の
　　養子となった者

(ニ)　実子等の代襲相続人

参考

○相続税法
　（相続税の非課税財産）
第12条　次に掲げる財産の価額は、相続税の課税価格に算入しない。
　一～五　略
　六　相続人の取得した第３条第１項第２号に掲げる給与（以下この号におい
　　て「退職手当金等」という。）については、イ又はロに掲げる場合の区分
　　に応じ、イ又はロに定める金額に相当する部分
　イ　第３条第１項第２号の被相続人のすべての相続人が取得した退職手当
　　　金等の合計額が500万円に当該被相続人の第15条第２項に規定する相続
　　　人の数を乗じて算出した金額（ロにおいて「退職手当金等の非課税限度
　　　額」という。）以下である場合　当該相続人の取得した退職手当金等の
　　　金額
　ロ　イに規定する合計額が当該退職手当金等の非課税限度額を超える場合
　　　当該退職手当金等の非課税限度額に当該合計額のうちに当該相続人の
　　　取得した退職手当金等の合計額の占める割合を乗じて算出した金額
　2　略

　これまで述べてきたとおり、被相続人の死亡により相続人その他の
者が被相続人に支給されるべきであった退職手当金等で死亡後３年以
内に支給が確定したものの支給を受けた場合、退職手当金等の受取人
が(1)相続人（相続を放棄した者や相続権を失った者は除きます。）で
あるときは相続により取得したものとして、また、(2)相続を放棄した
者及び相続権を失った者や相続人以外の者であるときは遺贈により取
得したものとみなされます（相法３①）。
　この退職手当金等は、上記の非課税限度額があるため、その全額が

相続税の対象となるわけではありません（相法12①六）。また、すべ
ての相続人が受け取った退職手当金等を合計した額が非課税限度額以
下のときは課税されません。

　なお、この非課税の規定は相続人以外の者が取得した退職手当金等
には適用がありませんので、注意してください。

**相続課税上の
ポイント**　**退職手当金等に該当するかどうかの判
断**

① 　被相続人の死亡により、その相続人等が受ける金品が退職手
当金等に該当するかどうかについての判断は、一般に、従業員
については、労働協約又は就業規則等において退職給与規程が
定められているので、その規程によって支給されるものは、退
職手当金等に該当することになります。

② 　次に、退職給与規程等の定めがない場合には、その被相続人
の雇用主等が営む事業と類似する事業における当該被相続人と
同様な地位（その業務に従事した期間、類似している業務及び
その退職事由を同じくするもの）にある者が受け、又は受ける
と認められる額等を勘案して、相続人等が支給を受けた金品が
実質退職手当金等に該当するものかどうかを判定することとさ
れています。

相続課税上のポイント　弔慰金等の取扱い

　弔慰金、花輪代、葬祭料等（弔慰金等）は、本来退職手当金等とは性格が異なるものであり、かつ、遺族に対して直接支出されるものですので、退職手当金等ではありませんが、こうした被相続人の雇用主から支給された金品が退職手当金等に当たるかどうかは、名目にかかわらず実質により判定すべきであり、「弔慰金等」の名目で遺族に支給された金品であっても、その実質が退職手当金等に該当する場合には、相続税の課税対象とすべきものとして取り扱われています。

　実態的にみると、会社役員の死亡退職のような場合、弔慰金等の名目で多額の金額が遺族に支給されるケースがみられ、また、上記の実質判定が極めて困難な場合が少なくありません。

　このようなことから、相続人等が支給を受けた弔慰金等のうち、次の区分に応じ、それぞれに掲げる金額を超える部分の金額を退職手当金等として取り扱うこととされています（相基通3─20）。

① 　被相続人の死亡が業務上の死亡である場合　賞与以外の普通給与の3年分

② 　被相続人の死亡が業務上の死亡でない場合　賞与以外の普通給与の半年分

生命保険金、死亡退職金は遺産分割の対象財産？

　生命保険金請求権、死亡退職金請求権は受取人が固有の権利として取得するので、その権利は相続財産には含まれないと解されています。相続財産でなければ、当然遺産分割の対象とはならず、たとえ相続放棄をした場合でもこれを取得できることになります。

　しかしながら、生命保険金や死亡退職金がいくら受取人固有の財産であるといっても、これをまったく度外視して遺産分割を行うと、相続人間に著しい不公平を生じることがあり、審判などでは、生命保険金や死亡退職金については、これを特別受益財産として相続分を計算する事例も見られます。

参考　国税庁「質疑応答事例」

〇死亡退職金を辞退した場合の相続税の課税
【照会要旨】
　A㈱は、社長が死亡したため、株主総会及び取締役会の決議に基づき死亡退職金として1億円をその遺族に支払っていましたが、その後、遺族から退職金受領を辞退したい旨の申し入れがあり、1億円が返還されました。この場合、相続税の課税はどのようになるのでしょうか。

【回答要旨】
　社長の遺族が受領した退職金1億円は、その支給について正当な権限を有する株主総会及び取締役会の決議に基づいて支給されたものであることから、受領した退職金を返還したとしても相続税が課税されることにかわりはありません。
　ただし、返還理由がその退職金の支給決議が無効又は取り消し得べきものであった場合において、その無効が確認され又は取り消しがなされたことが、権限を有する機関の議事録等から明らかであれば、相続税の課税対象とはなりません。

第 3 章

定期金に関する権利

第３章　定期金に関する権利

第１節　定期金に関する権利

　定期金に関する権利は、相続開始の時までに定期金給付事由が発生していない定期金給付契約（生命保険契約を除きます。）で、①被相続人が掛金の全部又は一部を負担し、かつ、②被相続人以外の者が契約者である場合には、相続開始によってその契約者は、その契約に関

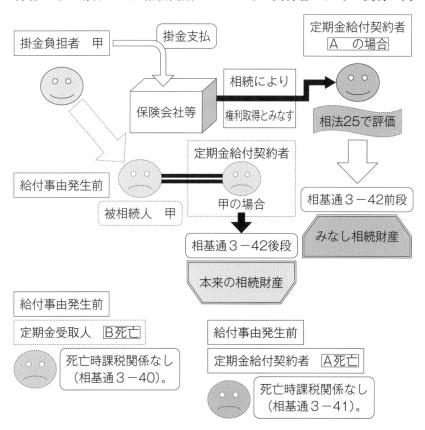

123

する権利のうち、被相続人が負担した掛金の額に対応する部分を、相続又は遺贈により取得したものとみなされます（相法3①四）。

参考

○相続税法
（相続又は遺贈により取得したものとみなす場合）
第3条　次の各号のいずれかに該当する場合においては、当該各号に掲げる者が、当該各号に掲げる財産を相続又は遺贈により取得したものとみなす。（中略）
　一〜三　略
　四　相続開始の時において、まだ定期金給付事由が発生していない定期金給付契約（生命保険契約を除く。）で被相続人が掛金又は保険料の全部又は一部を負担し、かつ、被相続人以外の者が当該定期金給付契約の契約者であるものがある場合においては、当該定期金給付契約の契約者について、当該契約に関する権利のうち被相続人が負担した掛金又は保険料の金額の当該契約に係る掛金又は保険料で当該相続開始の時までに払い込まれたものの全額に対する割合に相当する部分
　五・六　略
2・3　略

(1)　みなす理由

　定期金給付契約で、相続開始の時において、まだ定期金給付事由の発生していないものに関する権利について、みなし相続財産として課税する趣旨は、「生命保険契約に関する権利」の課税の趣旨と同様です（第1章第2節（P89）参照）。

(2)　相続財産とみなされる定期金給付契約に関する権利

　相続したとみなされる場合は、相続開始の時において、まだ定期金給付事由が発生していない定期金給付契約で被相続人が掛金又は保険

第3章　定期金に関する権利

料の全部又は一部を負担し、かつ、被相続人以外の者が定期金給付契約の契約者であるものがある場合です。ただし、定期金給付契約からは、生命保険契約は除かれています。

　定期金給付契約の意義については相続税法上の明文はなく、解釈に委ねられていますが、ここでの「定期金給付契約」としては、当事者の一方が相手方に対し、定期金を支払うことを約し、相手方がこれに対して対価として掛金を払い込むことを約するものが該当することとなると思われます。

　なお、単に「定期金給付契約」という場合には、生命保険契約が含まれることになりますが、相続税法第3条第1項第4号の規定からは除外されています。

(3)　みなし相続財産となる権利の額の計算

① 　被相続人の死亡により相続又は遺贈により取得したものとみなされる権利は、その定期金給付契約の契約者について、その契約に関する権利のうち被相続人が負担した掛金の金額のその契約に係る掛金でその相続の開始の時までに払い込まれたものの全額に対する割合に相当する部分です。

　　これを算式に示すと次のとおりです。

《算式》

定期金給付契約に関する権利	×	被相続人が負担した掛金又は保険料の金額
		相続開始の時までに払い込まれた掛金又は保険料の全額

125

② 定期金給付契約（生命保険契約を除きます。）で当該契約に関する権利を取得した時において定期金給付事由が発生していないものに関する権利の価額は、解約返戻金を支払う旨の定めの有無に応じ、それぞれ次のように評価することとされています（相法25）。

（ⅰ）　当該契約に解約返戻金を支払う旨の定めがない場合

　　　次に掲げる場合の区分に応じ、それぞれ次に掲げる金額に、100分の90を乗じて得た金額

　　イ　当該契約に係る掛金又は保険料が一時に払い込まれた場合

　　　　当該掛金又は保険料の払込開始の時から当該契約に関する権利を取得した時までの期間（ロにおいて「経過期間」という。）につき、当該掛金又は保険料の払込金額に対し、当該契約に係る予定利率の複利による計算をして得た元利合計額

　　ロ　イに掲げる場合以外の場合

　　　　経過期間に応じ、当該経過期間に払い込まれた掛金又は保険料の金額の１年当たりの平均額に、当該契約に係る予定利率による複利年金終価率を乗じて得た金額

（ⅱ）　（ⅰ）に掲げる場合以外の場合

　　　当該契約に関する権利を取得した時において当該契約を解約するとしたならば支払われるべき解約返戻金の金額

第3章 定期金に関する権利

> ### 設例

甲の死亡時に、次の簡易生命保険契約があった。

○定期金給付事由　受取人長女Bが60歳に達すること。
○保険料負担者　　甲
○保険料の負担額　150万円
○保険料の払い込み開始日から相続開始日までの期間（経過期間）
　15年（1年未満の端数は切り捨てる。）

　次のような場合、それぞれ相続により取得したとみなされる財産の価額はどうなるか。
(1) 契約に解約返戻金を支払う旨の定めがなく、保険料が一時に払い込まれていた場合
(2) 契約に解約返戻金を支払う旨の定めがなく、保険料が一時に払い込まれていない場合
(3) 契約に解約返戻金を支払う旨の定めがある場合（相続開始時の解約返戻金の額：160万円）

（参考）予定利率1.5％のとき
　　　　複利終価率　15年：1.250

複利終価率：$(1 + r)^n =（1 + 1.5\%)^{15} = 1.2502$

（小数点以下第3位未満四捨五入）

複利年金終価率　15年：16.682

複利年金終価率：$\dfrac{(1 + r)^n - 1}{r} = \dfrac{(1 + 1.5\%)^{15} - 1}{1.5\%} = 16.6821$

（小数点以下第3位未満四捨五入）

解答

(1)の場合

150万円 × 1.250 × 90/100 ＝ 168.75万円

(2)の場合

150万円 ÷ 15年 × 16.682 × 90/100 ＝ 150.13万円

(3)の場合

権利を取得した時の解約返戻金の額　160万円

⑷　定期金給付契約に関する権利の課税関係

①　定期金受取人が死亡した場合

　定期金受取人となるべき者が死亡した時において、まだ給付事由の発生していない定期金給付契約（生命保険契約を除きます。）で当該定期金受取人が契約者でなく、かつ、掛金又は保険料の負担者でないものについては、当該定期金受取人の死亡した時においては課税関係は生じないものとされています（相基通3─40）。

② 定期金給付事由の発生する前に契約者が死亡した場合

定期金給付契約の契約者が死亡した時において、まだ給付事由の発生していない定期金給付契約で当該契約者が掛金又は保険料の負担者でないものについては、当該契約者の死亡した時においては当該定期金給付契約に関する権利については、課税しないものとされています。

ただし、相続税法第3条第1項第4号の規定により当該契約者が掛金又は保険料の負担者から当該定期金給付契約に関する権利を相続又は遺贈によって取得したものとみなされた場合におけるそのみなされた部分については、この限りでないものとされます（相基通3—41）。

すなわち、定期金給付事由発生前に掛金又は保険料の負担者が死亡し、契約者が定期金給付契約に関する権利を掛金又は保険料の負担者から相続又は遺贈により取得したものとみなされた場合におけるそのみなされた部分（相法3①四）については、相続税法は、そのみなされた時以後は、その契約者が自らその定期金給付契約に関する権利に係る掛金又は保険料を負担したものと同様に取り扱うことを当然のこととしているものと考えられますので、この部分の権利は、本来の相続財産として相続税の課税対象となるものとして取り扱われます。

③ 定期金給付事由の発生する前に掛金の負担者が死亡した場合

定期金給付事由発生前に掛金又は保険料の負担者が死亡した場合において契約者と掛金又は保険料の負担者とが同一人でないときにおける定期金給付契約に関する権利は、相続税法第3条第1項第4号によって、契約者が掛金又は保険料の負担者からその負担した掛

金又は保険料の金額のその相続の開始の時までに払い込まれた掛金又は保険料の全額に対する割合に相当する部分を相続又は遺贈により取得したものとみなすことが規定されていますが、契約者と掛金又は保険料の負担者とが同一人であるときにおける定期金給付契約に関する権利については、何ら規定されていません。

契約者と掛金又は保険料の負担者とが同一人であるときは、契約者が掛金又は保険料を負担していますので、その掛金又は保険料の負担者が死亡した場合においてはその権利は当然その者の本来の相続財産になると解されます。

そこで、定期金給付事由の発生前に掛金又は保険料の負担者が死亡した場合におけるその定期金給付契約に関する権利は、契約者と掛金又は保険料の負担者とが同一人でないときは相続税法第3条第1項第4号の規定によって契約者が掛金又は保険料の負担者からその負担した掛金又は保険料の金額のその相続の開始の時までに払い込まれた掛金又は保険料の全額に対する割合に相当する部分を相続又は遺贈により取得したものとみなされますが、契約者と掛金又は保険料の負担者が同一人であるときは当該掛金の負担者の本来の相続財産となることとされています（相基通3―42）。

④　定期金給付契約の解除等があった場合

定期金給付契約（生命保険契約を除きます。）の定期金給付事由が発生した場合において、その契約に係る掛金又は保険料の全部又は一部が定期金受取人以外の者によって負担されたものであるときは、その定期金給付事由が発生した時において、定期金受取人が、その取得した定期金給付契約に係る権利のうちその定期金受取人以外の者が負担した掛金又は保険料の金額のその契約に係る掛金又は

保険料でその定期金給付事由が発生した時までに払い込まれたものの全額に対する割合に相当する部分をその掛金又は保険料を負担した者から贈与により取得したものとみなすこととされています（相法6①。詳しくは第4節（P144）を参照してください。）。

　これに準じて、例えば、年金受取人の死亡（保証据置年金について年金給付事由発生前に死亡した場合）又は年金契約の解除、失効若しくは変更の場合には、返還金受取人は、返還金の支払を請求することができることとされていますが、この契約に係る掛金又は保険料の全部又は一部が返還金受取人以外の者によって負担されている場合には、その部分に対応する返還金について贈与税の課税関係が生ずることとなります（相基通3—43、相法6②）。

第2節 保証期間付定期金に関する権利

定期金給付契約には保証期間が設定されていることがあります。

この場合、保証期間内に定期金の受取人が亡くなったときは、受取人の相続人等が定期金の受取人となることができます。

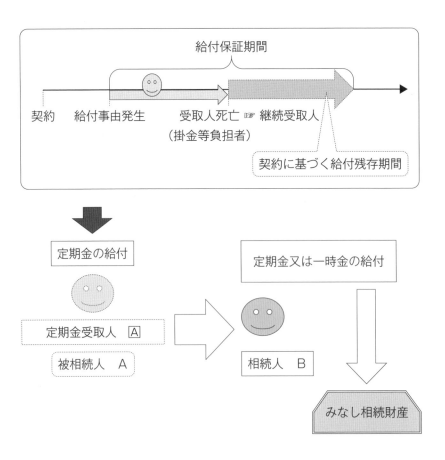

第3章　定期金に関する権利

　このような保証期間付定期金に関する権利もみなし相続財産となります（相法3①五）。

(1)　みなす理由

　保証期間付定期金給付契約に基づいて、相続人その他の者が受ける定期金又は一時金は、契約により受けるものであって、相続の効果として取得するものではありませんが、生命保険金と同様に、被相続人が掛金又は保険料を負担して、相続人等が定期金の給付を受けるものです。したがって、その実質は、生命保険金と同様に本来の相続財産を取得する場合と何ら変わりないことから、相続財産とみなされています。

(2)　相続財産とみなされる保証期間付定期金に関する権利

　相続税法第3条第1項第5号により相続したとみなされる場合は、定期金給付契約で定期金受取人に対しその生存中又は一定期間にわたり定期金を給付し、かつ、その者が死亡したときは、その死亡後遺族その他の者に対して定期金又は一時金を給付するものに基づいて、定期金受取人たる被相続人の死亡後相続人その他の者が定期金受取人又は一時金受取人となった場合です。この定期金給付契約には、生命保険契約が含まれます。

　（注）　このような定期金給付契約は、一般に「保証期間付定期金契約」と呼ばれています。かつては、実際上これに該当するものは、保証期間付即時終身年金契約（年金契約の効力が発生した日から年金受取人の死亡に至るまで年金の支払をするほか、一定の期間内に年金受取人が死亡したときは、その残存期間中年金継続受取人に継続して年金の支払をするものをいいます。）及び保証期間付据置終身年金契約（年金受取人が年金支払開始年齢に達した日からその死亡に至るまで年金支払をするほか、一定の期間内に年

133

金受取人が死亡したときは、その残存期間中年金継続受取人に継続して年金の支払をするものをいいます。）のほかはほとんどないといわれていましたが、昭和30年代の半ばごろから、個人年金保険（いわゆる利殖年金）の制度ができて、利用者も増えています。

　なお、個人年金信託は、金銭信託を一時又は数年で購入し、その信託元本及び課税済収益を預っておき、これを数年に分割して委託者の希望する額を交付するものです。したがって、このような個人年金信託はここにいう年金保険とは異なって、その課税関係は通常の金銭信託と同じであり、信託銀行が元本・収益を保管しているというにすぎません。

(3)　みなし相続財産となる権利の額の計算

　被相続人の死亡により相続又は遺贈により取得したものとみなされる権利は、その定期金受取人又は一時金受取人となった者について、その定期金給付契約に関する権利のうち被相続人が負担した掛金又は保険料の金額のその契約に係る掛金又は保険料で相続開始の時までに払い込まれたものの全額に対する割合に相当する部分です。

　これを算式に示すと次のとおりです（相基通3—44）。

　《算式》

保証期間付定期金に関する権利	×	被相続人が負担した掛金又は保険料の金額
		相続開始の時までに払い込まれた掛金又は保険料の全額

　平成23年4月1日以後に相続又は遺贈により取得する有期定期金である定期金給付契約でその契約に関する権利を取得した時において定期金給付事由が発生しているものに関する権利の価額は、次に掲げる金額のうちいずれか多い金額とされています（相法24）。

①　当該契約に関する権利を取得した時において当該契約を解約する

第3章　定期金に関する権利

としたならば支払われるべき解約返戻金の金額
② 定期金に代えて一時金の給付を受けることができる場合には、当該契約に関する権利を取得した時において当該一時金の給付を受けるとしたならば給付されるべき当該一時金の金額
③ 当該契約に関する権利を取得した時における当該契約に基づき定期金の給付を受けるべき残りの期間に応じ、当該契約に基づき給付を受けるべき金額の1年当たりの平均額に、当該契約に係る予定利率による複利年金現価率を乗じて得た金額

設例

　甲は生前、保証期間付きの生命保険契約に基づき、年金（定期金）の給付を受けていたが、甲の死亡後は、配偶者である乙がその年金の継続受取人になった。相続により取得したとみなされる財産の価額はどうなるか。

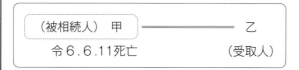

○給付期間　　平成26年5月15日から令和15年5月15日まで（20年間）
○年金給付日　毎年5月15日
○年金の額　　年200万円

○妻乙が継続受取人となる期間
　20年−（平成26年5月から令和6年5月までの間の11回）＝9年間

（参考）予定利率1.5％のとき

　　　複利年金現価率　　9年：8.361

$$複利年金現価率：\frac{1-\dfrac{1}{(1+r)^n}}{r}=\frac{1-\dfrac{1}{(1+1.5\%)^9}}{1.5\%}=8.3605$$

（小数点以下第3位未満四捨五入）

解　答

保証期間付定期金に関する権利

　200万円×8.361＝1,672.2万円

参　考

○相続税法

　（定期金に関する権利の評価）

第24条　定期金給付契約で当該契約に関する権利を取得した時において定期金
　給付事由が発生しているものに関する権利の価額は、次の各号に掲げる定期
　金又は一時金の区分に応じ、当該各号に定める金額による。
　一　有期定期金　次に掲げる金額のうちいずれか多い金額
　　イ　当該契約に関する権利を取得した時において当該契約を解約するとし
　　　たならば支払われるべき解約返戻金の金額
　　ロ　定期金に代えて一時金の給付を受けることができる場合には、当該契
　　　約に関する権利を取得した時において当該一時金の給付を受けるとした
　　　ならば給付されるべき当該一時金の金額
　　ハ　当該契約に関する権利を取得した時における当該契約に基づき定期金
　　　の給付を受けるべき残りの期間に応じ、当該契約に基づき給付を受ける
　　　べき金額の1年当たりの平均額に、当該契約に係る予定利率による複利
　　　年金現価率（複利の計算で年金現価を算出するための割合として財務省
　　　令で定めるものをいう。第3号ハにおいて同じ。）を乗じて得た金額
　二　無期定期金　次に掲げる金額のうちいずれか多い金額
　　イ　当該契約に関する権利を取得した時において当該契約を解約するとし

たならば支払われるべき解約返戻金の金額

ロ　定期金に代えて一時金の給付を受けることができる場合には、当該契約に関する権利を取得した時において当該一時金の給付を受けるとしたならば給付されるべき当該一時金の金額

ハ　当該契約に関する権利を取得した時における、当該契約に基づき給付を受けるべき金額の1年当たりの平均額を、当該契約に係る予定利率で除して得た金額

三　終身定期金　次に掲げる金額のうちいずれか多い金額

イ　当該契約に関する権利を取得した時において当該契約を解約するとしたならば支払われるべき解約返戻金の金額

ロ　定期金に代えて一時金の給付を受けることができる場合には、当該契約に関する権利を取得した時において当該一時金の給付を受けるとしたならば給付されるべき当該一時金の金額

ハ　当該契約に関する権利を取得した時におけるその目的とされた者に係る余命年数として政令で定めるものに応じ、当該契約に基づき給付を受けるべき金額の1年当たりの平均額に、当該契約に係る予定利率による複利年金現価率を乗じて得た金額

四　第3条第1項第5号に規定する一時金　その給付金額

2　前項に規定する定期金給付契約に関する権利で同項第3号の規定の適用を受けるものにつき、その目的とされた者が当該契約に関する権利を取得した時後第27条第1項又は第28条第1項に規定する申告書の提出期限までに死亡し、その死亡によりその給付が終了した場合においては、当該定期金給付契約に関する権利の価額は、同号の規定にかかわらず、その権利者が当該契約に関する権利を取得した時後給付を受け、又は受けるべき金額（当該権利者の遺族その他の第三者が当該権利者の死亡により給付を受ける場合には、その給付を受け、又は受けるべき金額を含む。）による。

3　第1項に規定する定期金給付契約に関する権利で、その権利者に対し、一定期間、かつ、その目的とされた者の生存中、定期金を給付する契約に基づくものの価額は、同項第1号に規定する有期定期金として算出した金額又は同項第3号に規定する終身定期金として算出した金額のいずれか少ない金額による。

4　第1項に規定する定期金給付契約に関する権利で、その目的とされた者の生存中定期金を給付し、かつ、その者が死亡したときはその権利者又はその

遺族その他の第三者に対し継続して定期金を給付する契約に基づくものの価
額は、同項第1号に規定する有期定期金として算出した金額又は同項第3号
に規定する終身定期金として算出した金額のいずれか多い金額による。

5　前各項の規定は、第3条第1項第6号に規定する定期金に関する権利で契
約に基づくもの以外のものの価額の評価について準用する。

(4)　保証期間付定期金に対する課税関係

　保証据置年金契約（年金受取人が年金支払開始年齢に達した日から
その死亡に至るまで年金の支払をするほか、一定の期間内に年金受取
人が死亡したときは、その残存期間中年金継続受取人に継続して年金
の支払をするものをいいます。）又は保証期間付年金保険契約（保険
事故が発生した場合に保険金受取人に年金の支払をするほか、一定の
期間内に保険金受取人が死亡した場合には、その残存期間中継続受取
人に継続して年金の支払をするものをいい、これに類する共済契約を
含みます。）の年金給付事由又は保険事故が発生した後、保証期間内
に年金受取人（保険金受取人を含みます。以下(4)において同じ。）が
死亡した場合には、その課税関係は次によることとなります（相基通
3―45）。

① 　年金受取人が掛金又は保険料の負担者であるときは、相続税法第
　3条第1項第5号の規定により継続受取人が掛金又は保険料の負担
　者からその負担した掛金又は保険料の金額のその相続開始の時まで
　に払い込まれた掛金又は保険料の全額に対する割合に相当する部分
　を相続又は遺贈によって取得したものとみなされる。

② 　年金受取人が掛金又は保険料の負担者でないときは、相続税法第
　6条第3項の規定により継続受取人が掛金又は保険料の負担者から
　その負担した掛金又は保険料の金額の相続開始の時までに払い込ま
　れた掛金又は保険料の全額に対する割合に相当する部分を贈与に

第3章　定期金に関する権利

よって取得したものとみなされる。

③　掛金又は保険料の負担者と継続受取人とが同一人であるときは、課税しないものとされる。

参考

○相続税法基本通達

（保証据置年金契約の年金受取人が死亡した場合）

3―45　保証据置年金契約（年金受取人が年金支払開始年齢に達した日からその死亡に至るまで年金の支払をするほか、一定の期間内に年金受取人が死亡したときは、その残存期間中年金継続受取人に継続して年金の支払をするものをいう。）又は保証期間付年金保険契約（保険事故が発生した場合に保険金受取人に年金の支払をするほか、一定の期間内に保険金受取人が死亡した場合には、その残存期間中継続受取人に継続して年金の支払をするものをいい、これに類する共済契約を含む。）の年金給付事由又は保険事故が発生した後、保証期間内に年金受取人（保険金受取人を含む。以下3―45において同じ。）が死亡した場合には、次に掲げるところによるのであるから留意する。

(1)　年金受取人が掛金又は保険料の負担者であるときは、法第3条第1項第5号の規定により継続受取人が掛金又は保険料の負担者からその負担した掛金又は保険料の金額のその相続開始の時までに払い込まれた掛金又は保険料の全額に対する割合に相当する部分を相続又は遺贈によって取得したものとみなされること。

(2)　年金受取人が掛金又は保険料の負担者でないときは、法第6条第3項の規定により継続受取人が掛金又は保険料の負担者からその負担した掛金又は保険料の金額の相続開始の時までに払い込まれた掛金又は保険料の全額に対する割合に相当する部分を贈与によって取得したものとみなされること。

(3)　掛金又は保険料の負担者と継続受取人とが同一人であるときは、課税しないものとすること。

139

第3節　契約に基づかない定期金に関する権利

　契約に基づかない定期金に関する権利とは、被相続人の死亡により相続人等が取得した定期金や一時金に関する権利で契約に基づくもの以外のもののことです（相法3①六）。

　例えば、退職年金の受給者が死亡して相続人がその年金の支給を受けることになったような場合の、年金の支給を受ける権利が、契約に基づかない定期金に関する権利に当たります。

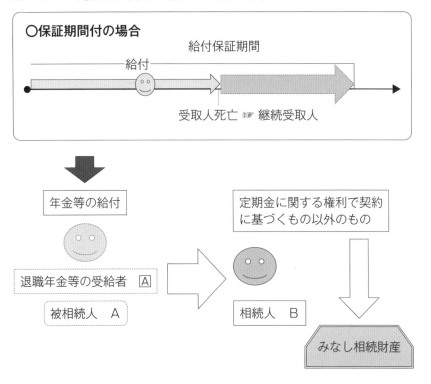

第3章　定期金に関する権利

　契約に基づかない定期金に関する権利には、次のようなものがあります（相基通3―46）。

①　退職年金契約に基づき継続受取人に支払われる退職年金の受給権

②　船員保険法の規定による遺族年金

③　厚生年金保険法の規定による遺族年金

⑴　みなす理由

　恩給法の規定による扶助料を受ける権利その他定期金に関する権利で契約に基づかないものは、被相続人の死亡により相続の効果として被相続人から承継するものではなく、恩給法その他の法律によって相続人その他の者が直接に取得するものではありますが、実質的には遺産を取得したのと同様であることから、他とのバランス上相続財産とみなされています。

⑵　相続財産とみなされる契約に基づかない定期金に関する権利

　相続したとみなされる場合は、被相続人の死亡により相続人その他の者が定期金（これに係る一時金を含みます。）に関する権利で契約に基づくもの以外のもの（恩給法の規定による扶助料に関する権利を除きます。）を取得した場合です。

　この「定期金に関する権利で契約に基づくもの以外のもの」とは、従来から、法律、条例、就業規則等に基づき支給されるものと解されていましたが、相続税法基本通達3―29の取扱いによる退職年金の継続受取人が取得する当該年金の受給に関する権利のほか、船員保険法の規定による遺族年金、厚生年金保険法の規定による遺族年金等があることが明らかにされています。もっとも、これらの法律による遺族年金等については、それぞれそれらの法律に非課税規定が設けられて

141

いるので、相続税は課税されません（相基通3―46）。

　なお、恩給法には厚生年金保険法等のような遺族給付金等を非課税とする規定が設けられていないことから、上記の定期金の範囲から「恩給法の規定による扶助料に関する権利を除く」こととし、相続税を課税しないこととされています。

(3)　みなし相続財産となる権利

　被相続人の死亡により相続又は遺贈により取得したものとみなされる権利は、定期金に関する権利を取得した者について、その定期金に関する権利そのものです。これは、被相続人の負担部分というものがないことによります。

　この定期金の権利の評価は、相続税法第24条を準用することになります（相法24⑤）。したがって、同条の規定に従い、有期定期金、無期定期金又は終身定期金として評価することになります。

　この権利から除かれている「（第2号に掲げる給与に該当するもの）」とは、定期金又はこれに準ずる方法で支給される退職手当金等をいい、これらのものについては、相続税法第3条第1項第2号に規定する退職手当金等として課税されます（相基通3―47）。

　退職手当金等として課税することの実益は、相続人が退職手当金等を取得した場合には、一定額までは非課税とされていることです（相法12①六）。

　なお、これに該当するものとしては、例えば、①株式会社の役員が死亡退職した場合に、株主総会の決議等によって受ける退職手当金、功労金等で、それが定期金又はこれに準ずるような方法で支給されるもの、②従業員の死亡によりその遺族が取得する適格退職年金の受給権があります。

142

この定期金に関する権利が年金保険の受給権である場合には、相続税法第3条第1項第1号の保険金から除かれているので（相法3①一）、生命保険金の非課税（相法12①五）の適用等がないことに注意する必要があります。

設例

甲は勤務していた会社を令和4年に退職し、その後年金形式で退職金を受給していた。その後、甲の死亡により、配偶者である乙が継続受取人になった。相続により取得したとみなされる財産の価額はどうなるか。

○受給期間　　　10年間
○残存受給期間　7年間
○受給の額　　　年100万円

○妻乙が継続受取人となる期間　7年

（参考）予定利率1.5％のとき
　　　　複利年金現価率　7年：6.598

解答

保証期間付定期金に関する権利
　100万円×6.598＝659.8万円

第**4**節　贈与財産とみなされる定期金に関する権利

　定期金給付事由が発生した場合において、その契約に係る掛金の全部又は一部が定期金受取人以外の者によって負担されたものであるときは、その定期金給付事由が発生した時において、定期金受取人がその取得した定期金給付契約に関する権利のうち、その定期金受取人以外の者が負担した掛金又は保険料の金額のその契約に係る掛金又は保険料で、その定期金給付事由が発生した時までに払い込まれたものの全額に対する割合に相当する部分を、その掛金又は保険料を負担した者から贈与によって取得したものとみなして贈与税が課税されます。

⑴　贈与財産とみなされる定期金

　定期金給付契約の定期金の給付事由が発生した場合に、その定期金給付契約の掛金の全部又は一部が定期金受取人以外の者によって負担されているときは、定期金の給付事由が発生した時に、定期金の給付を受けることとなった者が、その定期金の給付を受ける権利のうち、定期金の給付を受ける者以外の者が負担した掛金又は保険料の部分に相当する部分を贈与により取得したものとみなされて贈与税が課税されます（相法6①）。

　また、定期金給付契約について、返還金その他これに準ずるものの取得があった場合には、贈与により取得したものとみなされます（相法6②）。

　また、保証据置年金契約の場合において、掛金の全部又は一部が定

期金受取人、一時金受取人及び被相続人以外の第三者によって負担されたものであるときは、相続の開始があった時において、その定期金継続受取人が、その取得した定期金給付契約に関する権利のうち、その第三者が負担した掛金又は保険料の金額のその契約に係る掛金又は保険料で、その相続開始の時までに払い込まれたものの全額に対する割合に相当する部分を、その第三者から贈与によって取得したものとみなして贈与税が課税されます（相法6③）。

　これらの場合において、掛金又は保険料を負担した者の被相続人が負担した掛金又は保険料は、その者が負担した掛金又は保険料とみなされます。ただし、相続税法第3条第1項第4号の規定によって、定期金受取人若しくは一時金受取人又は返還金その他これに準ずるものの取得者が、その被相続人から定期金に関する権利を相続又は遺贈によって取得したものとみなされて相続税が課税されている場合は、この限りではありません（相法6④）。

⑵　贈与により取得したとみなされる部分の計算

　定期金に関する権利の価額については、相続税法第24条の規定によって計算することが定められています（相基通24—1〜24—4）。

　したがって、贈与により取得したものとみなされる部分の価額は、相続税法第24条の規定によって評価した価額によることとなりますが、ただ、その契約の掛金が2人以上の者によって負担されているものである場合には、相続税法第24条の規定により評価した権利の価額を、それぞれその負担した掛金の金額により按分した金額が、それぞれの者から贈与があったものとみなされることになります。

⑶ **掛金等**

　このほか、定期金の受取人以外の者が負担した掛金又は保険料については、相続税法第3条第1項第1号（保険金）の場合と同様ですので、第1章を参考としてください（相基通6—2）。

第 **4** 章

その他のみなし遺贈財産

遺贈とは、被相続人の遺言によってその財産を移転することをいいます（民法964）。

遺贈により取得したものとみなされるものには、次のものがあります（相法4）。

第1節　特別縁故者に対する相続財産の分与

特別縁故者とは、次のいずれかに該当する者のことをいいます（民法958の2）。

・被相続人と生計を同じくしていた者
・被相続人の療養看護に努めた者
・被相続人と特別の縁故があった者

特別縁故者は、相続人捜索の公告期間内に相続人としての権利を主張する者がいない場合で、家庭裁判所に相続財産分与を申し立てて認められた場合に、清算後に残った相続財産の全部又は一部を取得することができます。

相続人としての権利を主張するものがいない（存在しない）場合、被相続人の遺産は、民法上の手続きを経た上で、最終的には国庫に帰属することになります（民法958、959）が、その前段階で、特別縁故者に該当する者（被相続人と生計を同じくしていた者（例えば内縁の妻や事実上の養子など）、生計を同じくしていないが被相続人の療養看護に努めた者、その他被相続人と特別の縁故があった者（例えば養

老院））がいるときは、家庭裁判所は、その者の請求によって清算後残存すべき相続財産の一部又は全部を分与することができることになっています（民法958の2）。

この場合において、相続財産の一部又は全部の分与を受けた特別縁故者については、当該財産は被相続人から遺贈により取得したものとみなされ、相続税が課税されます。

なお、相続税評価額は、分与財産の分与時の時価に相当する金額です（相法4①）。

設 例

甲は身よりがなく乙によって療養看護を受けていたが、令和X1年5月死亡した。

甲には相続人がいなかったので、その遺産は、相続財産法人となった。そこで、乙は、家庭裁判所に対して甲の遺産の一部について分与の請求を行ったところ、令和X3年の6月に家庭裁判所の審判によりその請求が認められ、遺産のうち、甲の住んでいた土地建物の分与を受けた。その価額は次のとおりである。

令和X1年5月相続税評価額　9,000万円

令和X3年6月相続税評価額　7,000万円

乙は甲の療養看護等の費用及び葬式費用として300万円を支払っていたが、その金額は相続財産法人から特に支給されなかった。

こうした場合、乙の相続税の課税はどのように行われるか。

解 答

乙が遺贈により取得したものとみなされる財産の価額

第4章　その他のみなし遺贈財産

7,000万円－300万円＝6,700万円

（注）乙は相続人ではないため、債務控除（相法13）の制度は適用されませんが、相続財産の分与を受けた特別縁故者が、当該相続財産に係る被相続人の葬式費用又は当該被相続人の療養看護のための入院費用等の金額で相続開始の際まだ支払われていなかったものを支払った場合において、これらの金額を相続財産法人の財産から弁済を受けていないときは、分与を受けた金額からこれらの費用の金額を控除した価額をもって分与された価額として取り扱うものとされています（相基通4―3）。

　乙は相続税の申告を財産分与を受けたことを知った日の翌日から10か月を経過する日までに行わなければなりません（相法29）。
　この場合、基礎控除額や税率等の適用については、相続開始の令和Ｘ1年5月に適用される相続税法の規定に基づいて計算されることになります。

　また、相続財産の分与を受けた者が、その相続の開始前7年以内（暦年課税の加算対象期間）にその相続に係る被相続人のからの贈与により財産を取得している場合には、その贈与財産の価額は、その者の相続税の課税価格に加算することとされます（相法19①）。

151

第2節 特別寄与料

　被相続人に対して無償で療養看護その他の労務の提供により被相続人の財産の維持又は増加について特別の寄与をした被相続人の親族（相続人、相続の放棄をした者等を除きます。「特別寄与者」）は、相続の開始後、相続人に対して寄与に応じた額の金銭（「特別寄与料」）の支払を請求することができることとされています（民法1050）。

(1)　相続税の課税

　特別寄与者が支払を受けるべき特別寄与料の額に相当する金額は、遺贈により取得したものとみなされて相続税が課税されることになります（相法4②）。

(注1)　相続税額の計算における相続税額の20％加算（相法18）、相続開始前7年以内の贈与により取得した財産の受贈時の価額による相続税の課税価格への加算（相法19）、といったことに留意する必要があります。

(注2)　特別寄与料は被相続人から相続又は遺贈により取得した財産ではないものの、

・相続人と療養看護等をした親族との間の協議又は家庭裁判所の審判により定まること、

・相続開始から1年以内に請求しなければならないこと、

・遺産額を限度とすること、

から被相続人の死亡と密接な関係を有し、経済的には遺産の取得に近い性質を有すること、また、被相続人が相続人以外の者に対して財産を遺贈した場合との課税上のバランスをも考慮すると、一連の相続の中で課税関係を処理することが適当であるとされ、特別寄与料に対しては相続税が課税されることとなりました。

支払を受けるべき特別寄与料の額が確定したことにより、相続税の申告書を提出しなければならなくなった者は、特別寄与料の額が確定したことを知った日の翌日から10か月以内に、納税地の所轄税務署長に申告書を提出しなければならないこととされています（相法29）。

なお、相続財産の分与を受けた者が、その相続の開始前7年以内（暦年課税の加算対象期間）にその相続に係る被相続人のからの贈与により財産を取得している場合には、その贈与財産の価額は、その者の相続税の課税価格に加算することとされます（相法19①）。

⑵　特別寄与料を支払うべき相続人

特別寄与者が支払を受けるべき特別寄与料の額が特別寄与者に係る課税価格に算入される場合には、その特別寄与料を支払うべき相続人に係る課税価格に算入すべき価額は、その財産の価額からその特別寄与料のうちその相続人が負担する金額を控除した金額とすることとされています（相法13④）。

相続税の申告書を提出した後に支払うべき特別寄与料の額が確定した場合は、その確定したことを知った日の翌日から4か月以内に限り更正の請求をすることができます（相法32①七）。

設 例

母乙が令和6年11月30日に死亡した（夫甲は既に死亡）。

相続人は、次男B、長女C、次女D（長男Aは既に死亡）。

次男B、長女C及び次女Dは遺産分割を行い（各人1/3）、申告期限内に申告・納付を済ませている。

課税価格　15,000万円

納付税額　1,440万円（各　480万円）

　長男Aの妻aに対する特別寄与料1,000万円が家庭裁判所の処分により確定した。　　　　　　　　　　（確定日　令和9年2月28日）

　この場合、次男B、長女C、次女D及び長男Aの妻aの相続税の課税はどのようになるのか。

解答

1　期限内申告による次男B、長女C及び次女Dの相続税額

　　　課税価格　　　　　基礎控除
　　15,000万円－（3,000万円＋600万円×3）＝10,200万円

　　相続税　（10,200万円÷3＝3,400万円）×20％－200万円

　　　　　＝480万円（各人）

　　相続税総額　480万円×3人＝ 1,440万円

2　特別寄与料を受けた特別寄与者（長男Aの妻a）の相続税額の計算

　　相続税総額
　　1,440万円× 1,000万円 / 15,000万円 ＝ 96万円

　特別寄与者の相続税額（2割加算後）（相法18①）

96万円×1.2＝115.2万円

※　申告書の提出期限　令和9年12月28日（相法29）

3　次男B、長女C及び次女Dによる更正の請求

相続税総額

$$1,440万円×\frac{5,000万円-333.3万円^{(注)}}{15,000万円}=448万円（各人）$$

（注）特別寄与料1,000万円×1/3＝333.3万円

次男B、長女C及び次女Dによる更正の請求後の相続税総額

$$\boxed{1,344万円}=1,440万円-96万円$$
$$=448万円×3人$$

第 **5** 章

信託に関する権利

第5章　信託に関する権利

第1節　信託とは

(1)　用語の定義

　「**信託**」とは、信託行為（①契約により信託をする場合は、委託者と受託者との間の信託契約のことをいい、②委託者の遺言により信託をする場合には遺言のことをいい、③単独で信託をする場合には委託者兼受託者の書面又は電磁的記録によってする、意思表示のことをいいます。）に定められたいずれかの方法により、「特定の者が一定の目的に従い財産の管理又は処分及びその他の当該目的の達成のために必要な行為をすべきものとする」ことをいいます（信託法2①、3）。

　「**信託財産**」とは、信託行為において信託財産に属すべきものと定められた財産のほか、信託財産に属する財産の管理、処分、滅失、損傷その他の事由により受託者が得た財産等をいいます（信託法16）。

　なお、信託が終了した場合において、「**残余財産**」は、残余財産受益者又は帰属権利者となるべき者として指定された者に帰属することになります。

　この指定がない場合や指定された者がその権利を放棄した場合には、残余財産は委託者又はその相続人に帰属することになりますが、なお帰属が定まらないときは、清算をしている受託者に帰属することになります（信託法182）。

　「**委託者**」とは、信託をする者をいいます（信託法2④）。

　「**受託者**」とは、信託行為の定めに従い、信託財産に属する財産の管理又は処分及びその他の信託の目的の達成のために必要な行為をす

159

べき義務を負う者をいいます（信託法2⑤）。

「**受益者**」とは、受益権を有する者をいいます（信託法2⑥）。

【**受益者（等）について（定義）**】

① 信託法上の受益者 （信託法2⑥）

「受益権を有する者」

② 所得税法上の受益者等 「受益者 ＋ みなし受益者」

受益者 ………「受益者としての権利を現に有するもの」

（所法13①）

みなし受益者…「信託の変更をする権限（軽微な変更をする

権限を除く。）を現に有し、かつ、当該信託

の信託財産の給付を受けることとされている

者（受益者を除く。）」（所法13②）

③ 法人税法上の受益者等 「受益者 ＋ みなし受益者」

受益者 ………「受益者としての権利を現に有するもの」

（法法12①）

みなし受益者…「信託の変更をする権限（軽微な変更をする

権限を除く。）を現に有し、かつ、当該信託

の信託財産の給付を受けることとされている

者（受益者を除く。）」（法法12②）

④ 相続税法上の受益者等

受益者等………「受益者としての権利を現に有する者及び特

定委託者」（相法9の2①）

特定委託者……「信託の変更をする権限（軽微な変更をする

権限を除く。）を現に有し、かつ、当該信託

の信託財産の給付を受けることとされている

者（受益者を除く。）」（相法9の2⑤）

160

第5章　信託に関する権利

　上記の「受益者としての権利を現に有する者」とは、信託行為
において「受益者」と位置づけられている者のうち、現に権利を
有する者をいいます（相基通9の2―1）。また、「特定委託者」
については相続税法基本通達で次のように定められています。

参　考

〇相続税法基本通達
（特定委託者）
9の2―2　法第9条の2第1項に規定する特定委託者（中略）とは、（中略）
　原則として次に掲げる者をいうことに留意する。
⑴　委託者（当該委託者が信託行為の定めにより帰属権利者として指定され
　ている場合、信託行為に信託法第182条第2項に規定する残余財産受益者
　等（以下9の2―5までにおいて「残余財産受益者等」という。）の指定
　に関する定めがない場合又は信託行為の定めにより残余財産受益者等とし
　て指定を受けた者のすべてがその権利を放棄した場合に限る。）
⑵　停止条件が付された信託財産の給付を受ける権利を有する者（法第9条
　の2第5項に規定する信託の変更をする権限を有する者に限る。）

　☞　上記②③の「みなし受益者」及び④の「特定委託者」につい
　　ては、所得税法・法人税法・相続税法上は、実質的に「受益者」
　　とみなされています。

　「受益権」とは、信託行為に基づいて受託者が受益者に対して負う
債務であって、信託財産に属する財産の引渡しその他の信託財産に係
る給付をすべきものに係る債権（受益債権）及びこれを確保するため
に受託者その他の者に対し一定の行為を求めることができる権利をい
います（信託法2⑦）。
　「収益受益権」とは、信託に関する権利のうち、信託財産の管理及
び運用によって生じる利益を受ける権利をいいます（相基通9―13）。

161

「**元本受益権**」とは、信託に関する権利のうち、信託財産自体を受ける権利をいいます（相基通9－13）。

「**残余財産受益者**」とは、信託行為において残余財産の給付を内容とする受益債権に係る受益者をいいます（信託法182①一）。

「**帰属権利者**」とは、信託行為において残余財産の帰属すべき者をいいます（信託法182①二）。

【帰属権利者　（信託法183）】

第1項　信託行為の定めにより帰属権利者となるべき者として指定された者は、当然に残余財産の給付をすべき債務に係る債権を取得する。ただし、信託行為に別段の定めがあるときは、その定めるところによる。

第3項　信託行為の定めにより帰属権利者となった者は、受託者に対し、その権利を放棄する旨の意思表示をすることができる。ただし、信託行為の定めにより帰属権利者となった者が信託行為の当事者である場合は、この限りでない。

第6項　帰属権利者は、信託の清算中は、受益者とみなす。

（注1）帰属権利者は、信託が終了するまでは受益者でないとされています（信託法183⑥）。なお、委託者の死亡により信託財産の給付を受ける者は、委託者が死亡するまでの期間については「受益者」になりません。

（注2）信託の変更をする権限（軽微な変更をする権限を除きます。）を有する委託者で、帰属権利者である者は、「特定委託者（＝みなし受益者）」に含まれます（相基通9の2－2）。

「**自己信託**」とは、委託者＝受託者である信託をいいます。

「**自益信託**」とは、委託者＝受益者である信託をいいます。

「**他益信託**」とは、委託者≠受益者である信託をいいます。

⑵ 信託の仕組みと課税の概要

　信託契約などにより信託の受益権を取得する行為は、法律上の「贈与」又は「遺贈」には該当しませんが、実質的には贈与又は遺贈と同様の効果をもたらすことから、相続税及び贈与税においては、この受益権の取得を贈与又は遺贈による受益権の取得とみなす措置が講じられています。

　信託は、形式上、受託者に信託財産が移転されますが、課税に際しては、その実質に着目し、実質的な利益の享受者である受益者が原則として、信託財産を有しているものと扱うこととされています。

　すなわち、信託の効力が生じた場合において、適正な対価を負担せずにその信託の受益者等となる者があるときは、その信託の効力が生じた時において、その信託の受益者等となる者は、その信託に関する権利をその信託の委託者から贈与（当該委託者の死亡に基因して当該信託の効力が生じた場合には、遺贈）により取得したものとみなされます。

　（注）受益権が移転した場合、信託が終了し残余財産が権利者に移転した場合などについても、同様の考え方から贈与税又は相続税の課税対象とみなす措置が講じられています。

【信託の仕組み】

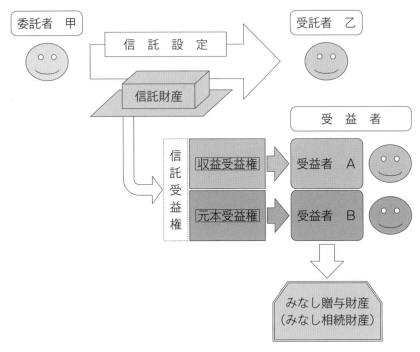

【課税の概要】

信託の設定等に伴う贈与税の課税についての概要は、次のようになっています。

※ 委託者又は受益者等の死亡を基因とする場合は、相続税課税が行われます。

① 信託契約の締結等により信託の効力が生じた場合において、適正な対価を負担しないでその信託の受益者等となる者は、その信託の効力が生じた時に、その信託に関する権利を、その信託の委託者から贈与により取得したものとみなされます（相法9の2①、相基通9の2－1、信託法4）。

第5章　信託に関する権利

参　考

○相続税法基本通達

（受益者としての権利を現に有する者）

9の2—1　法第9条の2第1項に規定する「受益者としての権利を現に有する者」には、原則として例えば、信託法第182条第1項第1号《残余財産の帰属》に規定する残余財産受益者は含まれるが、停止条件が付された信託財産の給付を受ける権利を有する者、信託法第90条第1項各号《委託者の死亡の時に受益権を取得する旨の定めのある信託等の特例》に規定する委託者死亡前の受益者及び同法第182条第1項第2号に規定する帰属権利者（以下9の2—2において「帰属権利者」という。）は含まれないことに留意する。

②　受益者が存する信託について、適正な対価を負担しないで新たにその信託の受益者等となる者は、新たにその受益者等となった時に、その信託に関する権利を、その信託の受益者等であった者から贈与により取得したものとみなされます（相法9の2②、相基通9の2—3）。

参　考

○相続税法基本通達

（信託の受益者等が存するに至った場合）

9の2—3　法第9条の2第2項に規定する「信託の受益者等が存するに至った場合」とは、例えば、次に掲げる場合をいうことに留意する。

⑴　信託の受益者等（法第9条の2第1項に規定する受益者等をいう。以下同じ。）として受益者Aのみが存するものについて受益者Bが存することとなった場合（受益者Aが並存する場合を含む。）

⑵　信託の受益者等として特定委託者Cのみが存するものについて受益者Aが存することとなった場合（特定委託者Cが並存する場合を含む。）

⑶　信託の受益者等として信託に関する権利を各々半分ずつ有する受益者A及びBが存する信託についてその有する権利の割合が変更された場合

165

③　受益者が存する信託について、一部の受益者等が存しないことと
なった場合において、適正な対価を負担しないで、既にその信託の
受益者等である者がその信託の権利について新たに利益を受けるこ
ととなるときは、一部の受益者等が存しないこととなった時に、そ
の新たに受けることとなる利益を、その信託の受益者等であった者
から贈与により取得したものとみなされます（相法９の２③、相基
通９の２―４）。

参考

○相続税法基本通達
　（信託に関する権利の一部について放棄又は消滅があった場合）
９の２―４　受益者等の存する信託に関する権利の一部について放棄又は消滅
　があった場合には、原則として、当該放棄又は消滅後の当該信託の受益者等
　が、その有する信託に関する権利の割合に応じて、当該放棄又は消滅した信
　託に関する権利を取得したものとみなされることに留意する。

④　受益者が存する信託が終了した場合において、適正な対価を負担
しないで、その信託の残余財産の給付を受けるべき又は帰属すべき
者となった者は、その給付を受けるべき又は帰属すべき者となった
時に、その信託の残余財産を、その受益者等であった者から贈与に
より取得したものとみなされます（相法９の２④、相基通９の２―
５）。

参考

○相続税法基本通達
　（信託が終了した場合）
９の２―５　法第９条の２第４項の規定の適用を受ける者とは、信託の残余財

第5章　信託に関する権利

産受益者等に限らず、当該信託の終了により適正な対価を負担せずに当該信託の残余財産（当該信託の終了直前においてその者が当該信託の受益者等であった場合には、当該受益者等として有していた信託に関する権利に相当するものを除く。）の給付を受けるべき又は帰属すべき者となる者をいうことに留意する。

　これらの受益権の評価方法は、「財産評価基本通達202（信託受益権の評価)」によります。

　財産評価基本通達202は、信託受益権の評価の取扱いについて、収益受益者と元本受益者が同一人である場合や異なる者である場合等において、課税時期における信託受益権の評価方法を示しているものです。

参考

○財産評価基本通達
（信託受益権の評価）

202　信託の利益を受ける権利の評価は、次に掲げる区分に従い、それぞれ次に掲げるところによる。

(1)　元本と収益との受益者が同一人である場合においては、この通達に定めるところにより評価した課税時期における信託財産の価額によって評価する。

(2)　元本と収益との受益者が元本及び収益の一部を受ける場合においては、この通達に定めるところにより評価した課税時期における信託財産の価額にその受益割合を乗じて計算した価額によって評価する。

(3)　元本の受益者と収益の受益者とが異なる場合においては、次に掲げる価額によって評価する。

　イ　元本を受益する場合は、この通達に定めるところにより評価した課税時期における信託財産の価額から、ロにより評価した収益受益者に帰属する信託の利益を受ける権利の価額を控除した価額

　ロ　収益を受益する場合は、課税時期の現況において推算した受益者が将

167

来受けるべき利益の価額ごとに課税時期からそれぞれの受益の時期までの期間に応ずる基準年利率による複利現価率を乗じて計算した金額の合計額

☞　収益受益者と元本受益者とが異なる場合に、信託の合意終了が行われたときには、元本受益者は当初予定された信託期間の終了を待たずに信託財産の給付を受けることになります。その反面、収益受益者は当初予定された（残りの）信託期間における収益受益権を失うこととなります。

　このような場合、その元本受益者は、何らの対価も支払うことなく合意終了直前において、その収益受益者が有していた収益受益権の価額に相当する利益を受けることとなることから、相続税法第9条の規定により、原則として、その元本受益者が、信託終了直前にその収益受益者が有していた（残りの期間に係る）その収益受益権の価額に相当する利益をその収益受益者から贈与によって取得したものとして取り扱われることになります（相基通9─13、相法9、信託法164）。

参考

○相続税法基本通達

　（信託が合意等により終了した場合）

9─13　法第9条の3第1項に規定する受益者連続型信託（以下「受益者連続型信託」という。）以外の信託（令第1条の6に規定する信託を除く。以下同じ。）で、当該信託に関する収益受益権（信託に関する権利のうち信託財産の管理及び運用によって生ずる利益を受ける権利をいう。以下同じ。）を有する者（以下「収益受益者」という。）と当該信託に関する元本受益権（信託に関する権利のうち信託財産自体を受ける権利をいう。以下同じ。）を有する者（以下「元本受益者」という。）とが異なるもの（以下9の3─1において「受益権が複層化された信託」という。）が、信託法（平成18年法律

第5章　信託に関する権利

第108号。以下「信託法」という。）第164条《委託者及び受益者の合意等に
よる信託の終了》の規定により終了した場合には、原則として、当該元本受
益者が、当該終了直前に当該収益受益者が有していた当該収益受益権の価額
に相当する利益を当該収益受益者から贈与によって取得したものとして取り
扱うものとする。

第2節 信託に関する課税関係

① 信託の効力が生じた時に贈与又は遺贈により取得したものとみなす場合

　適正な対価を負担せずに信託の受益者等となる者がある場合には、その信託の効力が生じた時において、その信託の受益者等となる者は、その信託に関する権利をその信託の委託者から贈与により取得したものとみなされ、贈与税が課税されることになります。

　ただし、その委託者の死亡に基因してその信託の効力が生じた場合には、遺贈により取得したものとみなされ、相続税が課税されることになります（相法9の2①）。

【他益信託の場合】

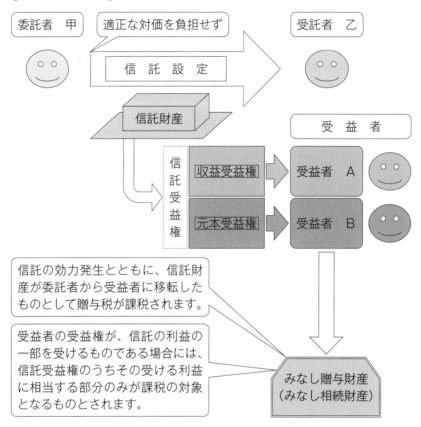

(1) 受益者等の有する信託に関する権利

受益者等の有する信託に関する権利がその信託に関する権利の全部でない場合には、次の場合の区分に応じて、それぞれ次に掲げるところによります（相令1の12③）。

① 信託についての受益者等が一である場合……その信託に関する権利の全部をその受益者等が有する。
② 信託についての受益者等が二以上存する場合……その信託に関す

る権利の全部をそれぞれの受益者等がその有する権利の内容に応じて有する。

(2) 課税時期・課税態様

委託者以外の者が信託の利益の受益者である信託、いわゆる他益信託で課税対象とされる場合、その課税の時期は、受益権の取得の時期である「信託の効力が生じた時」すなわち信託を設定する法律行為の効力が生じた時です。

課税対象となる者は、いうまでもなく受益者です。一般には、信託受益権を贈与により取得したものとみなされますが、その信託行為が遺言でされた場合には、遺贈により取得したものとみなされます。したがって、通常は贈与税の課税を受けますが、遺言信託の場合は相続税の課税を受けることになります。

(3) 受益権の評価

① 他益信託の場合は、次によることとされています（評基通202）。

（ⅰ） 元本と収益の受益者が同一人である場合には、課税時期における信託財産の相続税評価額による。

（ⅱ） 元本と収益の受益者が異なる場合には、次による。

    イ 元本を受益する場合は、課税時期における信託財産の価額から、ロにより評価した収益受益者に帰属する信託の利益を受ける権利の価額を控除した価額による。

    ロ 収益を受益する場合は、課税時期の現況において推算した受益者が将来受けるべき利益の価額ごとに課税時期からそれぞれの受益の時期までの期間に応ずる基準年利率による複利現価率を乗じて計算した金額の合計額による。

第5章　信託に関する権利

② 元本及び収益の一部の受益者の場合には、①により評価した信託
財産の価額にその受益割合を乗じて計算した価額によって評価しま
す。

2 新たに信託の受益者等が存するに至った時に贈与又は遺贈により取得したものとみなす場合

　受益者等の存する信託について、適正な対価を負担せずに新たに信託の受益者等となる者は、その受益者等が存するに至った時において、その信託に関する権利をその信託の受益者等であった者から贈与により取得したものとみなされ、贈与税が課税されることになります。ただし、その受益者等であった者の死亡に基因して新たな受益者等が存するに至った場合には、遺贈により取得したものとみなされ、相続税が課税されることになります（相法9の2②）。

173

【他益信託の場合】

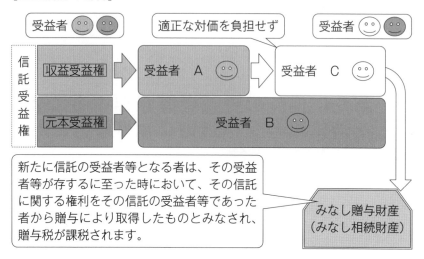

　相続税法第9条の2第1項（**1**（P170）参照）が信託の効力発生時における課税規定であるのに対して、同条第2項は信託の効力発生後における権利移転に対する課税規定です。例えば、自益信託として設定されているもの若しくは受益権の帰属が定まらず特定委託者に帰属するものとされていたものについて受益権の帰属が確定した場合又は他益信託として設定されているものについて受益権が移転した場合などについての課税規定です。

　この規定の趣旨は、契約当初は委託者が受益者であるような信託につき、後に受益者を変更した場合も、後に受益者が確定した場合も、受益者となった者から見れば、その受益権を贈与によって取得したものと異ならないし、これを課税しない場合には、当初自益信託を設定して後に受益者を変更することによって課税を免れることも考えられるという点にあると思われます。

(1) 信託の受益者等が存するに至った場合

「信託の受益者等が存するに至った場合」とは、例えば、次に掲げる場合をいいます（相基通9の2―3）。

① 信託の受益者等として受益者Aのみが存する信託について受益者Bが存することとなった場合（受益者Aが並存する場合を含みます。）

② 信託の受益者等として特定委託者Cのみが存する信託について受益者Aが存することとなった場合（特定委託者Cが並存する場合を含みます。）

③ 信託の受益者等として信託に関する権利を各々半分ずつ有する受益者A及びBが存する信託についてその有する権利の割合が変更された場合

上記①については、信託の受益権を有するAがBに受益権を贈与した場合やAのもつ受益権のうちの2分の1をBへ贈与する場合などが該当することになります。したがって、例えば平成19年の改正前の旧相続税法第4条第2項第1号に掲げる事由である委託者が受益者である信託について、受益者が変更された場合などもこれに含まれることになります。

次に、上記②については、信託の設定の際には受益者が何らかの事情でいない場合で、かつ、委託者が特定委託者に該当するときにおいて、受益者Aが存することとなるような場合をいい、例えば、平成19年の改正前の旧相続税法第4条第2項第2号から第4号までに掲げる事由、すなわち、信託行為により受益者として指定された者が受益の意思表示をしていないため受益者が確定していない信託について受益者が確定したこと、受益者が特定していない、若しくは存在していな

い信託について受益者が特定し、若しくは存在するに至ったこと又は停止条件付で信託の利益を受ける権利を与えることとしている信託についてその条件が成就したこと等は、例外もありますが、大部分はこの規定に該当することとなります。

さらに、上記③については、ある信託の受益権全体の10分の7を有するAと10分の3を有するBがいる場合において、AとBの受益権の割合が10分の5ずつとなったときにおいて、受益権の10分の2がAからBへ贈与等により移転したこととなる場合をいいます。

(注) 旧相続税法第4条第2項第3号に規定する受益者が特定していない又は存在していない信託について、受益者が特定し、又は存在するに至った場合としては、受益者を将来生まれる長男として指定していた信託について長男が出生したような場合のほか、公益信託の利益の全部又は一部の受益者となった場合などが考えられており、相続税法第9条の2第2項の規定は、このような場合をも包含する規定ですが、平成18年に制定された新たな信託法において公益信託は、受益者の定めのない信託（信託法第11章）として規定されたことから、公益信託の利益の享受者への課税は、相続税法第9条の2第2項の規定の対象外となります。

(2) 課税時期・課税態様

課税対象とされるのは幅広く、自益信託が他益信託となった場合、他益信託の受益者が変更された場合などがあり、その課税時期は新しい受益者が現に受益権を有することとなった時です。

第5章　信託に関する権利

3 一部の受益者等が存しなくなった時に贈与又は遺贈により取得したものとみなす場合

　受益者等の存する信託についてその信託の一部の受益者等が存しなくなった場合において、適正な対価を負担せずに既に信託の受益者等である者がその信託に関する権利について新たに利益を受けることとなったときは、その信託の一部の受益者等が存しなくなった時において、その利益を受ける受益者等である者は、その利益を存しなくなったその信託の一部の受益者等であった者から贈与により取得したものとみなされ、贈与税が課税されることになります。ただし、その受益者等であった者の死亡に基因してその利益を受ける場合には、遺贈により取得したものとみなされ、相続税が課税されることになります（相法9の2③）。

177

【他益信託の場合】

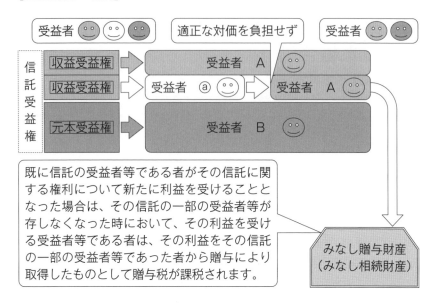

　相続税法第9条の2第3項は、信託の効力発生後における権利移転に対する課税規定です。その意味では、同条第2項（**2**（P173）参照）と同様の時点において課税する規定ですが、第3項は基本的に第2項の規定ではとらえられない権利の移転をとらえて課税する規定です。すなわち、第2項は、新たに権利を取得する観点で課税の有無をとらえていますが、第3項は、特定委託者と受益者が存していた場合に受益者が存しなくなったことにより特定委託者に実質的に信託に関する権利が移転してしまうような場合についてとらえる規定です。この場合において、特定委託者は従前と変わりがないことから第2項ではとらえられませんが、第3項でとらえ課税されることになります。

第5章　信託に関する権利

⑴　信託に関する権利の一部について放棄又は消滅があった場合

受益者等の存する信託に関する権利の一部について放棄又は消滅があった場合には、原則として、当該放棄又は消滅後の当該信託の受益者等が、その有する信託に関する権利の割合に応じて、当該放棄又は消滅した信託に関する権利を取得したものとみなされます（相基通9の2―4）。

⑵　課税時期・課税態様

相続税法第9条の2第3項で課税対象とされるのは同条第2項でとらえられない従来から所有している権利について利益が生じた場合などがあり、その課税時期はその利益を生じさせる原因となる受益者が現に権利を有しなくなった時など、受益者等が存しなくなった時です。

4 受益者等の存する信託が終了した時に贈与又は遺贈により取得したものとみなす場合

受益者等の存する信託で信託が終了した場合において、適正な対価を負担せずにその信託の残余財産の給付を受けるべき者（帰属すべき者を含みます。以下 **4** において同じ。）となる者があるときは、その信託の残余財産の給付を受けるべき者となった時において、その信託の残余財産の給付を受けるべき者は、その信託の残余財産をその信託の受益者等から贈与により取得したものとみなされ、贈与税が課税されることになります。ただし、その信託の受益者等の死亡に基因してその信託が終了した場合には、遺贈により取得したものとみなされ、

179

相続税が課税されることになります（相法9の2④）。

【他益信託の場合】

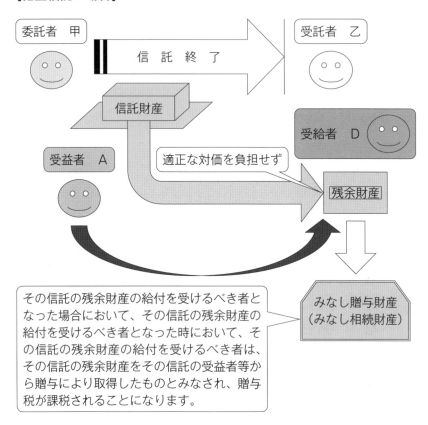

(1) 信託が終了した場合

　相続税法第9条の2第4項の規定の適用を受ける者とは、信託の残余財産受益者等に限らず、当該信託の終了により適正な対価を負担せずに当該信託の残余財産（当該信託の終了直前においてその者が当該信託の受益者等であった場合には、当該受益者等として有していた信

第5章　信託に関する権利

託に関する権利に相当するものを除きます。）の給付を受けるべき又
は帰属すべき者となる者をいいます（相基通9の2―5）。

参考

〇信託法（平成18年法律第108号）
　（信託の終了事由）
第163条　信託は、次条の規定によるほか、次に掲げる場合に終了する。
　一　信託の目的を達成したとき、又は信託の目的を達成することができなく
　　なったとき。
　二　受託者が受益権の全部を固有財産で有する状態が1年間継続したとき。
　三　受託者が欠けた場合であって、新受託者が就任しない状態が1年間継続
　　したとき。
　四　受託者が第52条（第53条第2項及び第54条第4項において準用する場合
　　を含む。）の規定により信託を終了させたとき。
　五　信託の併合がされたとき。
　六　第165条又は第166条の規定により信託の終了を命ずる裁判があったと
　　き。
　七　信託財産についての破産手続開始の決定があったとき。
　八　委託者が破産手続開始の決定、再生手続開始の決定又は更生手続開始の
　　決定を受けた場合において、破産法第53条第1項、民事再生法第49条第1
　　項又は会社更生法第61条第1項（金融機関等の更生手続の特例等に関する
　　法律第41条第1項及び第206条第1項において準用する場合を含む。）の規
　　定による信託契約の解除がされたとき。
　九　信託行為において定めた事由が生じたとき。
　（委託者及び受益者の合意等による信託の終了）
第164条　委託者及び受益者は、いつでも、その合意により、信託を終了する
　ことができる。
2　委託者及び受益者が受託者に不利な時期に信託を終了したときは、委託者
　及び受益者は、受託者の損害を賠償しなければならない。ただし、やむを得
　ない事由があったときは、この限りでない。
3　前2項の規定にかかわらず、信託行為に別段の定めがあるときは、その定
　めるところによる。

4　委託者が現に存しない場合には、第1項及び第2項の規定は、適用しない。
　（特別の事情による信託の終了を命ずる裁判）
第165条　信託行為の当時予見することのできなかった特別の事情により、信託を終了することが信託の目的及び信託財産の状況その他の事情に照らして受益者の利益に適合するに至ったことが明らかであるときは、裁判所は、委託者、受託者又は受益者の申立てにより、信託の終了を命ずることができる。
2　裁判所は、前項の申立てについての裁判をする場合には、受託者の陳述を聴かなければならない。ただし、不適法又は理由がないことが明らかであるとして申立てを却下する裁判をするときは、この限りでない。
3　第1項の申立てについての裁判には、理由を付さなければならない。
4　第1項の申立てについての裁判に対しては、委託者、受託者又は受益者に限り、即時抗告をすることができる。
5　前項の即時抗告は、執行停止の効力を有する。
　（公益の確保のための信託の終了を命ずる裁判）
第166条　裁判所は、次に掲げる場合において、公益を確保するため信託の存立を許すことができないと認めるときは、法務大臣又は委託者、受益者、信託債権者その他の利害関係人の申立てにより、信託の終了を命ずることができる。
　一　不法な目的に基づいて信託がされたとき。
　二　受託者が、法令若しくは信託行為で定めるその権限を逸脱し若しくは濫用する行為又は刑罰法令に触れる行為をした場合において、法務大臣から書面による警告を受けたにもかかわらず、なお継続的に又は反覆して当該行為をしたとき。
2　裁判所は、前項の申立てについての裁判をする場合には、受託者の陳述を聴かなければならない。ただし、不適法又は理由がないことが明らかであるとして申立てを却下する裁判をするときは、この限りでない。
3　第1項の申立てについての裁判には、理由を付さなければならない。
4　第1項の申立てについての裁判に対しては、同項の申立てをした者又は委託者、受託者若しくは受益者に限り、即時抗告をすることができる。
5　前項の即時抗告は、執行停止の効力を有する。
6　委託者、受益者、信託債権者その他の利害関係人が第1項の申立てをしたときは、裁判所は、受託者の申立てにより、同項の申立てをした者に対し、相当の担保を立てるべきことを命ずることができる。

第5章　信託に関する権利

7　受託者は、前項の規定による申立てをするには、第1項の申立てが悪意によるものであることを疎明しなければならない。

8　民事訴訟法（平成8年法律第109号）第75条第5項及び第7項並びに第76条から第80条までの規定は、第6項の規定により第1項の申立てについて立てるべき担保について準用する。

(2)　残余財産の給付を受けるべき、又は帰属すべき者

　信託が終了した場合には、信託法においては、残余財産の帰属者としては、まず残余財産受益者となるべき者として指定された者又は帰属権利者となるべき者として指定された者が該当することになります。

　この残余財産受益者とは、信託行為において定められた残余財産の給付を内容とする受益債権に係る受益者をいい（信託法182①一）、帰属権利者とは、信託行為において定められた残余財産の帰属すべき者をいいます（信託法182①二）。

　次に、信託行為において残余財産受益者及び帰属権利者がいない場合やこれらの者が権利を放棄した場合には、委託者又はその相続人その他の一般承継人に帰属することとなります（信託法182②）。

　さらに、それでも帰属が定まらないときは、信託が終了した時以後の受託者に帰属することになります（信託法182③）。

(3)　残余財産受益者等が存しない場合の残余財産の帰属と課税関係

　残余財産受益者等が存しない場合の残余財産の帰属と課税関係を示せば、次のとおりです。

183

信託の終了直前の受益者等 —信託の終了 信託法182①→ 残余財産受益者等（残余財産受益者・帰属権利者） —定めなし又は放棄 信託法182②→

→ 委託者・相続人等一般承継人 —帰属先不確定 信託法182③→ 清算受託者

	事　　例		課　税　関　係		
			残余財産 受益者等	委託者・ 相続人等	清算受託者
①	残余財産受益者	定めがない	—	—	課　税 （法９の２④）
	委託者・相続人等	存在しない			
	贈与者等				直前受益者
②	残余財産受益者	定めがない	—	—	課　税 （法９の２④）
	委託者・相続人等	放　棄 （非課税）			
	贈与者等				直前受益者
③	残余財産受益者	定めがない	—	課　税 （法９の２④）	課　税 （法９）
	委託者・相続人等	放棄（課税）			
	贈与者等			直前受益者	委託者・相続 人等
④	残余財産受益者	定めがない	—	課　税 （法９の２④）	
	委託者・相続人等	取　得			
	贈与者等			直前受益者	
⑤	残余財産受益者	放　棄 （非課税）	—	—	課　税 （法９の２④）
	委託者・相続人等	存在しない			
	贈与者等				直前受益者

第5章　信託に関する権利

⑥	残余財産受益者	放棄（非課税）	—	—	課税（法9の2④）
	委託者・相続人等	放棄（非課税）			
	贈与者等				直前受益者
⑦	残余財産受益者	放棄（非課税）	—	課税（法9の2④）	課税（法9）
	委託者・相続人等	放棄（課税）			
	贈与者等			直前受益者	委託者・相続人等
⑧	残余財産受益者	放棄（非課税）	—	課税（法9の2④）	
	委託者・相続人等	取得			
	贈与者等			直前受益者	
⑨	残余財産受益者	放棄（課税）	課税（法9の2④）	—	課税（法9）
	委託者・相続人等	存在しない			
	贈与者等		直前受益者		残余財産受益者等
⑩	残余財産受益者	放棄（課税）	課税（法9の2④）	—	課税（法9）
	委託者・相続人等	放棄（非課税）			
	贈与者等		直前受益者		残余財産受益者等
⑪	残余財産受益者	放棄（課税）	課税（法9の2④）	課税（法9）	課税（法9）
	委託者・相続人等	放棄（課税）			
	贈与者等		直前受益者	残余財産受益者等	委託者・相続人等

⑫	残余財産受益者	放棄（課税）	課税 （法9の2④）	課税 （法9）	／
	委託者・相続人等	取得			
	贈与者等		直前受益者	残余財産受益者等	
⑬	残余財産受益者	取得	課税 （法9の2④）	／	／
	委託者・相続人等	／			
	贈与者等		直前受益者		

〔編注〕上記の表中、「法」は相続税法を指します。

（出典）武田昌輔監修『DHCコンメンタール相続税法』1085の27頁（第一法規、1981）〔最終加除：追録第640号（2024）〕

(4)　課税時期・課税態様

　課税対象とされるのは信託が終了していることから残余財産そのものとなり、その課税時期は現実に残余財産の給付を受ける必要はなく、残余財産の給付を受けるべき、又は帰属すべき者としての権利を取得した時となります。

第5章 信託に関する権利

第3節 受益者連続型信託の特例

受益者連続型信託については、他の信託以外の財産を取得した場合と同様の課税となるように以下の特例が措置されています。

すなわち、第一次の相続人等が一度すべての財産を相続等により取得し、その後第二次相続人等が残りの財産のすべてを相続等により取得したものとして、相続税又は贈与税の課税が行われることになります。

【特例の概要】

受益者連続型信託に関する権利については、受益者連続型信託の利益を受ける期間の制限その他の受益者連続型信託に関する権利の価値に作用する要因としての制約が付されているものについては、付されていないものとみなして権利の価額を計算する（相法9の3）。

⑴　受益者連続型信託に対する課税の概要

受益者連続型信託に関する権利を受益者（受益者が存しない場合にあっては、特定委託者）が適正な対価を負担せずに取得した場合において、次のような課税が行われることとなります（相法9の2①～③、9の3）。

① 最初の受益者は、委託者から贈与により取得したものとみなされる。ただし、その委託者であった者の死亡に基因して最初の受益者が存するに至った場合には、遺贈により取得したものとみなされる。

187

② ①の最初の受益者の次に受益者となる者は、最初の受益者から贈与により取得したものとみなされる。ただし、その最初の受益者であった者の死亡に基因して次に受益者となる者が存するに至った場合には、遺贈により取得したものとみなされる。

③ ②の次に受益者となる者以後に受益者となる者についても、②と同様の課税を受けることになる。

④ また、受益者連続型信託に関する権利については、受益者連続型信託の利益を受ける期間の制限その他の受益者連続型信託に関する権利の価値に作用する要因としての制約が付されているものについては、その制約は付されていないものとみなして権利の価額を計算する。

ただし、異なる受益者が性質の異なる受益者連続型信託に関する権利をそれぞれ有している場合で、かつ、その権利の一方に収益に関する権利が含まれている場合には、収益に関する権利が含まれている受益者連続型信託に関する権利についてこの特例が適用されることになります。

例えば、受益者連続型信託の受益権が信託の収益に関して受益する受益権と信託財産そのものを受益する元本受益権の2種類であった場合に、受益者連続型信託の課税に当たっては、収益に関する受益権の価値は、信託財産そのものの価値と等しいとして計算されることになります。これにより、元本受益権の価値は、この時点では零ということになります。

(注) 上記④の規定は、④の規定の適用対象となる受益者連続型信託に関する権利を有することとなる者が法人（人格なき社団等を含みます。）である場合には、適用されません（相法9の3①ただし書）。上記の例でいえば、収益に関する受益権を法人が有しており、元本受益権を個人が有している場合には、個人がもつ元本受益権の価値は零とはならないこととなります。

【受益者連続型信託の場合】

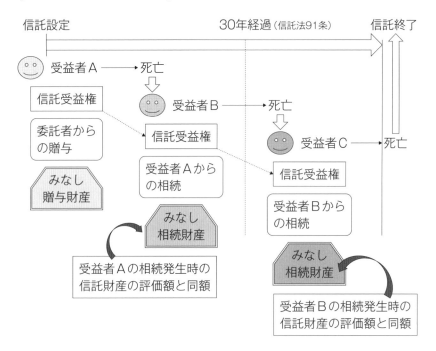

(2) 相続税法上の受益者連続型信託

受益者連続型信託とは、次の信託をいいます（相法9の3①、相令1の8）。

① 信託法第91条に規定する受益者の死亡により他の者が新たに受益権を取得する定めのある信託

② 信託法第89条第1項に規定する受益者指定権等を有する者の定めのある信託

③ 受益者等の死亡その他の事由により、受益者等の有する信託に関する権利が消滅し、他の者が新たな信託に関する権利を取得する旨の定め（受益者等の死亡その他の事由により順次他の者が信託に関

する権利を取得する旨の定めを含む。）のある信託

④　受益者等の死亡その他の事由により、その受益者等の有する信託
　に関する権利が他の者に移転する旨の定め（受益者等の死亡その他
　の事由により順次他の者に信託に関する権利が移転する旨の定めを
　含む。）のある信託

⑤　①から④までの信託に類する信託

参考

○信託法
　（受益者指定権等）

第89条　受益者を指定し、又はこれを変更する権利（以下この条において「受
　益者指定権等」という。）を有する者の定めのある信託においては、受益者
　指定権等は、受託者に対する意思表示によって行使する。

2　前項の規定にかかわらず、受益者指定権等は、遺言によって行使すること
　ができる。

3　前項の規定により遺言によって受益者指定権等が行使された場合におい
　て、受託者がこれを知らないときは、これにより受益者となったことをもっ
　て当該受託者に対抗することができない。

4　受託者は、受益者を変更する権利が行使されたことにより受益者であった
　者がその受益権を失ったときは、その者に対し、遅滞なく、その旨を通知し
　なければならない。ただし、信託行為に別段の定めがあるときは、その定め
　るところによる。

5　受益者指定権等は、相続によって承継されない。ただし、信託行為に別段
　の定めがあるときは、その定めるところによる。

6　受益者指定権等を有する者が受託者である場合における第1項の規定の適
　用については、同項中「受託者」とあるのは、「受益者となるべき者」とする。
　（受益者の死亡により他の者が新たに受益権を取得する旨の定めのある信託
　の特例）

第91条　受益者の死亡により、当該受益者の有する受益権が消滅し、他の者が
　新たな受益権を取得する旨の定め（受益者の死亡により順次他の者が受益権
　を取得する旨の定めを含む。）のある信託は、当該信託がされた時から30年

を経過した時以後に現に存する受益者が当該定めにより受益権を取得した場合であって当該受益者が死亡するまで又は当該受益権が消滅するまでの間、その効力を有する。

(3) 受益者連続型信託に関する権利の価額

受益者連続型信託に関する権利の価額は、例えば、次の場合には、次に掲げる価額となります（相基通9の3—1）。

① 受益者連続型信託に関する権利の全部を適正な対価を負担せず取得した場合……信託財産の全部の価額

② 受益者連続型信託で、かつ、受益権が複層化された信託に関する収益受益権の全部を適正な対価を負担せず取得した場合……信託財産の全部の価額

③ 受益者連続型信託で、かつ、受益権が複層化された信託に関する元本受益権の全部を適正な対価を負担せず取得した場合……零

(注) 上記②又は③の受益者連続型信託の元本受益権は、価値を有しないとみなされることから、相続税又は贈与税の課税関係は生じません。ただし、当該信託が終了した場合において、当該元本受益権を有する者が、当該信託の残余財産を取得したときは、相続税法第9条の2第4項の規定（第2節**4**（P179）参照）の適用があります。

**相続課税上の
ポイント**　**信託終了時の課税について**

受益者連続型信託の元本受益権は価値がないとみなされ、相続税（贈与税）の対象になりません。ただし、信託が終了して、元本受益者が信託財産を取得した場合には、当該信託財産を相続（贈与）により取得したものとみなして相続税（贈与税）が課されます（相基通9の3—1（注）、相法9の2④）。

第**4**節 受益者等が存しない
信託等の特例

　信託の受益者等が存しないこととなる場合には、受託者に対して法
人税課税が行われることとなります[注]が、このような仕組みを利用
した相続税又は贈与税の課税回避に対応するため、受託者への受贈益
が生ずる時点において、将来、受益者となる者が委託者の一定の親族
であることが判明している場合等において、受託者に課される法人税
等に加えて相続税又は贈与税を課税することとされています（相法9
の4）。

　（注）受託者が個人であっても、その受託者は会社とみなされ、法人税が課税
　　　されます（法法4の3）。

1 受益者等が存しない信託等の特例

(1) 概要

　受益者等が存しない信託の効力が生ずる場合において、その信託の
受益者等となる者がその信託の委託者の一定の親族であるときは、そ
の信託の効力が生ずる時において、その信託の受託者は、その委託者
からその信託に関する権利を贈与により取得したものとみなされ、贈
与税が課税されることになります。ただし、その信託の委託者の死亡
に基因してその信託の効力が生ずる場合には、遺贈により取得したも
のとみなされ、相続税が課税されることになります（相法9の4①）。

受益者等が存しない信託の受益者等となる者が明らかでない場合に
あっては、その信託が終了した場合にその信託の委託者の一定の親族
がその信託の残余財産の給付を受けることとなるときにも同様です
（相法9の4①）。

受益者等が存しない信託における受託者への法人税課税は、その後
存在することとなる受益者等に代わって課税されるという考えによる
ものです。具体的には、受益者等が存しない場合に受託者に対し受贈
益について課税され、その後の運用益についても受託者に課税される
ことになります（法法2二十九の二、4の2 ～ 4の4）。

その後において、受益者が存することになった場合には、受益者が
受託者の課税関係を引き継ぐことになり、この段階で特に課税関係は
生じさせないこととされています。

そこで、このような仕組みを使った相続税等の課税回避策としては、
例えば、相続人Aに半年後に受益権が生ずる停止条件を付した信託を
することにより、相続税（最高税率：55％）ではなく、法人税（実効
税率：平成28年4月1日以後は約30％）の負担で済ませてしまうこと
が考えられます。

課税の公平を確保する観点からこのような課税回避に対応するた
め、受託者への受贈益が生じる時点において、将来、受益者となる者
が委託者の親族であることが判明している場合等において、受託者に
課される法人税等に加えて相続税又は贈与税が課されることとされて
います。

【受益者等が存しない信託の場合】

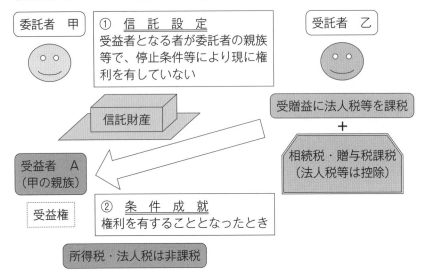

(2) **一定の親族**

一定の親族とは、次の者をいいます（相令1の9）。

① 民法第725条各号に掲げる6親等内の血族、配偶者及び3親等内の姻族

② 信託の受益者等となる者が信託の効力が生ずる時において存しない場合には、その者が存するものとしたときにおいて、その信託の委託者の上記①に掲げる者に該当する者

③ 信託が終了した場合においてその信託の残余財産の給付を受けることとなる者が、信託の効力が生じた時において存しない場合には、その者が存するものとしたときにおいて、その信託の委託者の上記①に掲げる者に該当する者

④ 信託の受益者等が存しないこととなった場合に受益者等の次に受益者等となる者が、受益者等が存しないこととなった時において存

しないときは、その者が存するものとしたときにおいて、その信託
の委託者又はその次に受益者等となる者の前の受益者等の上記①に
掲げる者に該当する者

⑤　信託が終了した場合においてその信託の残余財産の給付を受ける
こととなる者が、その信託の受益者等が存しないこととなった時に
おいて存しない場合には、その者が存するものとしたときにおいて、
その信託の委託者又はその信託の次に受益者等となる者の前の受益
者等の上記①に掲げる者に該当する者

⑥　信託の受益者等となる者が、その信託契約の締結時等（信託契約
の締結の時、遺言者の死亡の時、公正証書の作成の時等をいいます。）
において存しない場合には、その者が存するものとしたときにおい
て、その信託の委託者の上記①に掲げる者に該当する者

⑦　信託の委託者が、その信託の効力が生じた時において存しない場
合には、その者が存するものとしたときにおいて、その信託の受益
者等となる者又は残余財産の給付を受けることとなる者の上記①に
掲げる者に該当する者

⑧　信託の効力が生じた時の信託の委託者又は信託の受益者等の次に
受益者等となる者の前の受益者等が、その信託の受益者等が存しな
いこととなった時において存しない場合には、その者が存するもの
としたときにおいて、その信託の受益者等の次に受益者等となる者
又は残余財産の給付を受けることとなる者の上記①に掲げる者に該
当する者

⑨　信託の委託者が、その信託契約の締結時等（遺言者の死亡の時、
受益者となるべき者への通知の時等をいいます。）において存しな
い場合には、その者が存するものとしたときにおいて、その信託の
受益者等となる者の上記①に掲げる者に該当する者

(3) 受益者等が存しない信託の受託者が死亡した場合

　相続税法第9条の4第1項の規定の適用により、信託に関する権利を贈与又は遺贈により取得したものとみなされた受託者が死亡した場合であっても、当該信託に関する権利については、当該死亡した受託者の相続税の課税財産を構成しないこととされています（相基通9の4―4）。

(4) 贈与により取得したものとみなされる場合の贈与税課税

① 　信託の受託者として贈与により取得したものとみなされる財産とそれ以外の贈与により取得した財産をそれぞれ別の者とみなして贈与税額を計算します。また、委託者が異なる信託を受託している場合には、それぞれの信託ごとに別の者とみなすこととされています（相令1の10①②）。

② 　この受託者課税の適用を受ける信託が二以上あり、かつ、その受託者も二以上ある場合には、これらの受託者を一の者とみなして贈与税額を計算した上で、それぞれの受託者の課税価格の割合に応じて贈与税額を按分して納めることとなります（相令1の10③）。

③ 　これらの信託の信託財産責任負担債務の額は、上記により一の者とみなされて計算された贈与税額に各信託に関する権利に係る課税価格の割合を乗じて算出した額となります（相令1の10⑧）。

設 例

＜受託者に贈与税を課税する場合の計算例＞

信託財産　5,000万円

信託契約の内容　受益者は親族であるが信託の効力発生時には特定

第5章　信託に関する権利

されていない。

解答

1　贈与税だけが課される場合の贈与税額の計算

税額の計算　5,000万円－110万円＝4,890万円

4,890万円×55％－400万円＝2,289.5万円（A）

2　法人税、事業税、特別法人事業税、地方法人税、道府県民税及び市町村民税の額の計算

Ⅰ　法人税及び事業税の課税標準

①　5,000万円×7.0％－20.8万円＝329.2万円（事業税：特別法人事業税の課税標準）

②　329.2万円×37％＝121.8万円（特別法人事業税）

③　5,000万円－451万円（①＋②：翌期控除事業税等相当額）＝4,549万円（法人税及び事業税の課税標準）

Ⅱ　各税額の計算

法人税額　4,549万円×23.2％＝1,055.4万円

事業税額　4,549万円×7.0％－20.8万円＝297.6万円

特別法人事業税額　297.6万円×37％＝110.1万円

地方法人税額　1,055.4万円×10.3％＝108.7万円

道府県民税額　1,055.4万円×1.0％＝10.6万円

市町村民税額　1,055.4万円×6.0％＝63.3万円

法人税等　合計額　　　　　　1,645.7万円（B）

（注1）税率は令和元年10月1日以後に開始する事業年度において適用されるものとし、地方税は標準税率として計算。

（注2）平成30年4月1日以後令和元年9月30日までに開始する事業年度における税率

法人税：23.2%、事業税：6.7%、地方法人特別税（課税標準は事業税額）：43.2%、地方法人税：4.4%、道府県民税：3.2%、市町村民税：9.7%

3　受託者が負担する贈与税額の計算

（A）－（B）＝2,289.5万円－1,645.7万円＝643.8万円（C）

4　受託者の負担額

①　法人税等合計額（B）＝1,645.7万円

②　贈与税額（C）＝643.8万円

③　①＋②＝2,289.5万円

2 受益者等が存する信託の受益者等が存しないこととなった場合

(1)　概要

①　受益者等が存する信託について、その信託の受益者等が存しないこととなった場合において、その受益者等の次に受益者等となる者がその信託の効力が生じた時の委託者又はその次に受益者等となる者の前の受益者等の一定の親族であるときは、受益者等が存しないこととなった場合に該当することとなった時において、その信託の受託者は、その次に受益者等となる者の前の受益者等からその信託に関する権利を贈与により取得したものとみなされ、贈与税が課税されることになります。ただし、その次に受益者等となる者の前の受益者等の死亡に基因してその次に受益者等となる者の前の受益者

第5章 信託に関する権利

等が存しないこととなった場合には、遺贈により取得したものとみなされ、相続税が課税されることになります。

② 受益者等が存しないこととなった信託の次に受益者等となる者が明らかでない場合にあっては、その信託が終了した場合にその信託の委託者又はその次に受益者等となる者の前の受益者等の一定の親族がその信託の残余財産の給付を受けることとなるときにも上記①の規定の適用があります（相法9の4②）。

(2) 一定の親族

一定の親族については、上記**1**の(2)（P194）を参照ください。

(3) 受益者等の次に受益者等となる者が複数存する場合

受益者等の次に受益者等となる者が複数存する場合で、そのうちに1人でも信託の「委託者」又は「次の受益者等となる者の前の受益者等」の一定の親族が存するときは、相続税法第9条の4第2項の規定の適用があることになります（相基通9の4─3）。

(4) 受益者等が存しない信託の受託者の住所等

相続税法第9条の4第2項の規定の適用を受ける信託の受託者について相続税又は贈与税を課税する場合の相続税法第1条の3又は第1条の4の規定の適用については、次によります（相令1の12①）。

① 相続税法第9条の4第2項の規定の適用を受ける信託の受託者の住所は、その信託の引受けをした営業所、事務所その他これらに準ずるものの所在地にあるものとする。

② 同項の規定の適用を受ける信託の受託者は、相続税法第1条の3第1項第1号若しくは第2号又は第1条の4第1項第1号若しくは

第2号の規定の適用については、日本国籍を有するものとする。

⑸ 受益者等が存しない信託の受託者が死亡した場合

相続税法第9条の4第2項の規定により、信託に関する権利を贈与又は遺贈により取得したものとみなされた受託者が死亡した場合であってもその信託に関する権利については、死亡した受託者の相続税の課税財産を構成することはありません（相基通9の4―4）。

3 受託者が個人以外である場合

相続税法第9条の4第1項又は第2項の規定により受託者に贈与税又は相続税が課される場合において、受託者が個人以外の者（法人、人格なき社団等）である場合には、その受託者は、相続税法上は個人とみなすこととされています（相法9の4③）。

受託者は、相続税法第9条の4第1項又は第2項の規定により相続税又は贈与税が課されることになりますが、相続税及び贈与税の納税義務者は相続税法第1条の3及び第1条の4において、一定の個人（人格なき社団等、持分の定めのない法人、特定の一般社団法人等は、相続税法第66条又は第66条の2の規定により一定の場合に個人とみなされて課税されています。）とされています。そこで、個人以外である受託者について、相続税法第9条の4第3項により個人とみなすことにより相続税法上の納税義務者とされ、相続税又は贈与税が課税されることとなります。

第5章　信託に関する権利

4 法人税等相当額の控除

　相続税法第9条の4の規定により受託者が計算した贈与税額又は相続税額については、次に掲げる額の合計額が控除されます。ただし、次に掲げる額の合計額が贈与税額又は相続税額を超えるときには、その贈与税額又は相続税額が限度となります（相法9の4④、相令1の10⑤）。

① 　受託者が相続税法第9条の4の規定により贈与又は遺贈により取得したとみなされる信託に関する権利の価額から翌期控除事業税等相当額を控除した価額をその信託の受託者の事業年度の所得とみなして、法人税法の規定を適用して計算した法人税の額及び地方税法の規定を適用して計算した事業税の額

　(注)「翌期控除事業税等相当額」とは、相続税法第9条の4の規定により贈与又は遺贈により取得したものとみなされる信託に関する権利の価額を信託の受託者の事業年度の所得とみなして地方税法の規定を適用して計算した事業税の額及び当該事業税の額を基に特別法人事業税及び特別法人事業譲与税に関する法律の規定を適用して計算した特別法人事業税の額の合計額をいいます（相令1の10⑤一）。

② 　①により計算されたその信託の受託者の法人税の額を基に地方法人税法の規定を適用して計算した地方法人税の額並びに地方税法の規定を適用して計算した受託者の道府県民税の額及び市町村民税の額

③ 　①により計算されたその信託の受託者の事業税の額を基に特別法人事業税及び特別法人事業譲与税に関する法律の規定を適用して計算した特別法人事業税の額

201

5 受益者等が存しない信託について受益者等が存することとなった場合の特例

(1) 概要

　受益者等が存しない信託について、その信託の契約締結時等において存しない者がその信託の受益者等となる場合において、その信託の受益者等となる者がその信託の契約締結時等における委託者の一定の親族であるときは、その存しない者がその信託の受益者等となる時において、その信託の受益者等となる者は、その信託に関する権利を個人から贈与により取得したものとみなされ、贈与税が課税されます（相法9の5）。

　まだ生まれていない孫等を受益者とする信託を設定した場合等には受託者段階での負担（相続税法第9条の4による贈与税等の負担を含みます。）だけで孫等への財産移転が可能となります。ところで、通常の相続では生まれていない孫等へ財産を承継させるためには、少なくともその前に孫等以外の者に一旦財産を帰属させ、その後に、生まれてきた孫等に承継させることとなります。このような場合に少なくとも2回の相続を経る必要がありますが、上記のように財産の移転を信託という手法を用いて行うと相続による回数を減らすことができ、その分の相続税負担を免れることとなります。また、受益者指定権を有する者を定め、信託の設定時において相続税法第9条の4の課税を回避し、その後親族等を指定するような場合についても同様の問題が生じます。このような信託を使った場合と他の方法で同様のことを行った場合の税負担の不均衡に対して、課税の公平を確保する観点から、相続税法第9条の5により適正化措置が講じられたものです。

(注)「契約締結時等」とは、次に掲げる区分に応じそれぞれ次に掲げる時をいうこととされています（相令1の11）。
① 契約によってされる信託……信託契約の締結の時
② 遺言によってされる信託……遺言者の死亡の時
③ 自己信託……公正証書等の作成の時又は受益者となるべき者として指定された第三者に対する確定日付のある証書による通知の時

【受益者等が存しない信託の場合】

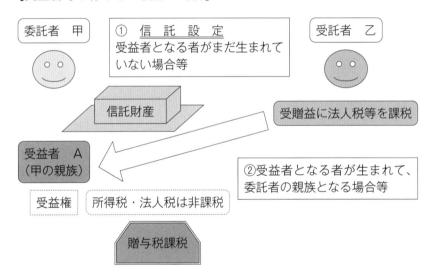

(2) 一定の親族

上記の一定の親族とは、次の者をいいます（相令1の9）。
① 民法第725条各号に掲げる6親等内の血族、配偶者及び3親等内の姻族
② 信託の受益者等となる者が信託の効力が生ずる時において存しない場合には、その者が存するものとしたときにおいて、その信託の委託者の上記①に掲げる者に該当する者

③　信託が終了した場合においてその信託の残余財産の給付を受けることとなる者が、信託の効力が生じた時において存しない場合には、その者が存するものとしたときにおいて、その信託の委託者の上記①に掲げる者に該当する者

④　信託の受益者等が存しないこととなった場合に受益者等の次に受益者等となる者が、受益者等が存しないこととなった時において存しないときは、その者が存するものとしたときにおいて、その信託の委託者又はその次に受益者等となる者の前の受益者等の上記①に掲げる者に該当する者

⑤　信託が終了した場合においてその信託の残余財産の給付を受けることとなる者が、その信託の受益者等が存しないこととなった時において存しない場合には、その者が存するものとしたときにおいて、その信託の委託者又はその信託の次に受益者等となる者の前の受益者等の上記①に掲げる者に該当する者

⑥　信託の受益者等となる者が、その信託契約の締結時等（信託契約の締結の時、遺言者の死亡の時、公正証書の作成の時等をいいます。）において存しない場合には、その者が存するものとしたときにおいて、その信託の委託者の上記①に掲げる者に該当する者

⑦　信託の委託者が、その信託の効力が生じた時において存しない場合には、その者が存するものとしたときにおいて、その信託の受益者等となる者又は残余財産の給付を受けることとなる者の上記①に掲げる者に該当する者

⑧　信託の効力が生じた時の信託の委託者又は信託の受益者等の次に受益者等となる者の前の受益者等が、その信託の受益者等が存しないこととなった時において存しない場合には、その者が存するものとしたときにおいて、その信託の受益者等の次に受益者等となる者

第5章　信託に関する権利

又は残余財産の給付を受けることとなる者の上記①に掲げる者に該
当する者

⑨　信託の委託者が、その信託契約の締結時等（遺言者の死亡の時、
受益者となるべき者への通知の時等をいいます。）において存しな
い場合には、その者が存するものとしたときにおいて、その信託の
受益者等となる者の上記①に掲げる者に該当する者

(3) 「存しない者」の意義

　相続税法第9条の5における「存しない者」とは、契約締結時にお
いて出生していない者のほか、養子縁組前の者、受益者として指定さ
れていない者などが含まれ、単に条件が成就していないため受益者と
しての地位を有していない者などは除かれます。

(4) 贈与する個人の国籍及び住所

　相続税法第9条の5においては、贈与する者を特定する必要性がな
いことから、個人からの贈与と規定されていますが、この個人は日本
国籍を有し、かつ、その個人の住所は、その信託の委託者の住所にあ
るものとされています（相令1の12②）。

(5) 信託の受益者等となる者と信託財産

　信託の受益者等となる者が贈与により財産を取得したものとみなさ
れる場合において、信託財産に属する資産及び負債を取得し、又は承
継したものとみなされます（相令1の12⑤）。

⑹ 相続税法第9条の4との関係

この特例の適用に当たっては、相続税法第9条の4の特例（上記**1**（P192）及び**2**（P198）参照）の適用の有無とは関連がありません。すなわち、受益者等の存しない信託となり、法人課税信託となった時点において、相続税法第9条の4の特例の適用を受けて相続税又は贈与税が課税された場合であっても、受益者等が特定された時点において、この特例の適用により、贈与税が課税される場合があります。

したがって、受益者等が存しない信託については、相続税法第9条の4第1項又は第2項の規定の適用の有無にかかわらず、その信託について受益者等（同条第1項又は第2項の信託の残余財産の給付を受けることとなる者及び同項の次に受益者等となる者を含みます。）が存することとなり、かつ、その受益者等が、その信託の契約締結時における委託者の親族であるときは、相続税法第9条の5の規定の適用があります（相基通9の5―1）。

第5章　信託に関する権利

第5節　その他の信託

---

1 生命保険信託

　生命保険信託では、委託者に相続が発生した場合、死亡保険金は受託者（信託銀行等）に支払われます。その後、受託者（信託銀行等）が信託財産（死亡保険金）を運用しながら、信託契約で定められた受益者（相続人等）に、定められた金額を支払うものです。

　死亡保険金は受託者（信託銀行等）に支払われますが、課税法上は、その死亡保険金は相続により受益者（相続人等）が取得したものとして相続税が課税されます。

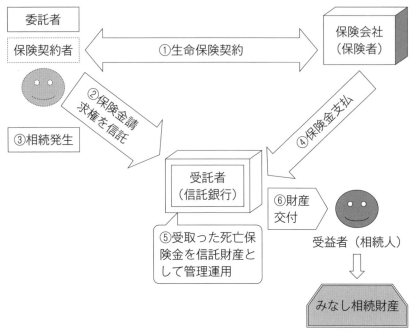

（注）生命保険信託に関する権利については生命保険契約に関する規定（相法3、5）を適用することができること（相基通9の2―7）から、相続税における保険金の非課税限度の特例の適用をすることができます（相法12①五）。また、その後受託者から受益者に交付される金銭に対しては課税されません（所法9①十七）が、保険金を受託者（信託銀行等）が運用したことによる利益については受益者に課税されます。

2 賃貸不動産の信託（負担付贈与）

　信託の設定等に伴う贈与税の課税についての概要は、次のようになっています（相法9の2）。
(ⅰ)　信託契約の締結等により信託の効力が生じた場合において、適

正な対価を負担しないでその信託の受益者等となる者は、その信託
の効力が生じた時に、その信託に関する権利を、その信託の委託者
から贈与により取得したものとみなされます（相法9の2①、相基
通9の2─1、信託法4）。

（ⅱ）　受益者が存する信託について、適正な対価を負担しないで新た
にその信託の受益者等となる者は、新たにその受益者等となった時
に、その信託に関する権利を、その信託の受益者等であった者から
贈与により取得したものとみなされます（相法9の2②、相基通9
の2─3）。

（ⅲ）　受益者が存する信託について、一部の受益者等が存しないこと
となった場合において、適正な対価を負担しないで、既にその信託
の受益者等である者がその信託の権利について新たに利益を受ける
こととなるときは、一部の受益者等が存しないこととなった時に、
その新たに受けることとなる利益を、その信託の受益者等であった
者から贈与により取得したものとみなされます（相法9の2③、相
基通9の2─4）。

（ⅳ）　受益者が存する信託が終了した場合において、適正な対価を負
担しないで、その信託の残余財産の給付を受けるべき又は帰属すべ
き者となった者は、その給付を受けるべき又は帰属すべき者となっ
た時に、その信託の残余財産を、その受益者等であった者から贈与
により取得したものとみなされます（相法9の2④、相基通9の2
─5）。

設 例

　父Ａは、所有する賃貸建物（通常の取引価額15,000万円、相続税評価額9,000万円）について、借入金債務等（賃貸建物の建築資金の借入金債務8,000万円、賃借人からの預かり敷金1,000万円）と共に信託財産とする信託を、子Ｂを受益者として設定した。この場合、課税関係はどうなるか。

解 答

(1)　課税法上は、信託契約の締結等により信託の効力が生じた場合において、適正な対価を負担しないでその信託の受益者等となる者は、その信託の効力が生じた時に、その信託に関する権利を、その信託の委託者から贈与により取得したものとみなされますので（上記 **2** （ⅰ）（P208）参照）、受益者（子Ｂ）が信託財産に属する資産及び負債を有するものとみなし、委託者（父Ａ）から受益者（子Ｂ）が信託財産の贈与を受けたものとみなされ、贈与税が課税されます（相法９の２①）。

(2)　贈与税が課される財産の評価については次のようになります。

　設例の場合は負担付贈与に該当します。個人から負担付贈与を受けた場合は、贈与財産の価額から負担額を控除した価額に贈与税が課税されることになります。

　この場合、贈与された財産が土地や借地権などである場合および家屋や構築物などである場合には、その贈与の時における通常の取引価額に相当する金額から負担額を控除した価額によることにされています（平成元年３月29日付直評５ほか負担付贈与通達）。

第5章　信託に関する権利

> ○負担付贈与又は対価を伴う取引により取得した土地等及び家屋等に係る評価並びに相続税法第7条及び第9条の規定の適用について
>
> （平成元年3月29日直評5ほか）
>
> （趣旨）
>
> 　最近における土地、家屋等の不動産の通常の取引価額と相続税評価額との開きに着目しての贈与税の税負担回避行為に対して、税負担の公平を図るため、所要の措置を講じるものである。
>
> 記
>
> 1　土地及び土地の上に存する権利（以下「土地等」という。）並びに家屋及びその附属設備又は構築物（以下「家屋等」という。）のうち、負担付贈与又は個人間の対価を伴う取引により取得したものの価額は、当該取得時における通常の取引価額に相当する金額によって評価する。
>
> 　ただし、贈与者又は譲渡者が取得又は新築した当該土地等又は当該家屋等に係る取得価額が当該課税時期における通常の取引価額に相当すると認められる場合には、当該取得価額に相当する金額によって評価することができる。
>
> （以下　略）

　受益者（子B）が贈与を受けた財産の評価は、6,000万円となります。

（建物の通常の取引価額15,000万円－敷金債務1,000万円－借入債務8,000万円）

(3)　賃貸建物の譲渡価額等

①　委託者（父A）の賃貸建物の譲渡価額

　　譲渡価額は、債務の減少額9,000万円（借入債務8,000万円＋敷金債務1,000万円）で譲渡したものとされます。

②　受益者（子B）の賃貸建物の取得価額も9,000万円となります。

211

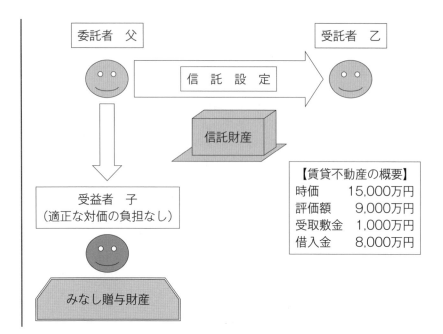

第6章

その他のみなし贈与・遺贈財産等

第6章 その他のみなし贈与・遺贈財産等

第1節 低額譲受

　著しく低い価額の対価で財産の譲渡を受けた場合においては、その財産の譲渡があった時において、その財産の譲渡を受けた者が、その対価とその譲渡があった時における財産の時価との差額に相当する金額を、財産を譲渡した者から贈与により取得したものとみなして贈与税が課税され、また、その譲渡が遺言によりなされた場合においては、遺贈により取得したものとみなして相続税が課税されます。ただし、その財産の譲渡が、その譲渡を受ける者が資力を喪失して債務を弁済することが困難である場合において、その者の扶養義務者からその債務の弁済に充てるためになされたものであるときは、その贈与又は遺贈によって取得したものとみなされた金額のうち、その債務を弁済することが困難である部分の金額については、贈与税又は相続税を課税しないこととされています（相法7）。

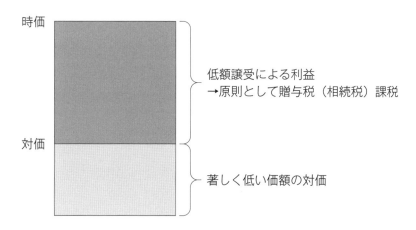

第2節 債務免除等

　対価を支払わないで又は著しく低い価額の対価で債務の免除、引受又は第三者のためにする債務の弁済による利益を受けた場合には、その債務の免除、引受又は弁済に係る金額（対価の支払があった場合には、その対価の額を控除した金額）を、その債務の免除、引受又は弁済をした者から贈与により取得したものとみなして贈与税が課税され、また、これらの行為が遺言によりなされた場合においては、遺贈により取得したものとみなして相続税が課税されます。ただし、これらの行為が、債務者が資力を喪失したため、あるいは扶養義務者としての道義上の必要からなされたような場合には、債務者がその債務を弁済することが困難である部分の金額を限度として、贈与税又は相続税を課税しないこととされています（相法8）。

第6章 その他のみなし贈与・遺贈財産等

≪債務免除等≫

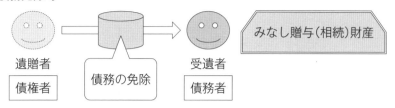

≪第三者による債務の引受、債務の弁済≫

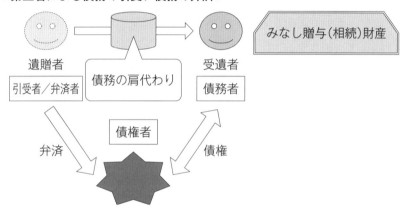

第3節　その他の利益の享受

　対価を支払わないで又は著しく低い価額の対価で利益を受ける場合には、その利益を受けた者が、その時に、その利益の価額に相当する金額を、その利益を受けさせた者から贈与により取得したものとみなされます（相法9）。

　その他の利益を受ける例としては、次のような場合があります。

① 　同族会社に対する財産の無償提供などにより株式や出資の価額が増加した場合（相基通9―2）

② 　同族会社の増資に際し、新株の変則的な割当てがあった場合（相基通9―4）

③ 　無利子の金銭の貸与等があった場合（相基通9―10）

④ 　婚姻中の夫婦の協力によって得た財産の額その他一切の事情を考慮してもなお過当であると認められる場合におけるその過当である部分や離婚を手段として贈与税若しくは相続税のほ脱を図ると認められる場合におけるその離婚により取得した財産（相基通9―8ただし書）

　　（注）離婚による財産分与があった場合において、婚姻中の夫婦が協力して蓄積した財産の清算、離婚後において生活に困窮する配偶者に対する扶養料及び有責配偶者の相手方配偶者に対する慰謝料には、贈与税は課税されません。

⑤ 　共働き夫婦が住宅等を購入した場合に、夫と妻の収入に応じた負担額によらないで、夫（妻）だけの財産として登記した場合（相基

通9—9）

（注）親族間で、無償又は無利子で土地、建物、金銭等の貸与があった場合、原則として、地代、家賃、利子に相当する経済的利益を受けたものとして取り扱われることとなります。

しかし、その利益を受ける金額が少額である場合又は課税上弊害がないと認められる場合には、強いて課税しないこととされています（相基通9—10）。

なお、親子間等の「ある時払いの催促なし」や「出世払い」のような貸借は贈与として取り扱われます。

第4節　被相続人から相続開始前7年以内に贈与を受けていた財産

　相続等により財産を取得した者が相続開始前7年以内にその相続に係る被相続人から贈与により取得した財産（特定贈与財産を除きます。）がある場合には、その贈与により取得した財産（以下「加算対象贈与財産」といいます。）の価額のうち、

イ　相続開始前3年以内に取得した財産価額の合計金額と

ロ　相続開始前3年以内に取得した財産以外の財産の価額の合計額から100万円（上限）を控除した後の金額との

合計額を相続税の課税価格に加算した金額をその者の相続税の課税価格とみなし、その課税価格に基づいて計算した算出相続税額からその加算対象贈与財産について既に課税された贈与税額を控除した金額が納付すべき相続税額となります。なお、ロの100万円の控除はその財産を取得者ごとに控除することになります（相法19、相基通19—1）。

第6章　その他のみなし贈与・遺贈財産等

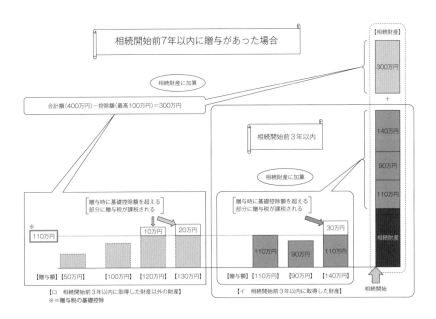

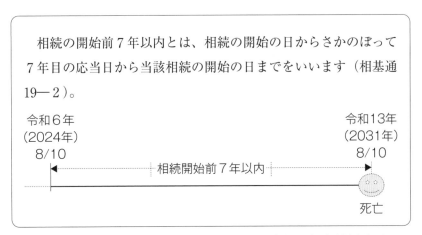

相続の開始前7年以内とは、相続の開始の日からさかのぼって7年目の応当日から当該相続の開始の日までをいいます（相基通19—2）。

上記「相続開始前7年以内」については、令和5年度税制改正により相続税の課税価格に加算される生前贈与の対象期間が「3年」から「7年」とされました。この改正は、令和6年1月1日以後に贈与により取得する財産に係る相続税について適用されます（令和5年改正

法附則19①)。加算対象贈与財産として加算される期間は令和9年1月1日以降、順次延長される（令和5年改正法附則19②③、相基通19－2）ため、加算期間が7年となるのは、令和13年1月1日以降に相続が発生した場合となります。

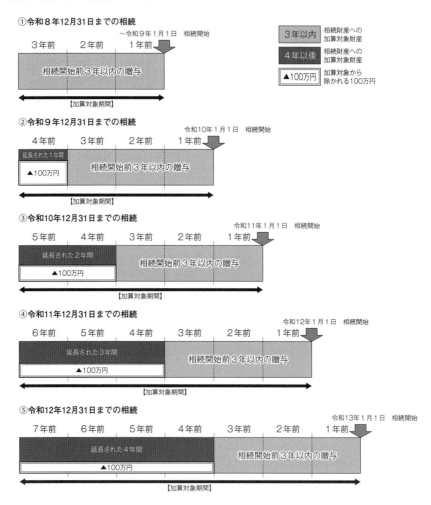

第6章　その他のみなし贈与・遺贈財産等

参考 相続又は遺贈により財産を取得した日に応じた加算対象期間（相法19、令和5年改正法附則19①～③）

相続又は遺贈により財産を取得した日（※1）	加算対象期間	相続の開始前3年以内に取得した財産以外の財産に係る期間（100万円控除が適用される期間）
令和6年1月1日から令和8年12月31日まで	相続の開始の日から遡って3年目の応当日から当該相続の開始の日までの間	
令和9年1月1日から令和12年12月31日まで	令和6年1月1日から相続の開始の日までの間	令和6年1月1日から、相続の開始の日から遡って3年目の応当日の前日までの間（※2）
令和13年1月1日以後	相続の開始の日から遡って7年目の応当日から当該相続の開始の日までの間	相続の開始の日から遡って7年目の応当日から、当該相続の開始の日から遡って3年目の応当日の前日までの間

※1　原則として、「相続の開始の日（被相続人の死亡の日）」により判定することとなる（「相続の開始があったことを知った日」（相法27等）ではない。）。

※2　相続又は遺贈により財産を取得した日が令和9年1月1日である場合には、相続の開始の日から遡って3年目の応当日が令和6年1月1日となることから、相続の開始前3年以内に取得した財産以外の財産に係る期間（100万円控除が適用される期間）は生じない。

なお、特定贈与財産とは、贈与税の配偶者控除（相法21の6）の対象となった受贈財産のうち、その配偶者控除に相当する部分（最高2,000万円）をいいます（相法19②）。

（注1）相続開始の年に被相続人から贈与により取得した財産で、相続税の課税価格に加算するものは、その年の贈与税の課税価格には算入しません（相法21の2④）。

（注2）加算する贈与財産に課税されていた贈与税は、算出した相続税額から控除（贈与税額控除）することとされ二重課税が排除されています。

（注3）被相続人から相続又は遺贈により財産を取得した者に限り、贈与財産を加算するので、相続又は遺贈により財産を取得しなかった者（みなし相続財産を取得した者を除きます。）が、贈与により取得した財産は、加

算しません。

（注4）相続税の課税価格に加算した贈与財産の価額からは、債務控除はできません（相基通19—5）。

設 例

　甲は令和10（2028）年8月10日に死亡し、配偶者及び子A、Bは財産を相続したが、子Cは相続を放棄している（遺贈による財産の取得もない。）。なお、配偶者及び子A、B、Cは生前甲からの次の財産を贈与により取得している。

　配偶者　令和6（2024）年8月30日

　　居住用の土地及び建物3,500万円　株式800万円

　　※　上記の土地及び建物については、贈与税の配偶者控除の適用を受けて令和6年分の贈与税の申告が行われている。

　子A　令和7（2025）年5月15日

　　株式1,000万円

　子B　令和5（2023）年3月3日

　　土地1,500万円

　子C　令和6（2024）年9月17日

　　現金　500万円

解 答

　令和10年8月10日相続発生のため加算対象期間は、令和6年1月1日から令和10年8月10日までの間になる。

　また、相続開始3年以内に取得した財産以外の財産に係る期間は、令和6年1月1日から令和7年8月30日までの間になる。

加算対象期間内の贈与加算額の計算

　　配偶者　（3,500万円－2,000万円）＋800万円－100万円（控除額）

　　　　　　＝2,200万円

　　子A　1,000万円－100万円（控除額）＝900万円

　　子B　0円（加算対象期間内の贈与でないため）

　　子C　0円（相続又は遺贈により財産を取得していないため）

第5節 相続等により財産を取得しなかった相続時精算課税適用者

　相続時精算課税適用者が、特定贈与者の相続に際し、相続又は遺贈により財産を取得した時は、相続時精算課税の適用を受けた財産については、その贈与により取得した財産の価額から相続時精算課税に係る贈与税の基礎控除額（以下「相続時精算課税の基礎控除額」といいます。）を控除した後の金額を相続税の課税価格に加算することとされています（相法21の15①）が、その相続時精算課税適用者が、特定贈与者の相続に際し、相続又は遺贈により財産を取得しなかった時は、相続時精算課税の適用を受けた財産については相続又は遺贈により取得したものとみなされます（相法21の16①）。

　相続時精算課税の適用を受ける財産につき課せられた贈与税相当額は、相続税額から控除します（相法21の16④）。

　なお、相続税額から控除しきれない贈与税相当額については、還付を受けることができます（相法27③、33の2）。

　　(注)特定贈与者とは、相続時精算課税適用者に財産を贈与した者をいいます（相法21の9⑤）。

　参考　**相続時精算課税に係る贈与税の基礎控除**

　これまでの贈与税の特別控除額2,500万円に加えて、令和5年度税制改正により、相続時精算課税適用者がその年中において特定贈与者からの贈与により取得した財産に係るその年分の贈与税については、相続時精算課税に係る贈与税の課税価格から「相続時精算課

第6章 その他のみなし贈与・遺贈財産等

税に係る贈与税の基礎控除額60万円（租税特別措置法第70条の3の2において110万円にされています。）」を控除するとともに、特定贈与者の死亡に係る相続税の課税価格に加算される相続時精算課税適用財産の価額は、相続時精算課税の基礎控除額110万円を控除した後の残額とされました（相法21の11の2、措法70の3の2）。

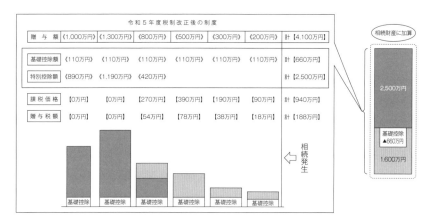

なお、相続時精算課税を選択している複数の贈与者から贈与を受けた場合は、それぞれの贈与額に応じて相続時精算課税の基礎控除額を按分することになります。

暦年課税の基礎控除額（110万円）との併用は可能であり、例えば、長男が父親（相続時精算課税適用）と母親（暦年課税適用）の両方から同一年に贈与を受けた場合、それぞれ110万円の基礎控除を受けることができることになります。

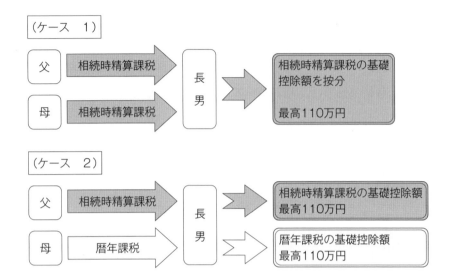

第6章　その他のみなし贈与・遺贈財産等

相　続　時　精　算　課　税

① 特定贈与者ごとの相続時精算課税の基礎
　控除額の控除後の贈与財産の価額から控
　除する金額（相法21の12）
　　　特別控除額2,500万円
　前年までに特別控除額を使用した場合に
　は、2,500万円から既に使用した額を控
　除した残額が特別控除額となります。
② 税率（相法21の13）
　特別控除額を超えた部分に対して、
　　　一律20％の税率
※ 「相続時精算課税」を選択すると、その選
　択に係る贈与者から贈与を受ける財産につ
　いては、その選択をした年分以降すべて相
　続時精算課税が適用され、「暦年課税」へ変
　更することはできません（相法21の9③）。

相　続　時　に　精　算

▼

【相続税】　贈与者が死亡した時の相続税の計
算上、相続財産の価額に相続時精算課税を適
用した贈与財産の価額（贈与時の時価）を加算
して相続税額を計算します（相法21の15）。
　その際、既に支払った贈与税相当額を相続
税額から控除します。なお、控除しきれない
金額は還付されます（相法33の2）。

> 贈与者の相続に際
> し、相続又は遺贈によ
> り財産を取得しなかっ
> た時は、相続時精算課
> 税の適用を受けた財産
> については相続又は遺
> 贈により取得したもの
> とみなされます（相法
> 21の16①）。

【相続時精算課税制度適用前の暦年課税期間の生前贈与財産の加算】

　相続時精算課税制度を適用したとしても、その適用前の暦年課税の
期間に贈与を行っている場合、その贈与が「相続開始前7年以内の贈
与」に該当するのであれば、その期間中に贈与で取得した財産の価額
を相続税の課税価格に加算することが必要であるとされています。

229

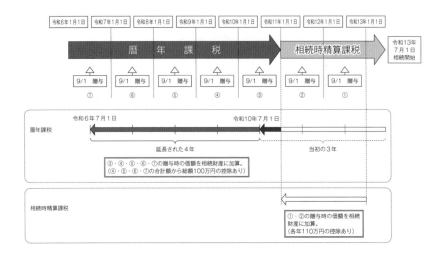

【相続財産を取得しない者への贈与財産の扱い】

　暦年課税において相続財産に加算される生前財産は、「相続又は遺贈により財産を取得した人に対しての生前贈与財産」であり、相続人であっても相続のときに財産を取得してない人や養子縁組をしていない孫、代襲相続人ではない孫のような人への生前贈与財産は加算する必要がありません。

　なお、相続等により財産を取得しない相続時精算課税適用者もその生前贈与財産を相続財産に加算する必要はありませんが、これらの者の生前贈与財産は相続等により取得したものとみなして（相続税法上「みなし相続財産」といいます。）、相続税の課税対象とされます（相法21の16）。

第6章　その他のみなし贈与・遺贈財産等

設例

＜相続税の課税価格に加算される相続時精算課税適用財産＞

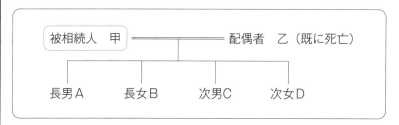

各人の財産取得の状況は、次のとおりである。
※贈与財産（相続時精算課税適用）は、相続時精算課税の基礎控除額を控除した後の価額である。

相続人	相続財産	贈与財産（相続時精算課税適用）	贈与税額（相続時精算課税適用）
長男A	7,800万円	5,000万円	500万円
長女B	4,600万円	5,000万円	500万円
次男C	6,400万円		
次女D		3,200万円	140万円

解答

1　各人の相続税課税価格

　　　　　　（相続財産）　　　（相続時精算課税適用分）
　長男A　　7,800万円　　＋　　5,000万円　　＝　　12,800万円
　長女B　　4,600万円　　＋　　5,000万円　　＝　　9,600万円
　次男C　　6,400万円　　　　　　　　　　　　＝　　6,400万円

231

次女D		3,200万円	＝	3,200万円
（合計）	（18,800万円）	（13,200万円）		（32,000万円）

2　課税遺産総額

32,000万円 － （3,000万円 ＋ 600万円 × 4 人）＝ 26,600万円

3　相続税額の総額の計算

（26,600万円 ÷ 4 人）×30％ － 700万円 ＝ 1,295万円

1,295万円 × 4 人 ＝ 5,180万円

4　各人の相続税額

長男A　$5,180万円 \times \dfrac{12,800万円}{32,000万円} － 500万円 ＝ 1,572万円$

長女B　$5,180万円 \times \dfrac{9,600万円}{32,000万円} － 500万円 ＝ 1,054万円$

次男C　$5,180万円 \times \dfrac{6,400万円}{32,000万円} ＝ 1,036万円$

次女D　$5,180万円 \times \dfrac{3,200万円}{32,000万円} － 140万円 ＝ 378万円$

第6章　その他のみなし贈与・遺贈財産等

第6節　持分の定めのない法人から特別の利益を受ける個人に対する課税

　持分の定めのない法人が個人から贈与により財産を取得した場合において、その法人が設立者、社員、理事、監事若しくは評議員、その法人に対する贈与者又はこれらの者と特別の関係のある者に対して、特別の利益（その施設の利用、余裕金の運用、解散した場合における財産の帰属等）を与える法人である場合には、

① 　その財産の贈与があった時に、

② 　その法人から特別の利益を受ける者が、

③ 　その利益に相当する金額を、

④ 　その法人に財産を贈与した者から贈与により取得したもの

とみなされ贈与税が課されます（相法65①③）。

　なお、持分の定めのない法人に対する贈与等により贈与者等の親族その他特別の関係がある者の相続税又は贈与税の負担が不当に減少する結果となる場合には、持分の定めのない法人を個人とみなして、相続税又は贈与税が課税されることになり（相法66④）、この個人に対する課税は行われません（相法65①）。

233

相続課税上の ポイント

　相続税法第66条第4項は、法人を納税義務者として「贈与等により取得した財産」に対して贈与税等が課されるのに対して、相続税法第65条は、法人から特別の利益を受ける者を納税義務者としてその「贈与等により受ける利益の価額に相当する金額」に対して贈与税等が課される点が異なります。

第6章　その他のみなし贈与・遺贈財産等

第7節　その他

① 直系尊属から教育資金の一括贈与を受けた場合の贈与税の特例

(1)　概要

　受贈者（30歳未満の者に限ります。）の教育資金に充てるためにその直系尊属が金銭等を拠出し、金融機関（信託会社、銀行等）に信託等をした場合には、信託受益権の価額又は拠出された金銭等の額のうち受贈者１人につき1,500万円までの金額に相当する部分の価額については、平成25年４月１日から令和８年３月31日までの間に拠出されるものに限り、贈与税を課さないこととする特例です（措法70の２の２）。

参　考

　教育資金管理契約とは、教育資金の管理を目的として金融機関との間で締結する契約で、その金融機関の形態に応じて次に掲げるものをいいます（措法70の２の２②二）。

イ　贈与者と受託者との間で締結する信託に関する契約

ロ　受贈者と銀行等との間で締結する一定の預金又は貯金に係る契約

ハ　受贈者と金融商品取引業者との間で締結する有価証券の保管の委託に係る契約

235

金融機関に信託、預入れ等された教育資金は、その金融機関の口座において管理され、教育資金に充てられた金額が記録されます。

(2)　課税態様

教育資金管理契約に係る贈与者の死亡の日において、未だ教育資金として支出していない部分の金額（管理残額）があるときは、受贈者が23歳未満である場合等一定の事由に該当する場合を除き、その金額は受贈者が死亡した贈与者から相続又は遺贈により取得したものとみなされます（措法70の２の２⑫二）。

非課税拠出額から教育資金支出額及び管理残額を控除した残額については、原則として受贈者が30歳に達した日に贈与があったものとして贈与税が課税されます（措法70の２の２⑰一）。

❷ 直系尊属から結婚・子育て資金の一括贈与を受けた場合の贈与税の特例

(1)　概要

受贈者（18歳以上50歳未満の者に限ります。）の結婚・子育て資金に充てるためにその直系尊属が金銭等を拠出し、金融機関（信託会社、銀行等をいいます。）に信託等をした場合には、信託受益権の価額又は拠出された金銭等のうち受贈者１人につき1,000万円（このうち結婚関係費用については、300万円を限度とされています。）までの金額に相当する部分の価額については、平成27年４月１日から令和７年３月31日までの間に拠出されるものに限り、贈与税を課さないこととする特例です（措法70の２の３）。

第6章　その他のみなし贈与・遺贈財産等

参　考

　本特例は、最長で30年にも及ぶ長期間にわたる管理が必要な制度であることから、金融機関に口座を開設し、その口座を通じて非課税額の管理、実際に結婚・子育て資金に使われた金銭の管理を行うこととされています。そのため、受贈者と金融機関との間（信託契約の場合には委託者と信託会社との間）で一定の契約を締結する必要があります。

(2)　**課税態様**

　受贈者が50歳に達する前に贈与者が死亡した場合において非課税拠出額から結婚・子育て資金支出額を控除した残額があるときは、その残額については、受贈者が贈与者から相続又は遺贈により取得したものとみなして相続税の課税価格に加算されます（措法70の2の3⑫二）。

　また、受贈者が50歳に達した場合において非課税拠出額から結婚・子育て資金支出額を控除した残額があるときは、その残額については、受贈者が50歳に達した日に贈与があったものとみなして贈与税が課税されます（措法70の2の3⑭一）。

237

参考法令等

参考法令等の欄外について〔凡例〕

☞…関連する本書の解説箇所を指しています。

▷…当該条文に関連する政省令・通達等を示しています。

※以下に掲げる条文は、令和7年1月1日時点で施行されている
　ものです。

参考法令等（相続税法（抄））

○相続税法（抄）〔最終改正：令和6年法律第8号〕

（相続又は遺贈により取得したものとみなす場合）

第3条　次の各号のいずれかに該当する場合においては、
当該各号に掲げる者が、当該各号に掲げる財産を相続又は
遺贈により取得したものとみなす。この場合において、そ
の者が相続人（相続を放棄した者及び相続権を失つた者を
含まない。第15条、第16条、第19条の2第1項、第19条の
3第1項、第19条の4第1項及び第63条の場合並びに「第
15条第2項に規定する相続人の数」という場合を除き、以
下同じ。）であるときは当該財産を相続により取得したも
のとみなし、その者が相続人以外の者であるときは当該財
産を遺贈により取得したものとみなす。

☞はじめに **2**
(3)（P10）
▷相基通3-1
～3-3

一　被相続人の死亡により相続人その他の者が生命保険契
約（保険業法（平成7年法律第105号）第2条第3項（定
義）に規定する生命保険会社と締結した保険契約（これ
に類する共済に係る契約を含む。以下同じ。）その他の
政令で定める契約をいう。以下同じ。）の保険金（共済
金を含む。以下同じ。）又は損害保険契約（同条第4項
に規定する損害保険会社と締結した保険契約その他の政
令で定める契約をいう。以下同じ。）の保険金（偶然な
事故に基因する死亡に伴い支払われるものに限る。）を
取得した場合においては、当該保険金受取人（共済金受
取人を含む。以下同じ。）について、当該保険金（次号
に掲げる給与及び第5号又は第6号に掲げる権利に該当
するものを除く。）のうち被相続人が負担した保険料（共
済掛金を含む。以下同じ。）の金額の当該契約に係る保
険料で被相続人の死亡の時までに払い込まれたものの全
額に対する割合に相当する部分

☞第1章第1節
(P15)
▷相令1の2、
相基通3-4
～3-17、10
-2

二　被相続人の死亡により相続人その他の者が当該被相続
人に支給されるべきであつた退職手当金、功労金その他
これらに準ずる給与（政令で定める給付を含む。）で被
相続人の死亡後3年以内に支給が確定したものの支給を

☞第2章（P95）
▷相令1の3、
相基通3-18
～3-33

241

受けた場合においては、当該給与の支給を受けた者について、当該給与

三　相続開始の時において、まだ保険事故（共済事故を含む。以下同じ。）が発生していない生命保険契約（一定期間内に保険事故が発生しなかつた場合において返還金その他これに準ずるものの支払がない生命保険契約を除く。）で被相続人が保険料の全部又は一部を負担し、かつ、被相続人以外の者が当該生命保険契約の契約者であるものがある場合においては、当該生命保険契約の契約者について、当該契約に関する権利のうち被相続人が負担した保険料の金額の当該契約に係る保険料で当該相続開始の時までに払い込まれたものの全額に対する割合に相当する部分

☞第1章第2節（P86）

▷相基通3－13、3－14、3－34～3－39、評基通214

四　相続開始の時において、まだ定期金給付事由が発生していない定期金給付契約（生命保険契約を除く。）で被相続人が掛金又は保険料の全部又は一部を負担し、かつ、被相続人以外の者が当該定期金給付契約の契約者であるものがある場合においては、当該定期金給付契約の契約者について、当該契約に関する権利のうち被相続人が負担した掛金又は保険料の金額の当該契約に係る掛金又は保険料で当該相続開始の時までに払い込まれたものの全額に対する割合に相当する部分

☞第3章第1節（P123）

▷相基通3－40～3－44

五　定期金給付契約で定期金受取人に対しその生存中又は一定期間にわたり定期金を給付し、かつ、その者が死亡したときはその死亡後遺族その他の者に対して定期金又は一時金を給付するものに基づいて定期金受取人たる被相続人の死亡後相続人その他の者が定期金受取人又は一時金受取人となつた場合においては、当該定期金受取人又は一時金受取人となつた者について、当該定期金給付契約に関する権利のうち被相続人が負担した掛金又は保険料の金額の当該契約に係る掛金又は保険料で当該相続開始の時までに払い込まれたものの全額に対する割合に

☞第3章第2節（P132）

▷相基通3－13、3－14、3－45

参考法令等（相続税法（抄））

相当する部分

六　被相続人の死亡により相続人その他の者が定期金（これに係る一時金を含む。）に関する権利で契約に基づくもの以外のもの（恩給法（大正12年法律第48号）の規定による扶助料に関する権利を除く。）を取得した場合においては、当該定期金に関する権利を取得した者について、当該定期金に関する権利（第2号に掲げる給与に該当するものを除く。）

☞第3章第3節
（P140）

▷相基通3－46、3－47

2　前項第1号又は第3号から第5号までの規定の適用については、被相続人の被相続人が負担した保険料又は掛金は、被相続人が負担した保険料又は掛金とみなす。ただし、同項第3号又は第4号の規定により当該各号に掲げる者が当該被相続人の被相続人から当該各号に掲げる財産を相続又は遺贈により取得したものとみなされた場合においては、当該被相続人の被相続人が負担した保険料又は掛金については、この限りでない。

▷相基通3－48

3　第1項第3号又は第4号の規定の適用については、被相続人の遺言により払い込まれた保険料又は掛金は、被相続人が負担した保険料又は掛金とみなす。

（遺贈により取得したものとみなす場合）

第4条　民法第958条の2第1項（特別縁故者に対する相続財産の分与）の規定により同項に規定する相続財産の全部又は一部を与えられた場合においては、その与えられた者が、その与えられた時における当該財産の時価（当該財産の評価について第3章に特別の定めがある場合には、その規定により評価した価額）に相当する金額を当該財産に係る被相続人から遺贈により取得したものとみなす。

☞第4章第1節
（P149）

▷相基通4－1
～4－4

2　特別寄与者が支払を受けるべき特別寄与料の額が確定した場合においては、当該特別寄与者が、当該特別寄与料の額に相当する金額を当該特別寄与者による特別の寄与を受けた被相続人から遺贈により取得したものとみなす。

（贈与により取得したものとみなす場合）

☞第4章第2節
（P152）

▷相基通4－1、4－3、4－4、10－7

243

第5条 生命保険契約の保険事故(傷害、疾病その他これらに類する保険事故で死亡を伴わないものを除く。)又は損害保険契約の保険事故(偶然な事故に基因する保険事故で死亡を伴うものに限る。)が発生した場合において、これらの契約に係る保険料の全部又は一部が保険金受取人以外の者によつて負担されたものであるときは、これらの保険事故が発生した時において、保険金受取人が、その取得した保険金(当該損害保険契約の保険金については、政令で定めるものに限る。)のうち当該保険金受取人以外の者が負担した保険料の金額のこれらの契約に係る保険料でこれらの保険事故が発生した時までに払い込まれたものの全額に対する割合に相当する部分を当該保険料を負担した者から贈与により取得したものとみなす。

☞第1章第1節
④ (P75)
▷相令1の4、相基通5-1～5-5

2 前項の規定は、生命保険契約又は損害保険契約(傷害を保険事故とする損害保険契約で政令で定めるものに限る。)について返還金その他これに準ずるものの取得があつた場合について準用する。

☞第1章第1節
④ (4) (P82)
▷相令1の5、相基通5-6、5-7

3 前2項の規定の適用については、第1項(前項において準用する場合を含む。)に規定する保険料を負担した者の被相続人が負担した保険料は、その者が負担した保険料とみなす。ただし、第3条第1項第3号の規定により前2項に規定する保険金受取人又は返還金その他これに準ずるものの取得者が当該被相続人から同号に掲げる財産を相続又は遺贈により取得したものとみなされた場合においては、当該被相続人が負担した保険料については、この限りでない。

☞第1章第1節
④ (5) (P83)

4 第1項の規定は、第3条第1項第1号又は第2号の規定により第1項に規定する保険金受取人が同条第1項第1号に掲げる保険金又は同項第2号に掲げる給与を相続又は遺贈により取得したものとみなされる場合においては、当該保険金又は給与に相当する部分については、適用しない。

第6条 定期金給付契約(生命保険契約を除く。次項にお

☞第3章第4節

参考法令等（相続税法（抄））

いて同じ。）の定期金給付事由が発生した場合において、当該契約に係る掛金又は保険料の全部又は一部が定期金受取人以外の者によつて負担されたものであるときは、当該定期金給付事由が発生した時において、定期金受取人が、その取得した定期金給付契約に関する権利のうち当該定期金受取人以外の者が負担した掛金又は保険料の金額の当該契約に係る掛金又は保険料で当該定期金給付事由が発生した時までに払い込まれたものの全額に対する割合に相当する部分を当該掛金又は保険料を負担した者から贈与により取得したものとみなす。

(P144)
▷相 基 通 6 -
2、6-3

2　前項の規定は、定期金給付契約について返還金その他これに準ずるものの取得があつた場合について準用する。

☞第3章第1節
(4)（P131）

3　第3条第1項第5号の規定に該当する場合において、同号に規定する定期金給付契約に係る掛金又は保険料の全部又は一部が同号に規定する定期金受取人又は一時金受取人及び被相続人以外の第三者によつて負担されたものであるときは、相続の開始があつた時において、当該定期金受取人又は一時金受取人が、その取得した定期金給付契約に関する権利のうち当該第三者が負担した掛金又は保険料の金額の当該契約に係る掛金又は保険料で当該相続開始の時までに払い込まれたものの全額に対する割合に相当する部分を当該第三者から贈与により取得したものとみなす。

☞第3章第2節
(4)（P138）
▷相 基 通 6 -
1、6-2

4　前3項の規定の適用については、第1項（第2項において準用する場合を含む。）又は前項に規定する掛金又は保険料を負担した者の被相続人が負担した掛金又は保険料は、その者が負担した掛金又は保険料とみなす。ただし、第3条第1項第4号の規定により前3項に規定する定期金受取人若しくは一時金受取人又は返還金その他これに準ずるものの取得者が当該被相続人から同号に掲げる財産を相続又は遺贈により取得したものとみなされた場合においては、当該被相続人が負担した掛金又は保険料については、この限りでない。

245

（贈与又は遺贈により取得したものとみなす場合）

第７条 著しく低い価額の対価で財産の譲渡を受けた場合
においては、当該財産の譲渡があつた時において、当該財
産の譲渡を受けた者が、当該対価と当該譲渡があつた時に
おける当該財産の時価（当該財産の評価について第３章に
特別の定めがある場合には、その規定により評価した価額）
との差額に相当する金額を当該財産を譲渡した者から贈与
（当該財産の譲渡が遺言によりなされた場合には、遺贈）
により取得したものとみなす。ただし、当該財産の譲渡が、
その譲渡を受ける者が資力を喪失して債務を弁済すること
が困難である場合において、その者の扶養義務者から当該
債務の弁済に充てるためになされたものであるときは、そ
の贈与又は遺贈により取得したものとみなされた金額のう
ちその債務を弁済することが困難である部分の金額につい
ては、この限りでない。

☞第６章第１節
（P215）

▷相基通７－１
～７－５

第８条 対価を支払わないで、又は著しく低い価額の対価
で債務の免除、引受け又は第三者のためにする債務の弁済
による利益を受けた場合においては、当該債務の免除、引
受け又は弁済があつた時において、当該債務の免除、引受
け又は弁済による利益を受けた者が、当該債務の免除、引
受け又は弁済に係る債務の金額に相当する金額（対価の支
払があつた場合には、その価額を控除した金額）を当該債
務の免除、引受け又は弁済をした者から贈与（当該債務の
免除、引受け又は弁済が遺言によりなされた場合には、遺
贈）により取得したものとみなす。ただし、当該債務の免
除、引受け又は弁済が次の各号のいずれかに該当する場合
においては、その贈与又は遺贈により取得したものとみな
された金額のうちその債務を弁済することが困難である部
分の金額については、この限りでない。

☞第６章第２節
（P216）

▷相基通８－１
～８－４

一　債務者が資力を喪失して債務を弁済することが困難で
ある場合において、当該債務の全部又は一部の免除を受
けたとき。

246

参考法令等（相続税法（抄））

　二　債務者が資力を喪失して債務を弁済することが困難で
　　ある場合において、その債務者の扶養義務者によつて当
　　該債務の全部又は一部の引受け又は弁済がなされたと
　　き。

第９条　第５条から前条まで及び次節に規定する場合を除
　くほか、対価を支払わないで、又は著しく低い価額の対価
　で利益を受けた場合においては、当該利益を受けた時にお
　いて、当該利益を受けた者が、当該利益を受けた時におけ
　る当該利益の価額に相当する金額（対価の支払があつた場
　合には、その価額を控除した金額）を当該利益を受けさせ
　た者から贈与（当該行為が遺言によりなされた場合には、
　遺贈）により取得したものとみなす。ただし、当該行為が、
　当該利益を受ける者が資力を喪失して債務を弁済すること
　が困難である場合において、その者の扶養義務者から当該
　債務の弁済に充てるためになされたものであるときは、そ
　の贈与又は遺贈により取得したものとみなされた金額のう
　ちその債務を弁済することが困難である部分の金額につい
　ては、この限りでない。

☞第５章第１節
(2)（P168）、　第
６章　第３節
（P218）
▷相基通９－１
～９－14

　（贈与又は遺贈により取得したものとみなす信託に関する
　　権利）

第９条の２　信託（退職年金の支給を目的とする信託その
　他の信託で政令で定めるものを除く。以下同じ。）の効力
　が生じた場合において、適正な対価を負担せずに当該信託
　の受益者等（受益者としての権利を現に有する者及び特定
　委託者をいう。以下この節において同じ。）となる者があ
　るときは、当該信託の効力が生じた時において、当該信託
　の受益者等となる者は、当該信託に関する権利を当該信託
　の委託者から贈与（当該委託者の死亡に基因して当該信託
　の効力が生じた場合には、遺贈）により取得したものとみ
　なす。

☞第５章第２節
1（P170）、　第
５節**2**（P208）
▷相令１の６、
相基通９の２－
１、評基通202

２　受益者等の存する信託について、適正な対価を負担せず
　に新たに当該信託の受益者等が存するに至つた場合（第４

☞第５章第２節
2（P173）

247

項の規定の適用がある場合を除く。）には、当該受益者等が存するに至つた時において、当該信託の受益者等となる者は、当該信託に関する権利を当該信託の受益者等であつた者から贈与（当該受益者等であつた者の死亡に基因して受益者等が存するに至つた場合には、遺贈）により取得したものとみなす。

▷相基通9の2－3、評基通202

3　受益者等の存する信託について、当該信託の一部の受益者等が存しなくなつた場合において、適正な対価を負担せずに既に当該信託の受益者等である者が当該信託に関する権利について新たに利益を受けることとなるときは、当該信託の一部の受益者等が存しなくなつた時において、当該利益を受ける者は、当該利益を当該信託の一部の受益者等であつた者から贈与（当該受益者等であつた者の死亡に基因して当該利益を受けた場合には、遺贈）により取得したものとみなす。

☞第5章第2節 **3**（P177）

▷相基通9の2－4、評基通202

4　受益者等の存する信託が終了した場合において、適正な対価を負担せずに当該信託の残余財産の給付を受けるべき、又は帰属すべき者となる者があるときは、当該給付を受けるべき、又は帰属すべき者となつた時において、当該信託の残余財産の給付を受けるべき、又は帰属すべき者となつた者は、当該信託の残余財産（当該信託の終了の直前においてその者が当該信託の受益者等であつた場合には、当該受益者等として有していた当該信託に関する権利に相当するものを除く。）を当該信託の受益者等から贈与（当該受益者等の死亡に基因して当該信託が終了した場合には、遺贈）により取得したものとみなす。

☞第5章第2節 **4**（P179）

▷相基通9の2－5

5　第1項の「特定委託者」とは、信託の変更をする権限（軽微な変更をする権限として政令で定めるものを除く。）を現に有し、かつ、当該信託の信託財産の給付を受けることとされている者（受益者を除く。）をいう。

☞第5章第1節（P160）

▷相令1の7、相基通9の2－2

6　第1項から第3項までの規定により贈与又は遺贈により取得したものとみなされる信託に関する権利又は利益を取

248

得した者は、当該信託の信託財産に属する資産及び負債を取得し、又は承継したものとみなして、この法律（第41条第2項を除く。）の規定を適用する。ただし、法人税法（昭和40年法律第34号）第2条第29号（定義）に規定する集団投資信託、同条第29号の2に規定する法人課税信託又は同法第12条第4項第1号（信託財産に属する資産及び負債並びに信託財産に帰せられる収益及び費用の帰属）に規定する退職年金等信託の信託財産に属する資産及び負債については、この限りでない。

（受益者連続型信託の特例）

第9条の3　受益者連続型信託（信託法（平成18年法律第108号）第91条（受益者の死亡により他の者が新たに受益権を取得する旨の定めのある信託の特例）に規定する信託、同法第89条第1項（受益者指定権等）に規定する受益者指定権等を有する者の定めのある信託その他これらの信託に類するものとして政令で定めるものをいう。以下この項において同じ。）に関する権利を受益者（受益者が存しない場合にあつては、前条第5項に規定する特定委託者）が適正な対価を負担せずに取得した場合において、当該受益者連続型信託に関する権利（異なる受益者が性質の異なる受益者連続型信託に係る権利（当該権利のいずれかに収益に関する権利が含まれるものに限る。）をそれぞれ有している場合にあつては、収益に関する権利が含まれるものに限る。）で当該受益者連続型信託の利益を受ける期間の制限その他の当該受益者連続型信託に関する権利の価値に作用する要因としての制約が付されているものについては、当該制約は、付されていないものとみなす。ただし、当該受益者連続型信託に関する権利を有する者が法人（代表者又は管理者の定めのある人格のない社団又は財団を含む。以下第64条までにおいて同じ。）である場合は、この限りでない。

2　前項の「受益者」とは、受益者としての権利を現に有す

☞第5章第3節
（P187）
▷相令1の8、
相基通9の3－
1 ～ 9の3－
3

る者をいう。

（受益者等が存しない信託等の特例）

第９条の４　受益者等が存しない信託の効力が生ずる場合
において、当該信託の受益者等となる者が当該信託の委託
者の親族として政令で定める者（以下この条及び次条にお
いて「親族」という。）であるとき（当該信託の受益者等
となる者が明らかでない場合にあつては、当該信託が終了
した場合に当該委託者の親族が当該信託の残余財産の給付
を受けることとなるとき）は、当該信託の効力が生ずる時
において、当該信託の受託者は、当該委託者から当該信託
に関する権利を贈与（当該委託者の死亡に基因して当該信
託の効力が生ずる場合にあつては、遺贈）により取得した
ものとみなす。

2　受益者等の存する信託について、当該信託の受益者等が
存しないこととなつた場合（以下この項において「受益者
等が不存在となつた場合」という。）において、当該受益
者等の次に受益者等となる者が当該信託の効力が生じた時
の委託者又は当該次に受益者等となる者の前の受益者等の
親族であるとき（当該次に受益者等となる者が明らかでな
い場合にあつては、当該信託が終了した場合に当該委託者
又は当該次に受益者等となる者の前の受益者等の親族が当
該信託の残余財産の給付を受けることとなるとき）は、当
該受益者等が不存在となつた場合に該当することとなつた
時において、当該信託の受託者は、当該次に受益者等とな
る者の前の受益者等から当該信託に関する権利を贈与（当
該次に受益者等となる者の前の受益者等の死亡に基因して
当該次に受益者等となる者の前の受益者等が存しないこと
となつた場合にあつては、遺贈）により取得したものとみ
なす。

3　前２項の規定の適用がある場合において、これらの信託
の受託者が個人以外であるときは、当該受託者を個人とみ
なして、この法律その他相続税又は贈与税に関する法令の

☞第５章第４節
1（P192）

▷相令１の９、
相基通９の４－
１〜９の４－
４

☞第５章第４節
2（P198）

▷相基通９の４
－３、９の４－
４

☞第５章第４節
3（P200）

参考法令等（相続税法（抄））

規定を適用する。

4　前3項の規定の適用がある場合において、これらの規定により第1項又は第2項の受託者に課される贈与税又は相続税の額については、政令で定めるところにより、当該受託者に課されるべき法人税その他の税の額に相当する額を控除する。

☞第5章第4節
4（P201）
▷相令1の10

第9条の5　受益者等が存しない信託について、当該信託の契約が締結された時その他の時として政令で定める時（以下この条において「契約締結時等」という。）において存しない者が当該信託の受益者等となる場合において、当該信託の受益者等となる者が当該信託の契約締結時等における委託者の親族であるときは、当該存しない者が当該信託の受益者等となる時において、当該信託の受益者等となる者は、当該信託に関する権利を個人から贈与により取得したものとみなす。

☞第5章第4節
5（P202）
▷相令1の11、相基通9の5－1

（政令への委任）

第9条の6　受益者等の有する信託に関する権利が当該信託に関する権利の全部でない場合における第9条の2第1項の規定の適用、同条第5項に規定する信託財産の給付を受けることとされている者に該当するか否かの判定その他この節の規定の適用に関し必要な事項は、政令で定める。

▷相令1の10、1の12

第10条　次の各号に掲げる財産の所在については、当該各号に規定する場所による。

一　動産若しくは不動産又は不動産の上に存する権利については、その動産又は不動産の所在。ただし、船舶又は航空機については、船籍又は航空機の登録をした機関の所在

二　鉱業権若しくは租鉱権又は採石権については、鉱区又は採石場の所在

三　漁業権又は入漁権については、漁場に最も近い沿岸の属する市町村又はこれに相当する行政区画

四　金融機関に対する預金、貯金、積金又は寄託金で政令

251

で定めるものについては、その預金、貯金、積金又は寄託金の受入れをした営業所又は事業所の所在

五　保険金については、その保険（共済を含む。）の契約に係る保険会社等（保険業又は共済事業を行う者をいう。第59条第1項及び第2項において同じ。）の本店又は主たる事務所（この法律の施行地に本店又は主たる事務所がない場合において、この法律の施行地に当該保険の契約に係る事務を行う営業所、事務所その他これらに準ずるものを有するときにあつては、当該営業所、事務所その他これらに準ずるもの。次号において同じ。）の所在　▷相基通10－2

六　退職手当金、功労金その他これらに準ずる給与（政令で定める給付を含む。）については、当該給与を支払つた者の住所又は本店若しくは主たる事務所の所在　▷相令1の3

七　貸付金債権については、その債務者（債務者が二以上ある場合においては、主たる債務者とし、主たる債務者がないときは政令で定める一の債務者）の住所又は本店若しくは主たる事務所の所在

八　社債（特別の法律により法人の発行する債券及び外国法人の発行する債券を含む。）若しくは株式、法人に対する出資又は政令で定める有価証券については、当該社債若しくは株式の発行法人、当該出資のされている法人又は当該有価証券に係る政令で定める法人の本店又は主たる事務所の所在

九　法人税法第2条第29号（定義）に規定する集団投資信託又は同条第29号の2に規定する法人課税信託に関する権利については、これらの信託の引受けをした営業所、事務所その他これらに準ずるものの所在

十　特許権、実用新案権、意匠権若しくはこれらの実施権で登録されているもの、商標権又は回路配置利用権、育成者権若しくはこれらの利用権で登録されているものについては、その登録をした機関の所在

十一　著作権、出版権又は著作隣接権でこれらの権利の目

参考法令等（相続税法（抄））

的物が発行されているものについては、これを発行する
営業所又は事業所の所在

十二　第7条の規定により贈与又は遺贈により取得したも
のとみなされる金銭については、そのみなされる基因と
なつた財産の種類に応じ、この条に規定する場所

十三　前各号に掲げる財産を除くほか、営業所又は事業所
を有する者の当該営業所又は事業所に係る営業上又は事
業上の権利については、その営業所又は事業所の所在

2　国債又は地方債は、この法律の施行地にあるものとし、
外国又は外国の地方公共団体その他これに準ずるものの発
行する公債は、当該外国にあるものとする。

3　第1項各号に掲げる財産及び前項に規定する財産以外の　　▷相基通10−7
財産の所在については、当該財産の権利者であつた被相続
人又は贈与をした者の住所の所在による。

4　前3項の規定による財産の所在の判定は、当該財産を相
続、遺贈又は贈与により取得した時の現況による。

（相続税の課税価格）

第11条の2　相続又は遺贈により財産を取得した者が第1　　▷相基通11の2
条の3第1項第1号又は第2号の規定に該当する者である　　−1
場合においては、その者については、当該相続又は遺贈に
より取得した財産の価額の合計額をもつて、相続税の課税
価格とする。

2　相続又は遺贈により財産を取得した者が第1条の3第1
項第3号又は第4号の規定に該当する者である場合におい
ては、その者については、当該相続又は遺贈により取得し
た財産でこの法律の施行地にあるものの価額の合計額をも
つて、相続税の課税価格とする。

（相続税の非課税財産）

第12条　次に掲げる財産の価額は、相続税の課税価格に算
入しない。

一　皇室経済法（昭和22年法律第4号）第7条（皇位に伴
う由緒ある物）の規定により皇位とともに皇嗣が受けた

253

物

二　墓所、霊びよう及び祭具並びにこれらに準ずるもの

三　宗教、慈善、学術その他公益を目的とする事業を行う者で政令で定めるものが相続又は遺贈により取得した財産で当該公益を目的とする事業の用に供することが確実なもの

四　条例の規定により地方公共団体が精神又は身体に障害のある者に関して実施する共済制度で政令で定めるものに基づいて支給される給付金を受ける権利

五　相続人の取得した第3条第1項第1号に掲げる保険金（前号に掲げるものを除く。以下この号において同じ。）については、イ又はロに掲げる場合の区分に応じ、イ又はロに定める金額に相当する部分　☞第1章第1節 **3** (7) (P51)

▷相基通12－8、12－9

　　イ　第3条第1項第1号の被相続人のすべての相続人が取得した同号に掲げる保険金の合計額が500万円に当該被相続人の第15条第2項に規定する相続人の数を乗じて算出した金額（ロにおいて「保険金の非課税限度額」という。）以下である場合　当該相続人の取得した保険金の金額

　　ロ　イに規定する合計額が当該保険金の非課税限度額を超える場合　当該保険金の非課税限度額に当該合計額のうちに当該相続人の取得した保険金の合計額の占める割合を乗じて算出した金額

六　相続人の取得した第3条第1項第2号に掲げる給与（以下この号において「退職手当金等」という。）については、イ又はロに掲げる場合の区分に応じ、イ又はロに定める金額に相当する部分　☞第2章 (9) (P115)

▷相基通12－10

　　イ　第3条第1項第2号の被相続人のすべての相続人が取得した退職手当金等の合計額が500万円に当該被相続人の第15条第2項に規定する相続人の数を乗じて算出した金額（ロにおいて「退職手当金等の非課税限度額」という。）以下である場合　当該相続人の取得し

参考法令等（相続税法（抄））

　　　た退職手当金等の金額

　　ロ　イに規定する合計額が当該退職手当金等の非課税限
　　　度額を超える場合　当該退職手当金等の非課税限度額
　　　に当該合計額のうちに当該相続人の取得した退職手当
　　　金等の合計額の占める割合を乗じて算出した金額

2　前項第3号に掲げる財産を取得した者がその財産を取得
　した日から2年を経過した日において、なお当該財産を当
　該公益を目的とする事業の用に供していない場合において
　は、当該財産の価額は、課税価格に算入する。

（相続開始前7年以内に贈与があつた場合の相続税額）

第19条　相続又は遺贈により財産を取得した者が当該相続　　　☞第6章第4節
　の開始前7年以内に当該相続に係る被相続人から贈与によ　　（P220）
　り財産を取得したことがある場合においては、その者につ
　いては、当該贈与により取得した財産（第21条の2第1項
　から第3項まで、第21条の3及び第21条の4の規定により
　当該取得の日の属する年分の贈与税の課税価格計算の基礎
　に算入されるもの（特定贈与財産を除く。）に限る。以下
　この条及び第51条第2項において同じ。）（以下この項にお
　いて「加算対象贈与財産」という。）の価額（加算対象贈
　与財産のうち当該相続の開始前3年以内に取得した財産以
　外の財産にあつては、当該財産の価額の合計額から100万
　円を控除した残額）を相続税の課税価格に加算した価額を
　相続税の課税価格とみなし、第15条から前条までの規定を
　適用して算出した金額（加算対象贈与財産の取得につき課
　せられた贈与税があるときは、当該金額から当該財産に係
　る贈与税の税額（第21条の8の規定による控除前の税額と
　し、延滞税、利子税、過少申告加算税、無申告加算税及び
　重加算税に相当する税額を除く。）として政令の定めると
　ころにより計算した金額を控除した金額）をもつて、その
　納付すべき相続税額とする。

2　前項に規定する特定贈与財産とは、第21条の6第1項に　　　☞第6章第4節
　規定する婚姻期間が20年以上である配偶者に該当する被相　　（P223）

255

続人からの贈与により当該被相続人の配偶者が取得した同
項に規定する居住用不動産又は金銭で次の各号に掲げる場
合に該当するもののうち、当該各号に掲げる場合の区分に
応じ、当該各号に定める部分をいう。

一　当該贈与が当該相続の開始の年の前年以前にされた場
　合で、当該被相続人の配偶者が当該贈与による取得の日
　の属する年分の贈与税につき第21条の６第１項の規定の
　適用を受けているとき。　同項の規定により控除された
　金額に相当する部分

二　当該贈与が当該相続の開始の年においてされた場合
　で、当該被相続人の配偶者が当該被相続人からの贈与に
　ついて既に第21条の６第１項の規定の適用を受けた者で
　ないとき（政令で定める場合に限る。）。　同項の規定の
　適用があるものとした場合に、同項の規定により控除さ
　れることとなる金額に相当する部分

（贈与税の課税価格）

第21条の２　贈与により財産を取得した者がその年中にお
　ける贈与による財産の取得について第１条の４第１項第１
　号又は第２号の規定に該当する者である場合においては、
　その者については、その年中において贈与により取得した
　財産の価額の合計額をもつて、贈与税の課税価格とする。

2　贈与により財産を取得した者がその年中における贈与に
　よる財産の取得について第１条の４第１項第３号又は第４
　号の規定に該当する者である場合においては、その者につ
　いては、その年中において贈与により取得した財産でこの
　法律の施行地にあるものの価額の合計額をもつて、贈与税
　の課税価格とする。

3　贈与により財産を取得した者がその年中における贈与に
　よる財産の取得について第１条の４第１項第１号の規定に
　該当し、かつ、同項第３号若しくは第４号の規定に該当す
　る者又は同項第２号の規定に該当し、かつ、同項第３号若
　しくは第４号の規定に該当する者である場合においては、

参考法令等（相続税法（抄））

その者については、その者がこの法律の施行地に住所を有していた期間内に贈与により取得した財産で政令で定めるものの価額及びこの法律の施行地に住所を有していなかつた期間内に贈与により取得した財産で政令で定めるものの価額の合計額をもつて、贈与税の課税価格とする。

4　相続又は遺贈により財産を取得した者が相続開始の年において当該相続に係る被相続人から受けた贈与により取得した財産の価額で第19条の規定により相続税の課税価格に加算されるものは、前3項の規定にかかわらず、贈与税の課税価格に算入しない。

☞第6章第4節（P223）

（相続時精算課税の選択）

第21条の9　贈与により財産を取得した者がその贈与をした者の推定相続人（その贈与をした者の直系卑属である者のうちその年1月1日において18歳以上であるものに限る。）であり、かつ、その贈与をした者が同日において60歳以上の者である場合には、その贈与により財産を取得した者は、その贈与に係る財産について、この節の規定の適用を受けることができる。

▷相続時精算課税の適用については、措法70の2の6 ～ 70の3の3までに特例規定があるので留意されたい。

2　前項の規定の適用を受けようとする者は、政令で定めるところにより、第28条第1項の期間内に前項に規定する贈与をした者からのその年中における贈与により取得した財産について同項の規定の適用を受けようとする旨その他財務省令で定める事項を記載した届出書を納税地の所轄税務署長に提出しなければならない。

3　前項の届出書に係る贈与をした者からの贈与により取得する財産については、当該届出書に係る年分以後、前節及びこの節の規定により、贈与税額を計算する。

4　その年1月1日において18歳以上の者が同日において60歳以上の者からの贈与により財産を取得した場合にその年の中途においてその者の養子となつたことその他の事由によりその者の推定相続人となつたとき（配偶者となつたときを除く。）には、推定相続人となつた時前にその者から

257

の贈与により取得した財産については、第1項の規定の適用はないものとする。

5　第2項の届出書を提出した者（以下「相続時精算課税適用者」という。）が、その届出書に係る第1項の贈与をした者（以下「特定贈与者」という。）の推定相続人でなくなつた場合においても、当該特定贈与者からの贈与により取得した財産については、第3項の規定の適用があるものとする。

6　相続時精算課税適用者は、第2項の届出書を撤回することができない。

（相続時精算課税に係る贈与税の基礎控除）

第21条の11の2　相続時精算課税適用者がその年中において特定贈与者からの贈与により取得した財産に係るその年分の贈与税については、贈与税の課税価格から60万円を控除する。　☞第6章第5節（P226）

2　前項の相続時精算課税適用者に係る特定贈与者が2人以上ある場合における各特定贈与者から贈与により取得した財産に係る課税価格から控除する金額の計算については、政令で定める。

第21条の15　特定贈与者から相続又は遺贈により財産を取得した相続時精算課税適用者については、当該特定贈与者からの贈与により取得した財産で第21条の9第3項の規定の適用を受けるもの（第21条の2第1項から第3項まで、第21条の3、第21条の4及び第21条の10の規定により当該取得の日の属する年分の贈与税の課税価格計算の基礎に算入されるものに限る。）の価額から第21条の11の2第1項の規定による控除をした残額を相続税の課税価格に加算した価額をもつて、相続税の課税価格とする。　☞第6章第5節（P226）

2　特定贈与者から相続又は遺贈により財産を取得した相続時精算課税適用者及び他の者に係る相続税の計算についての第13条、第18条、第19条、第19条の3及び第20条の規定の適用については、第13条第1項中「取得した財産」とあ

るのは「取得した財産及び被相続人が第21条の９第５項に
規定する特定贈与者である場合の当該被相続人からの贈与
により取得した同条第３項の規定の適用を受ける財産」と、
「当該財産」とあるのは「第21条の11の２第１項の規定に
よる控除後のこれらの財産」と、同条第２項中「あるもの」
とあるのは「あるもの及び被相続人が第21条の９第５項に
規定する特定贈与者である場合の当該被相続人からの贈与
により取得した同条第３項の規定の適用を受ける財産」と、
「当該財産」とあるのは「第21条の11の２第１項の規定に
よる控除後のこれらの財産」と、同条第４項中「取得した
財産」とあるのは「取得した財産及び被相続人が第21条の
９第５項に規定する特定贈与者である場合の当該被相続人
からの贈与により取得した同条第３項の規定の適用を受け
る財産」と、「当該財産」とあるのは「第21条の11の２第
１項の規定による控除後のこれらの財産」と、第18条第１
項中「とする」とあるのは「とする。ただし、贈与により
財産を取得した時において当該被相続人の当該１親等の血
族であつた場合には、当該被相続人から取得した当該財産
に対応する相続税額として政令で定めるものについては、
この限りでない」と、第19条第１項中「特定贈与財産」と
あるのは「特定贈与財産及び第21条の９第３項の規定の適
用を受ける財産」と、第19条の３第３項中「財産」とある
のは「財産（当該相続に係る被相続人からの贈与により取
得した財産で第21条の９第３項の規定の適用を受けるもの
を含む。）」と、第20条第１号中「事由により取得した財産」
とあるのは「事由により取得した財産（当該被相続人から
の贈与により取得した財産で第21条の９第３項の規定の適
用を受けるものを含む。）」と、同条第２号中「財産の価額」
とあるのは「財産（当該被相続人からの贈与により取得し
た財産で第21条の９第３項の規定の適用を受けるものを含
む。）の価額」とする。

3　第１項の場合において、第21条の９第３項の規定の適用

を受ける財産につき課せられた贈与税があるときは、相続
税額から当該贈与税の税額（第21条の8の規定による控除
前の税額とし、延滞税、利子税、過少申告加算税、無申告
加算税及び重加算税に相当する税額を除く。）に相当する
金額を控除した金額をもつて、その納付すべき相続税額と
する。

第21条の16　特定贈与者から相続又は遺贈により財産を取　　☞第6章第5節
　　得しなかつた相続時精算課税適用者については、当該特定　（P226）
　　贈与者からの贈与により取得した財産で第21条の9第3項
　　の規定の適用を受けるものを当該特定贈与者から相続（当
　　該相続時精算課税適用者が当該特定贈与者の相続人以外の
　　者である場合には、遺贈）により取得したものとみなして
　　第1節の規定を適用する。

2　前項の場合において、特定贈与者から相続又は遺贈によ
　　り財産を取得しなかつた相続時精算課税適用者及び当該特
　　定贈与者から相続又は遺贈により財産を取得した者に係る
　　相続税の計算についての第13条、第18条、第19条、第19条
　　の3及び第19条の4の規定の適用については、第13条第1
　　項中「取得した財産」とあるのは「取得した財産（当該相
　　続に係る被相続人からの贈与により取得した財産で第21条
　　の9第3項の規定の適用を受けるものを含む。第4項にお
　　いて同じ。）」と、「当該財産」とあるのは「第21条の11の
　　2第1項の規定による控除後の当該財産」と、同条第2項
　　中「あるもの」とあるのは「あるもの及び被相続人が第21
　　条の9第5項に規定する特定贈与者である場合の当該被相
　　続人からの贈与により取得した同条第3項の規定の適用を
　　受ける財産」と、「当該財産」とあるのは「第21条の11の
　　2第1項の規定による控除後のこれらの財産」と、同条第
　　4項中「当該財産」とあるのは「第21条の11の2第1項の
　　規定による控除後の当該財産」と、第18条第1項中「とす
　　る」とあるのは「とする。ただし、贈与により財産を取得
　　した時において当該被相続人の当該一親等の血族であつた

参考法令等（相続税法（抄））

場合には、当該被相続人から取得した当該財産に対応する相続税額として政令で定めるものについては、この限りでない」と、第19条第１項中「特定贈与財産」とあるのは「特定贈与財産及び第21条の９第３項の規定の適用を受ける財産」と、第19条の３第３項中「財産」とあるのは「財産（当該相続に係る被相続人からの贈与により取得した財産で第21条の９第３項の規定の適用を受けるものを含む。）」と、第19条の４第１項中「該当する者」とあるのは「該当する者及び同項第５号の規定に該当する者（当該相続に係る被相続人の相続開始の時においてこの法律の施行地に住所を有しない者に限る。）」とする。

3　第１項の規定により特定贈与者から相続又は遺贈により取得したものとみなされた財産に係る第１節の規定の適用については、次に定めるところによる。

　一　当該財産の価額は、第１項の贈与の時における価額とする。

　二　当該財産の価額から第21条の１の２第１項の規定による控除をした残額を第11条の２の相続税の課税価格に算入する。

4　第１項の場合において、第21条の９第３項の規定の適用を受ける財産につき課せられた贈与税があるときは、相続税額から当該贈与税の税額（第21条の８の規定による控除前の税額とし、延滞税、利子税、過少申告加算税、無申告加算税及び重加算税に相当する税額を除く。）に相当する金額を控除した金額をもつて、その納付すべき相続税額とする。

（定期金に関する権利の評価）

第24条　定期金給付契約で当該契約に関する権利を取得した時において定期金給付事由が発生しているものに関する権利の価額は、次の各号に掲げる定期金又は一時金の区分に応じ、当該各号に定める金額による。

　一　有期定期金　次に掲げる金額のうちいずれか多い金額

☞第１章第１節 **3** (8)（P62）、第３章第２節(3)（P134）、第４節(2)（P145）

261

イ　当該契約に関する権利を取得した時において当該契
　　　約を解約するとしたならば支払われるべき解約返戻金
　　　の金額
　　ロ　定期金に代えて一時金の給付を受けることができる
　　　場合には、当該契約に関する権利を取得した時におい
　　　て当該一時金の給付を受けるとしたならば給付される
　　　べき当該一時金の金額
　　ハ　当該契約に関する権利を取得した時における当該契
　　　約に基づき定期金の給付を受けるべき残りの期間に応
　　　じ、当該契約に基づき給付を受けるべき金額の１年当
　　　たりの平均額に、当該契約に係る予定利率による複利
　　　年金現価率（複利の計算で年金現価を算出するための
　　　割合として財務省令で定めるものをいう。第３号ハに
　　　おいて同じ。）を乗じて得た金額
　二　無期定期金　次に掲げる金額のうちいずれか多い金額
　　イ　当該契約に関する権利を取得した時において当該契
　　　約を解約するとしたならば支払われるべき解約返戻金
　　　の金額
　　ロ　定期金に代えて一時金の給付を受けることができる
　　　場合には、当該契約に関する権利を取得した時におい
　　　て当該一時金の給付を受けるとしたならば給付される
　　　べき当該一時金の金額
　　ハ　当該契約に関する権利を取得した時における、当該
　　　契約に基づき給付を受けるべき金額の１年当たりの平
　　　均額を、当該契約に係る予定利率で除して得た金額
　三　終身定期金　次に掲げる金額のうちいずれか多い金額
　　イ　当該契約に関する権利を取得した時において当該契
　　　約を解約するとしたならば支払われるべき解約返戻金
　　　の金額
　　ロ　定期金に代えて一時金の給付を受けることができる
　　　場合には、当該契約に関する権利を取得した時におい
　　　て当該一時金の給付を受けるとしたならば給付される

▷相令５の８、
相規12の２、相
基通24－１～
24－４、評基通
200～200－３、
200－６

べき当該一時金の金額

　　ハ　当該契約に関する権利を取得した時におけるその目
　　　的とされた者に係る余命年数として政令で定めるもの
　　　に応じ、当該契約に基づき給付を受けるべき金額の1
　　　年当たりの平均額に、当該契約に係る予定利率による
　　　複利年金現価率を乗じて得た金額

　　四　第3条第1項第5号に規定する一時金　その給付金額

2　前項に規定する定期金給付契約に関する権利で同項第3
　号の規定の適用を受けるものにつき、その目的とされた者
　が当該契約に関する権利を取得した時後第27条第1項又は
　第28条第1項に規定する申告書の提出期限までに死亡し、
　その死亡によりその給付が終了した場合においては、当該
　定期金給付契約に関する権利の価額は、同号の規定にかか
　わらず、その権利者が当該契約に関する権利を取得した時
　後給付を受け、又は受けるべき金額（当該権利者の遺族そ
　の他の第三者が当該権利者の死亡により給付を受ける場合
　には、その給付を受け、又は受けるべき金額を含む。）に
　よる。

3　第1項に規定する定期金給付契約に関する権利で、その
　権利者に対し、一定期間、かつ、その目的とされた者の生
　存中、定期金を給付する契約に基づくものの価額は、同項
　第1号に規定する有期定期金として算出した金額又は同項
　第3号に規定する終身定期金として算出した金額のいずれ
　か少ない金額による。

4　第1項に規定する定期金給付契約に関する権利で、その
　目的とされた者の生存中定期金を給付し、かつ、その者が
　死亡したときはその権利者又はその遺族その他の第三者に
　対し継続して定期金を給付する契約に基づくものの価額
　は、同項第1号に規定する有期定期金として算出した金額
　又は同項第3号に規定する終身定期金として算出した金額
　のいずれか多い金額による。

5　前各項の規定は、第3条第1項第6号に規定する定期金　　☞第3章第3節

に関する権利で契約に基づくもの以外のものの価額の評価について準用する。

第25条　定期金給付契約（生命保険契約を除く。）で当該契約に関する権利を取得した時において定期金給付事由が発生していないものに関する権利の価額は、次の各号に掲げる場合の区分に応じ、当該各号に定める金額による。

一　当該契約に解約返戻金を支払う旨の定めがない場合　次に掲げる場合の区分に応じ、それぞれ次に定める金額に、100分の90を乗じて得た金額

イ　当該契約に係る掛金又は保険料が一時に払い込まれた場合　当該掛金又は保険料の払込開始の時から当該契約に関する権利を取得した時までの期間（ロにおいて「経過期間」という。）につき、当該掛金又は保険料の払込金額に対し、当該契約に係る予定利率の複利による計算をして得た元利合計額

ロ　イに掲げる場合以外の場合　経過期間に応じ、当該経過期間に払い込まれた掛金又は保険料の金額の１年当たりの平均額に、当該契約に係る予定利率による複利年金終価率（複利の計算で年金終価を算出するための割合として財務省令で定めるものをいう。）を乗じて得た金額

二　前号に掲げる場合以外の場合　当該契約に関する権利を取得した時において当該契約を解約するとしたならば支払われるべき解約返戻金の金額

（特別の法人から受ける利益に対する課税）

第65条　持分の定めのない法人（持分の定めのある法人で持分を有する者がないものを含む。次条において同じ。）で、その施設の利用、余裕金の運用、解散した場合における財産の帰属等について設立者、社員、理事、監事若しくは評議員、当該法人に対し贈与若しくは遺贈をした者又はこれらの者の親族その他これらの者と前条第１項に規定する特別の関係がある者に対し特別の利益を与えるものに対して

☞第１章第１節 **3** (8)(P64)、第３章第１節(3)(P126)

▷相規12の４、相基通25−１、評基通200−４〜200−６

(3)（P142）

☞第６章第６節(P233)

▷相令32

財産の贈与又は遺贈があつた場合においては、次条第4項の規定の適用がある場合を除くほか、当該財産の贈与又は遺贈があつた時において、当該法人から特別の利益を受ける者が、当該財産（第12条第1項第3号又は第21条の3第1項第3号に掲げる財産を除く。）の贈与又は遺贈により受ける利益の価額に相当する金額を当該財産の贈与又は遺贈をした者から贈与又は遺贈により取得したものとみなす。

2　第12条第2項の規定は、前項に規定する持分の定めのない法人が取得した同条第1項第3号又は第21条の3第1項第3号に掲げる財産について第12条第2項に規定する事由がある場合について準用する。

3　前2項の規定は、第1項に規定する持分の定めのない法人の設立があつた場合において、同項の法人から特別の利益を受ける者が当該法人の設立により受ける利益について準用する。

4　第1項の法人から特別の利益を受ける者の範囲、法人から受ける特別の利益の内容その他同項の規定の適用に関し必要な事項は、政令で定める。

○相続税法施行令（抄）〔最終改正：令和6年政令第143号〕

（生命保険契約等の範囲）

第1条の2 法第3条第1項第1号に規定する生命保険会社と締結した保険契約その他の政令で定める契約は、次に掲げる契約とする。

一 保険業法（平成7年法律第105号）第2条第3項（定義）に規定する生命保険会社と締結した保険契約又は同条第6項に規定する外国保険業者若しくは同条第18項に規定する少額短期保険業者と締結したこれに類する保険契約

二 郵政民営化法等の施行に伴う関係法律の整備等に関する法律（平成17年法律第102号）第2条（法律の廃止）の規定による廃止前の簡易生命保険法（昭和24年法律第68号）第3条（政府保証）に規定する簡易生命保険契約（簡易生命保険法の一部を改正する法律（平成2年法律第50号）附則第5条第15号（用語の定義）に規定する年金保険契約及び同条第16号に規定する旧年金保険契約を除く。）

三 次に掲げる契約

イ 農業協同組合法（昭和22年法律第132号）第10条第1項第10号（事業の種類）の事業を行う農業協同組合又は農業協同組合連合会と締結した生命共済に係る契約

ロ 水産業協同組合法（昭和23年法律第242号）第11条第1項第12号（事業の種類）若しくは第93条第1項第6号の2（事業の種類）の事業を行う漁業協同組合若しくは水産加工業協同組合又は共済水産業協同組合連合会と締結した生命共済に係る契約（漁業協同組合又は水産加工業協同組合と締結した契約にあつては、財務省令で定める要件を備えているものに限る。）

ハ 消費生活協同組合法（昭和23年法律第200号）第10条第1項第4号（事業の種類）の事業を行う消費生活協同組合連合会と締結した生命共済に係る契約

☞第1章第1節 **3**（P35）

▷相基通3－4、3－5

ニ　中小企業等協同組合法（昭和24年法律第181号）第
　　　９条の２第７項（事業協同組合及び事業協同小組合）
　　　に規定する共済事業を行う同項に規定する特定共済組
　　　合と締結した生命共済に係る契約
　　ホ　独立行政法人中小企業基盤整備機構と締結した小規
　　　模企業共済法（昭和40年法律第102号）第２条第２項（定
　　　義）に規定する共済契約のうち小規模企業共済法及び
　　　中小企業事業団法の一部を改正する法律（平成７年法
　　　律第44号）附則第５条第１項（旧第二種共済契約に係
　　　る小規模企業共済法の規定の適用についての読替規
　　　定）の規定により読み替えられた小規模企業共済法第
　　　９条第１項各号（共済金）に掲げる事由により共済金
　　　が支給されることとなるもの
　　ヘ　法第12条第１項第４号に規定する共済制度に係る契
　　　約
　　ト　法律の規定に基づく共済に関する事業を行う法人と
　　　締結した生命共済に係る契約で、その事業及び契約の
　　　内容がイからニまでに掲げるものに準ずるものとして
　　　財務大臣の指定するもの
２　法第３条第１項第１号に規定する損害保険会社と締結し
　た保険契約その他の政令で定める契約は、次に掲げる契約
　とする。
　一　保険業法第２条第４項に規定する損害保険会社と締結
　　した保険契約又は同条第６項に規定する外国保険業者若
　　しくは同条第18項に規定する少額短期保険業者と締結し
　　たこれに類する保険契約
　二　次に掲げる契約
　　イ　前項第３号イに規定する農業協同組合又は農業協同
　　　組合連合会と締結した傷害共済に係る契約
　　ロ　前項第３号ロに規定する漁業協同組合若しくは水産
　　　加工業協同組合又は共済水産業協同組合連合会と締結
　　　した傷害共済に係る契約（漁業協同組合又は水産加工

267

業協同組合と締結した契約にあつては、財務省令で定
める要件を備えているものに限る。）

ハ　前項第3号ハに規定する消費生活協同組合連合会と
締結した傷害共済に係る契約

ニ　前項第3号ニに規定する特定共済組合と締結した傷
害共済に係る契約

ホ　条例の規定により地方公共団体が交通事故に基因す
る傷害に関して実施する共済制度に係る契約

ヘ　法律の規定に基づく共済に関する事業を行う法人と
締結した傷害共済に係る契約で、その事業及び契約の
内容がイからニまでに掲げるものに準ずるものとして
財務大臣の指定するもの

（退職手当金等に含まれる給付の範囲）

第1条の3　法第3条第1項第2号及び第10条第1項第6
号に規定する政令で定める給付は、次に掲げる年金又は一
時金に関する権利（これらに類するものを含む。）とする。

一　国家公務員共済組合法（昭和33年法律第128号）第79
条の4第1項（遺族に対する一時金）又は第89条第1項
（公務遺族年金の受給権者）の規定により支給を受ける
一時金又は年金（被用者年金制度の一元化等を図るため
の厚生年金保険法等の一部を改正する法律（平成24年法
律第63号。以下第3号までにおいて「一元化法」という。）
附則第36条第3項（改正前国共済法による職域加算額の
経過措置）の規定によりなおその効力を有するものとさ
れた一元化法第2条（国家公務員共済組合法の一部改正）
の規定による改正前の国家公務員共済組合法（同号にお
いて「旧国共済法」という。）第88条第1項（遺族共済
年金の受給権者）の規定により支給を受ける年金を含
む。）

二　地方公務員等共済組合法（昭和37年法律第152号）第
93条第1項（遺族に対する一時金）又は第103条第1項（公
務遺族年金の受給権者）の規定により支給を受ける一時

参考法令等（相続税法施行令（抄））

金又は年金（一元化法附則第60条第3項（改正前地共済法による職域加算額の経過措置）の規定によりなおその効力を有するものとされた一元化法第3条（地方公務員等共済組合法の一部改正）の規定による改正前の地方公務員等共済組合法第99条第1項（遺族共済年金の受給権者）の規定により支給を受ける年金を含む。）

三　私立学校教職員共済法（昭和28年法律第245号）第25条（国家公務員共済組合法の準用）において準用する国家公務員共済組合法第79条の4第1項又は第89条第1項の規定により支給を受ける一時金又は年金（一元化法附則第78条第2項（改正前私学共済法による職域加算額の経過措置）の規定によりなおその効力を有するものとされた一元化法第4条（私立学校教職員共済法の一部改正）の規定による改正前の私立学校教職員共済法第25条において準用する旧国共済法第88条第1項の規定により支給を受ける年金を含む。）

四　確定給付企業年金法（平成13年法律第50号）第3条第1項（確定給付企業年金に係る規約）に規定する確定給付企業年金に係る規約に基づいて支給を受ける年金又は一時金（公的年金制度の健全性及び信頼性の確保のための厚生年金保険法等の一部を改正する法律（平成25年法律第63号。以下第6号までにおいて「平成25年厚生年金等改正法」という。）附則第5条第1項（存続厚生年金基金に係る改正前厚生年金保険法等の効力等）の規定によりなおその効力を有するものとされた平成25年厚生年金等改正法第2条（確定給付企業年金法の一部改正）の規定による改正前の確定給付企業年金法（次号において「旧確定給付企業年金法」という。）第115条第1項（移行後の厚生年金基金が支給する死亡を支給理由とする給付等の取扱い）に規定する年金たる給付又は一時金たる給付を含む。）

五　確定給付企業年金法第91条の19第3項（中途脱退者に

269

係る措置）、第91条の20第3項（終了制度加入者等である老齢給付金の受給権者等に係る措置）、第91条の21第3項（終了制度加入者等である障害給付金の受給権者に係る措置）、第91条の22第5項（終了制度加入者等である遺族給付金の受給権者に係る措置）又は第91条の23第1項（企業型年金加入者であつた者に係る措置）の規定により企業年金連合会から支給を受ける一時金（平成25年厚生年金等改正法附則第63条第1項（確定給付企業年金中途脱退者等に係る措置に関する経過措置）の規定によりなおその効力を有するものとされた旧確定給付企業年金法第91条の2第3項（中途脱退者に係る措置）、平成25年厚生年金等改正法附則第63条第2項の規定によりなおその効力を有するものとされた旧確定給付企業年金法第91条の3第3項（終了制度加入者等である老齢給付金の受給権者等に係る措置）、平成25年厚生年金等改正法附則第63条第3項の規定によりなおその効力を有するものとされた旧確定給付企業年金法第91条の4第3項（終了制度加入者等である障害給付金の受給権者に係る措置）又は平成25年厚生年金等改正法附則第63条第4項の規定によりなおその効力を有するものとされた旧確定給付企業年金法第91条の5第5項（終了制度加入者等である遺族給付金の受給権者に係る措置）の規定により存続連合会（平成25年厚生年金等改正法附則第3条第13号（定義）に規定する存続連合会をいう。次号において同じ。）から支給を受ける一時金を含む。）

六　平成25年厚生年金等改正法附則第42条第3項（基金中途脱退者に係る措置）、第43条第3項（解散基金加入員等である老齢給付金の受給権者等に係る措置）、第44条第3項（解散基金加入員等である障害給付金の受給権者に係る措置）、第45条第5項（解散基金加入員等である遺族給付金の受給権者に係る措置）、第46条第3項（確定給付企業年金中途脱退者に係る措置）、第47条第3項

（終了制度加入者等である老齢給付金の受給権者等に係る措置）、第48条第3項（終了制度加入者等である障害給付金の受給権者に係る措置）、第49条第5項（終了制度加入者等である遺族給付金の受給権者に係る措置）又は第49条の2第1項（企業型年金加入者であつた者に係る措置）の規定により存続連合会から支給を受ける一時金

七　確定拠出年金法（平成13年法律第88号）第4条第3項（企業型年金規約）に規定する企業型年金規約又は同法第56条第3項（個人型年金規約）に規定する個人型年金規約に基づいて支給を受ける一時金

八　法人税法（昭和40年法律第34号）附則第20条第3項（退職年金等積立金に対する法人税の特例）に規定する適格退職年金契約その他退職給付金に関する信託又は生命保険の契約に基づいて支給を受ける年金又は一時金　▷相基通3-26

九　独立行政法人勤労者退職金共済機構若しくは所得税法施行令（昭和40年政令第96号）第73条第1項（特定退職金共済団体）に規定する特定退職金共済団体が行う退職金共済に関する制度に係る契約その他同項第1号に規定する退職金共済契約又はこれに類する契約に基づいて支給を受ける年金又は一時金　▷相基通3-27

十　独立行政法人中小企業基盤整備機構の締結した小規模企業共済法第2条第2項（定義）に規定する共済契約（前条第1項第3号ホに掲げるものを除く。）に基づいて支給を受ける一時金

十一　独立行政法人福祉医療機構の締結した社会福祉施設職員等退職手当共済法（昭和36年法律第155号）第2条第9項（定義）に規定する退職手当共済契約に基づいて支給を受ける一時金

（贈与により取得したものとみなされる損害保険契約の保険金）

第1条の4　法第5条第1項に規定する政令で定める損害　☞第1章第1節

271

保険契約の保険金は、法第3条第1項第1号に規定する損害保険契約の保険金のうち、自動車損害賠償保障法（昭和30年法律第97号）第5条（責任保険又は責任共済の契約の締結強制）に規定する自動車損害賠償責任保険又は自動車損害賠償責任共済の契約、原子力損害の賠償に関する法律（昭和36年法律第147号）第8条（原子力損害賠償責任保険契約）に規定する原子力損害賠償責任保険契約その他の損害賠償責任に関する保険又は共済に係る契約に基づく保険金（共済金を含む。以下同じ。）以外の保険金とする。

（返還金等が課税される損害保険契約）

第1条の5 法第5条第2項に規定する政令で定める損害保険契約は、前条に規定する損害賠償責任に関する保険若しくは共済に係る契約以外の損害保険契約で傷害を保険事故とするもの又は共済に係る契約で第1条の2第2項第2号イからへまでに掲げるものとする。

（退職年金の支給を目的とする信託等の範囲）

第1条の6 法第9条の2第1項に規定する政令で定めるものは、次に掲げる信託とする。

　一　確定給付企業年金法第65条第3項（事業主の積立金の管理及び運用に関する契約）に規定する資産管理運用契約に係る信託

　二　確定拠出年金法第8条第2項（資産管理契約の締結）に規定する資産管理契約に係る信託

　三　第1条の3第8号に規定する適格退職年金契約に係る信託

　四　前3号に掲げる信託に該当しない退職給付金に関する信託で、その委託者の使用人（法人の役員を含む。）又はその遺族を当該信託の受益者とするもの

（信託の変更をする権限）

第1条の7 法第9条の2第5項に規定する政令で定めるものは、信託の目的に反しないことが明らかである場合に限り信託の変更をすることができる権限とする。

4 (2)（P78）

▷ 相 基 通 5 － 4、5 － 5

参考法令等（相続税法施行令（抄））

2　法第9条の2第5項に規定する信託の変更をする権限には、他の者との合意により信託の変更をすることができる権限を含むものとする。

（受益者連続型信託）

第1条の8　法第9条の3第1項に規定する政令で定めるものは、次に掲げる信託とする。

☞第5章第3節
(2)（P189）

一　受益者等（法第9条の2第1項に規定する受益者等をいう。以下この節において同じ。）の死亡その他の事由により、当該受益者等の有する信託に関する権利が消滅し、他の者が新たな信託に関する権利（当該信託の信託財産を含む。以下この号及び次号において同じ。）を取得する旨の定め（受益者等の死亡その他の事由により順次他の者が信託に関する権利を取得する旨の定めを含む。）のある信託（信託法（平成18年法律第108号）第91条（受益者の死亡により他の者が新たに受益権を取得する旨の定めのある信託の特例）に規定する信託を除く。）

二　受益者等の死亡その他の事由により、当該受益者等の有する信託に関する権利が他の者に移転する旨の定め（受益者等の死亡その他の事由により順次他の者に信託に関する権利が移転する旨の定めを含む。）のある信託

三　信託法第91条に規定する信託及び同法第89条第1項（受益者指定権等）に規定する受益者指定権等を有する者の定めのある信託並びに前2号に掲げる信託以外の信託でこれらの信託に類するもの

（親族の範囲）

第1条の9　法第9条の4第1項に規定する政令で定める者は、次に掲げる者とする。

☞第5章第4節
1(2)（P194）、
5(2)（P203）

一　6親等内の血族
二　配偶者
三　3親等内の姻族
四　当該信託の受益者等となる者（法第9条の4第1項又は第2項の信託の残余財産の給付を受けることとなる者

273

及び同項の次に受益者等となる者を含む。）が信託の効力が生じた時（同項に規定する受益者等が不存在となつた場合に該当することとなつた時及び法第9条の5に規定する契約締結時等を含む。次号において同じ。）において存しない場合には、その者が存するものとしたときにおいて前3号に掲げる者に該当する者

五　当該信託の委託者（法第9条の4第2項の次に受益者等となる者の前の受益者等を含む。）が信託の効力が生じた時において存しない場合には、その者が存するものとしたときにおいて第1号から第3号までに掲げる者に該当する者

（受益者等が存しない信託等の受託者の贈与税額又は相続税額の計算）

第1条の10　法第9条の4第1項又は第2項の信託の受託者については、これらの規定により贈与（贈与をした者の死亡により効力を生ずる贈与を除く。以下同じ。）により取得したものとみなされる当該信託に関する権利及び当該信託に関する権利以外の贈与により取得した財産ごとに、それぞれ別の者とみなして、贈与税額を計算する。この場合において、当該信託に関する権利に係る贈与税額の計算については、法第21条の2第4項、第21条の4及び第21条の6並びに第2章第3節の規定は適用しない。

☞第5章第4節
1(4)（P196）

2　法第9条の4第1項又は第2項の規定の適用を受ける信託が二以上ある場合において、当該信託の受託者が同一であるときは、信託ごとにそれぞれ別の者とみなして前項の規定を適用する。ただし、委託者が同一である信託については、この限りでない。

☞第5章第4節
1(4)（P196）

3　法第9条の4第1項又は第2項の規定の適用を受ける信託が二以上ある場合において、当該信託の受託者が二以上であるときは、委託者が同一である信託の受託者に係る贈与税については、前2項に定めるもののほか、次に定めるところによる。

☞第5章第4節
1(4)（P196）

参考法令等（相続税法施行令（抄））

一　法第21条の２及び第21条の５の規定の適用について
　　は、法第９条の４第１項又は第２項の規定の適用を受け
　　る信託で委託者が同一であるものの受託者は、一の者と
　　みなす。

二　前号の規定により一の者とみなされた信託の受託者が
　　贈与税を納める場合においては、それぞれの受託者ごと
　　に贈与税を納めるものとする。

三　前号の場合において、法第21条の７、第21条の８及び
　　第28条の規定の適用については、法第21条の７中「前２
　　条」とあるのは「相続税法施行令（昭和25年政令第71号）
　　第１条の10第３項第１号の規定の適用を受けた第21条の
　　５」と、「金額と」とあるのは「金額に同項の規定の適
　　用を受ける信託に関する権利に係る課税価格に算入すべ
　　き価額の合計額のうちに一の受託者に係る当該信託に関
　　する権利に係る課税価格に算入すべき価額の占める割合
　　を乗じて算出した金額と」と、法第21条の８中「前条」
　　とあるのは「相続税法施行令第１条の10第３項第３号の
　　規定により読み替えられた前条」と、「贈与税の」とあ
　　るのは「同条の一の受託者に係る贈与税の」と、法第28
　　条第１項中「、第21条の７及び第21条の８」とあるのは
　　「並びに相続税法施行令第１条の10第３項第３号の規定
　　により読み替えられた第21条の７及び第21条の８」とす
　　る。

4　法第９条の４第１項又は第２項の信託の受託者について
　は、これらの規定により当該信託の委託者又は同項の次に
　受益者等となる者の前の受益者等（以下この項において「信
　託に係る被相続人」という。）から遺贈（贈与をした者の
　死亡により効力を生ずる贈与を含む。以下同じ。）により
　取得したものとみなされる当該信託に関する権利及び当該
　信託に関する権利以外の当該信託に係る被相続人から相続
　又は遺贈により取得した財産ごとに、それぞれ別の者とみ
　なして、相続税額を計算する。この場合において、法第２

275

章第1節及び第26条の規定の適用については、次に定める
ところによる。

一　当該信託の受託者が当該信託の信託に係る被相続人の
相続人である場合には、当該信託に係る被相続人から遺
贈により取得したものとみなされる信託に関する権利に
係る受託者の数は、法第15条第2項の相続人の数に算入
しない。

二　法第18条の規定の適用については、同条第1項中「相
続税額は、」とあるのは、「相続税額及び第9条の4第1
項又は第2項の規定により信託の受託者が遺贈により取
得したものとみなされる当該信託に関する権利に係る相
続税額は、」とする。

三　当該信託に関する権利に係る相続税額の計算について
は、法第19条から第20条まで及び第26条の規定は適用し
ない。

5　前各項の規定により計算した贈与税額又は相続税額につ
いては、次に掲げる税額の合計額（当該税額の合計額が当
該贈与税額又は相続税額を超えるときには、当該贈与税額
又は相続税額に相当する額）を控除するものとする。

☞第5章第4節
④（P201）

一　法第9条の4第1項又は第2項の規定により贈与又は
遺贈により取得したものとみなされる信託に関する権利
の価額から翌期控除事業税等相当額（当該価額を当該信
託の受託法人（法人税法第4条の3（受託法人等に関す
るこの法律の適用）に規定する受託法人をいう。以下こ
の項において同じ。）の事業年度の所得とみなして地方
税法（昭和25年法律第226号）の規定を適用して計算し
た事業税の額及び当該事業税の額を基に特別法人事業税
及び特別法人事業譲与税に関する法律（平成31年法律第
4号）の規定を適用して計算した特別法人事業税の額の
合計額をいう。）を控除した価額を当該信託の受託法人
の事業年度の所得とみなして法人税法の規定を適用して
計算した法人税の額及び地方税法の規定を適用して計算

276

参考法令等（相続税法施行令（抄））

した事業税の額

二　前号の規定により計算した同号の信託の受託法人の法人税の額を基に地方法人税法（平成26年法律第11号）の規定を適用して計算した地方法人税の額並びに地方税法の規定を適用して計算した道府県民税の額及び市町村民税の額

三　第1号の規定により計算した同号の信託の受託法人の事業税の額を基に特別法人事業税及び特別法人事業譲与税に関する法律の規定を適用して計算した特別法人事業税の額

6　法第9条の4第1項の規定の適用を受ける信託（同項又は同条第2項の規定の適用を受けることが見込まれる信託を含む。以下この項及び次項において「特定信託」という。）をする委託者は、当該特定信託以外の特定信託（以下この項及び次項において「従前特定信託」という。）をしている場合には、当該特定信託をする際に、当該特定信託の受託者に対して、当該従前特定信託の受託者の名称又は氏名、住所その他の財務省令で定める事項を通知しなければならない。

7　前項の場合において、特定信託をした委託者は、当該特定信託をした後遅滞なく、従前特定信託の受託者に対して、当該特定信託の受託者の名称又は氏名、住所その他の財務省令で定める事項を通知しなければならない。

8　二以上の信託に関する権利に係る贈与税額が第1項及び第2項の規定により一の者の贈与税として計算される場合において、各信託に関する権利に係る信託財産責任負担債務（信託法第2条第9項（定義）に規定する信託財産責任負担債務をいう。以下この条において同じ。）の額は、一の者の贈与税として第1項、第2項及び第5項の規定により算出した贈与税額（法第21条の8の規定による控除前の税額とする。）に各信託に関する権利に係る課税価格に算入すべき価額の合計額のうちに各信託に関する権利に係る

☞第5章第4節
1 (4)（P196）

277

課税価格に算入すべき価額の占める割合を乗じて算出した
金額（各信託に関する権利について同条の規定の適用があ
る場合には、当該金額から同条の規定により控除すべき金
額を控除した金額）とする。

9　前項の場合において、二以上の信託に係る受託者が法第
28条の規定により申告書を提出するときは、各信託の信託
財産の種類、課税価格に算入すべき価額、同項の規定によ
り計算した各信託に係る信託財産責任負担債務の額その他
の財務省令で定める事項を記載した明細書を添付しなけれ
ばならない。

10　二以上の信託に関する権利に係る相続税額が第4項の規
定により一の者の相続税として計算される場合において、
各信託に関する権利に係る信託財産責任負担債務の額及び
法第27条の規定による相続税の申告書の提出については、
前2項の規定を準用する。この場合において、第8項中「贈
与税として第1項、第2項」とあるのは「相続税として第
4項」と、「贈与税額（」とあるのは「相続税額（」と、「第
21条の8」とあるのは「第20条の2」と読み替えるものと
する。

（契約締結時等の範囲）

第1条の11　法第9条の5に規定する政令で定める時は、　☞第5章第4節
次の各号に掲げる信託の区分に応じ当該各号に定める時と　5（1）（P203）
する。

一　信託法第3条第1号（信託の方法）に掲げる方法によ
つてされる信託　委託者となるべき者と受託者となるべ
き者との間の信託契約の締結の時

二　信託法第3条第2号に掲げる方法によつてされる信託
遺言者の死亡の時

三　信託法第3条第3号に掲げる方法によつてされる信託
次に掲げる場合の区分に応じそれぞれ次に定める時

イ　公正証書又は公証人の認証を受けた書面若しくは電
磁的記録（イ及びロにおいて「公正証書等」と総称す

278

参考法令等（相続税法施行令（抄））

る。）によつてされる場合　当該公正証書等の作成の
時

ロ　公正証書等以外の書面又は電磁的記録によつてされ
る場合　受益者となるべき者として指定された第三者
（当該第三者が２人以上ある場合にあつては、その１
人）に対する確定日付のある証書による当該信託がさ
れた旨及びその内容の通知の時

（受益者等が存しない信託の受託者の住所等）

第１条の12　法第９条の４第１項又は第２項の信託の受託　　　☞第５章第４節
者について法第１条の３及び第１条の４の規定を適用する　　　**2** (4)（P199）
場合には、次に定めるところによる。

一　法第９条の４第１項又は第２項の信託の受託者の住所
は、当該信託の引受けをした営業所、事務所その他これ
らに準ずるものの所在地にあるものとする。

二　法第９条の４第１項又は第２項の信託の受託者は、法
第１条の３第１項第１号若しくは第２号又は第１条の４
第１項第１号若しくは第２号の規定の適用については、
日本国籍を有するものとする。

2　法第１条の４の規定の適用については、法第９条の５の　　　☞第５章第４節
個人は日本国籍を有するものと、当該個人の住所は同条の　　　**5** (4)（P205）
委託者の住所にあるものと、それぞれみなす。

3　受益者等の有する信託に関する権利が当該信託に関する　　　☞第５章第２節
権利の全部でない場合における法第１章第３節の規定の適　　　**1** (1)（P171）
用については、次に定めるところによる。

一　当該信託についての受益者等が一である場合には、当
該信託に関する権利の全部を当該受益者等が有するもの
とする。

二　当該信託についての受益者等が二以上存する場合に
は、当該信託に関する権利の全部をそれぞれの受益者等
がその有する権利の内容に応じて有するものとする。

4　停止条件が付された信託財産の給付を受ける権利を有す
る者は、法第９条の２第５項に規定する信託財産の給付を

279

受けることとされている者に該当するものとする。

5　法第9条の2第6項本文の規定は、法第9条の4第1項若しくは第2項の信託の受託者又は法第9条の5の受益者等となる者が、これらの規定により信託に関する権利を取得したものとみなされる場合について準用する。

☞第5章第4節
5 (5)（P205）

6　法第9条の4の規定により信託の受託者が贈与税又は相続税を納める場合（第1条の10第1項から第5項までの規定により贈与税額又は相続税額を計算する場合を含む。）において、一の信託について受託者が二以上あるときは、当該信託の信託事務を主宰する受託者が納税義務者として当該贈与税又は相続税を納めるものとする。

7　前項の場合において、同項の信託に関する権利は、当該信託の信託事務を主宰する受託者が有するものとみなす。

8　前2項の規定により第6項の信託の信託事務を主宰する受託者が納めるものとされている贈与税又は相続税については、法人税法第152条第3項及び第4項（連帯納付の責任）の規定を準用する。

9　法第34条第1項及び第2項の規定は、第6項の規定により相続税を納める同項の信託の信託事務を主宰する受託者以外の受託者に適用があるものとする。

（定期金給付契約の目的とされた者に係る余命年数）

第5条の8　法第24条第1項第3号ハに規定する余命年数として政令で定める年数は、同号の終身定期金に係る定期金給付契約の目的とされた者の年齢及び性別に応じた厚生労働省の作成に係る生命表を勘案して財務省令で定める平均余命とする。

▷相規12の3

（同族関係者の範囲等）

第31条　法第64条第1項に規定する政令で定める特別の関係がある者は、次に掲げる者とする。

一　株主又は社員と婚姻の届出をしていないが事実上婚姻関係と同様の事情にある者及びその者の親族でその者と生計を一にしているもの

二　株主又は社員たる個人の使用人及び使用人以外の者で
　　当該個人から受ける金銭その他の財産によつて生計を維
　　持しているもの並びにこれらの者の親族でこれらの者と
　　生計を一にしているもの
2　法第64条第4項に規定する政令で定める特別の関係があ
　る者は、次に掲げる者とする。
　一　株主又は社員が法人である場合の当該法人（次号にお
　　いて「株主法人」という。）の発行済株式又は出資（そ
　　の法人が有する自己の株式又は出資を除く。）の総数又
　　は総額（以下この条において「発行済株式等」という。）
　　の100分の50を超える数又は金額の株式又は出資（以下
　　この条において「株式等」という。）を個人等（個人又
　　は当該個人と第3号から第7号までに規定する関係のあ
　　る者をいう。次号において同じ。）が直接又は間接に保
　　有する場合における当該個人
　二　株主法人と個人等は特定法人（当該個人等が発行済
　　株式等の100分の50を超える株式等を直接又は間接に保
　　有する法人をいう。以下この号において同じ。）との間
　　に次に掲げる事実その他これに類する事実が存在するこ
　　とにより、当該個人等又は特定法人が当該株主法人の事
　　業の方針の全部又は一部につき実質的に決定できる関係
　　にある場合における当該個人
　　イ　当該株主法人がその事業活動の相当部分を当該個人
　　　等又は特定法人との取引に依存して行つていること。
　　ロ　当該株主法人がその事業活動に必要とされる資金の
　　　相当部分を当該個人等若しくは特定法人からの借入れ
　　　により、又は当該個人等若しくは特定法人の保証を受
　　　けて調達していること。
　　ハ　当該株主法人の役員の2分の1以上又は代表する権
　　　限を有する役員が、当該特定法人の役員若しくは使用
　　　人を兼務している者又は当該特定法人の役員若しくは
　　　使用人であつた者であること。

三　株主又は社員（前2号に掲げる個人を含む。以下この
　　項において同じ。）の親族

　四　株主又は社員と婚姻の届出をしていないが事実上婚姻
　　関係と同様の事情にある者

　五　株主又は社員の使用人

　六　前3号に掲げる者以外の者で当該株主又は社員から受
　　ける金銭その他の財産によつて生計を維持しているもの

　七　前3号に掲げる者と生計を一にするこれらの者の親族

3　前項第1号の場合において、同号の個人等が同号の株主
　法人の発行済株式等の100分の50を超える株式等を直接又
　は間接に保有するかどうかの判定は、当該個人等の当該株
　主法人に係る直接保有の株式等の保有割合（当該個人等の
　有する当該株主法人の株式等が当該株主法人の発行済株式
　等のうちに占める割合をいう。）と当該個人等の当該株主
　法人に係る間接保有の株式等の保有割合とを合計した割合
　により行うものとする。

4　前項に規定する間接保有の株式等の保有割合とは、次の
　各号に掲げる場合の区分に応じ当該各号に定める割合（当
　該各号に掲げる場合のいずれにも該当する場合には、当該
　各号に定める割合の合計割合）をいう。

　一　前項の株主法人の株主又は社員である法人の発行済株
　　式等の100分の50を超える株式等が同項の個人等により
　　所有されている場合　当該株主又は社員である法人の有
　　する当該株主法人の株式等が当該株主法人の発行済株式
　　等のうちに占める割合（当該株主又は社員である法人が
　　二以上ある場合には、当該二以上の株主又は社員である
　　法人につきそれぞれ計算した割合の合計割合）

　二　前項の株主法人の株主又は社員である法人（前号に掲
　　げる場合に該当する同号の株主又は社員である法人を除
　　く。）と同項の個人等との間にこれらの者と発行済株式
　　等の所有を通じて連鎖関係にある一又は二以上の法人
　　（以下この号において「出資関連法人」という。）が介在

している場合（出資関連法人及び当該株主又は社員である法人がそれぞれその発行済株式等の100分の50を超える株式等を当該個人等又は出資関連法人（その発行済株式等の100分の50を超える株式等が当該個人等又は他の出資関連法人によつて所有されているものに限る。）によつて所有されているものに限る。）　当該株主又は社員である法人の有する当該株主法人の株式等が当該株主法人の発行済株式等のうちに占める割合（当該株主又は社員である法人が二以上ある場合には、当該二以上の株主又は社員である法人につきそれぞれ計算した割合の合計割合）

5　前2項の規定は、第2項第2号の直接又は間接に保有する関係の判定について準用する。

6　法人税法第4条の2第2項（法人課税信託の受託者に関するこの法律の適用）の規定及び法人税法施行令（昭和40年政令第97号）第14条の6（法人課税信託）の規定は、法第64条第5項の規定の適用がある場合について準用する。

（法人から受ける特別の利益の内容等）

第32条　法第65条第1項の法人から受ける特別の利益は、施設の利用、余裕金の運用、解散した場合における財産の帰属、金銭の貸付け、資産の譲渡、給与の支給、役員等（理事、監事、評議員その他これらの者に準ずるものをいう。次条第3項及び第4項第2号において同じ。）の選任その他財産の運用及び事業の運営に関して当該法人から受ける特別の利益（以下この条において「特別利益」という。）とし、法第65条第1項の法人から特別の利益を受ける者は、同項の贈与又は遺贈をした者からの当該法人に対する当該財産の贈与又は遺贈に関して当該法人から特別利益を受けたと認められる者とする。

283

○相続税法施行規則（抄）〔最終改正：令和6年財務省
令第16号〕

（複利年金現価率）

第12条の5　法第24条第1項第1号ハに規定する複利年金
現価率は、1から特定割合（同項の定期金給付契約に係る
予定利率に1を加えた数を給付期間の年数で累乗して得た
数をもつて1を除して得た割合をいう。）を控除した残数
を当該予定利率で除して得た割合（当該割合に小数点以下
3位未満の端数があるときは、これを四捨五入する。）と
する。

2　前項に規定する給付期間の年数は、次の各号に掲げる定
期金の区分に応じ、当該各号に定める年数とする。

一　有期定期金　定期金給付契約に関する権利を取得した
時における当該契約に基づき定期金の給付を受けるべき
残りの期間に係る年数（1年未満の端数があるときは、
これを切り上げた年数）

二　終身定期金　定期金給付契約に関する権利を取得した
時におけるその目的とされた者に係る施行令第5条の8
に規定する余命年数

（定期金給付契約の目的とされた者に係る平均余命）

第12条の6　施行令第5条の8に規定する財務省令で定め
る平均余命は、厚生労働省の作成に係る完全生命表に掲げ
る年齢及び性別に応じた平均余命（1年未満の端数がある
ときは、これを切り捨てた年数）とする。

（複利年金終価率）

第12条の7　法第25条第1号ロに規定する複利年金終価率
は、特定割合（同条の定期金給付契約に係る予定利率に1
を加えた数を払込済期間の年数で累乗して得た割合をい
う。）から1を控除した残数を当該予定利率で除して得た
割合（当該割合に小数点以下3位未満の端数があるときは、
これを四捨五入する。）とする。

2　前項に規定する払込済期間の年数は、同項の定期金給付

284

参考法令等（相続税法施行規則（抄））

契約に基づく掛金又は保険料の払込開始の日から当該契約に関する権利を取得した日までの年数（1年未満の端数があるときは、これを切り上げた年数）とする。

○相続税法基本通達（抄）〔最終改正：令和6年課資2－7他〕

第3条≪相続又は遺贈により取得したものとみなす場合≫関係

（「相続を放棄した者」の意義）

3－1　法第3条第1項に規定する「相続を放棄した者」とは、民法第915条《相続の承認又は放棄をすべき期間》から第917条までに規定する期間内に同法第938条《相続の放棄の方式》の規定により家庭裁判所に申述して相続の放棄をした者（同法第919条第2項《相続の承認及び放棄の撤回及び取消し》の規定により放棄の取消しをした者を除く。）だけをいうのであって、正式に放棄の手続をとらないで事実上相続により財産を取得しなかったにとどまる者はこれに含まれないのであるから留意する。

☞はじめに **2** (3)（P11）

（「相続権を失った者」の意義）

3－2　法第3条第1項に規定する「相続権を失った者」とは、民法第891条の各号《相続人の欠格事由》に掲げる者並びに同法第892条《推定相続人の廃除》及び第893条《遺言による推定相続人の廃除》の規定による推定相続人の廃除の請求に基づき相続権を失った者（同法第894条《推定相続人の廃除の取消し》の規定により廃除の取消しのあった者を除く。）だけをいうのであるから留意する。

☞はじめに **2** (3)（P11）

（相続を放棄した者の財産の取得）

3－3　相続を放棄した者が法第3条第1項各号に掲げる財産を取得した場合においては、当該財産は遺贈により取得したものとみなされるのであるから留意する。

☞はじめに **2** (3)（P11）

〔保険金関係〕

（法施行令第1条の2第1項に含まれる契約）

3－4　相続税法施行令（昭和25年政令第71号。以下「法施行令」という。）第1条の2第1項第1号に規定する保険契約及び同項第3号に規定する契約には、同項第1号又は第3号に掲げる者と締結した保険法（平成20年法律第56

☞第1章第1節 **3** (P37)

参考法令等（相続税法基本通達（抄））

号）第2条第9号《定義》に規定する傷害疾病定額保険契
約（以下3－5において同じ。）が含まれることに留意する。

（法施行令第1条の2第2項に含まれる契約）

3－5　法施行令第1条の2第2項第1号に規定する保険
契約及び同項第2号に規定する契約には、同項第1号又は
第2号に掲げる者と締結した傷害疾病定額保険契約が含ま
れることに留意する。

☞第1章第1節
3（P38）

（年金により支払を受ける保険金）

3－6　法第3条第1項第1号の規定により相続又は遺贈
により取得したものとみなされる保険金には、一時金によ
り支払を受けるもののほか、年金の方法により支払を受け
るものも含まれるのであるから留意する。

☞第1章第1節
3（8）（P62）

（法第3条第1項第1号に規定する保険金）

3－7　法第3条第1項第1号の生命保険契約又は損害保
険契約（以下3－7から3－9まで及び3－11から3－13
までにおいてこれらを「保険契約」という。）の保険金は、
被保険者（被共済者を含む。以下同じ。）の死亡（死亡の
直接の基因となった傷害を含む。以下3－16及び3－17に
おいて同じ。）を保険事故（共済事故を含む。以下同じ。）
として支払われるいわゆる死亡保険金（死亡共済金を含む。
以下同じ。）に限られ、被保険者の傷害（死亡の直接の基
因となった傷害を除く。以下3－7において同じ。）、疾病
その他これらに類するもので死亡を伴わないものを保険事
故として支払われる保険金（共済金を含む。以下同じ。）
又は給付金は、当該被保険者の死亡後に支払われたもので
あっても、これに含まれないのであるから留意する。

☞第1章第1節
1（1）（P17）、
3（P38）

（注）被保険者の傷害、疾病その他これらに類するもので
　　死亡を伴わないものを保険事故として被保険者に支払
　　われる保険金又は給付金が、当該被保険者の死亡後に
　　支払われた場合には、当該被保険者たる被相続人の本
　　来の相続財産になるのであるから留意する。

（保険金とともに支払を受ける剰余金等）

287

3－8　法第3条第1項第1号の規定により相続又は遺贈により取得したものとみなされる保険金には、保険契約に基づき分配を受ける剰余金、割戻しを受ける割戻金及び払戻しを受ける前納保険料の額で、当該保険契約に基づき保険金とともに当該保険契約に係る保険金受取人（共済金受取人を含む。以下同じ。）が取得するものを含むものとする。

（契約者貸付金等がある場合の保険金）

3－9　保険契約に基づき保険金が支払われる場合において、当該保険契約の契約者（共済契約者を含む。以下「保険契約者」という。）に対する貸付金若しくは保険料（共済掛金を含む。以下同じ。）の振替貸付けに係る貸付金又は未払込保険料の額（いずれもその元利合計金額とし、以下3－9及び5－7においてこれらの合計金額を「契約者貸付金等の額」という。）があるため、当該保険金の額から当該契約者貸付金等の額が控除されるときの法第3条第1項第1号の規定の適用については、次に掲げる場合の区分に応じ、それぞれ次による。

(1)　被相続人が保険契約者である場合

　　保険金受取人は、当該契約者貸付金等の額を控除した金額に相当する保険金を取得したものとし、当該控除に係る契約者貸付金等の額に相当する保険金及び当該控除に係る契約者貸付金等の額に相当する債務はいずれもなかったものとする。

(2)　被相続人以外の者が保険契約者である場合

　　保険金受取人は、当該契約者貸付金等の額を控除した金額に相当する保険金を取得したものとし、当該控除に係る契約者貸付金等の額に相当する部分については、保険契約者が当該相当する部分の保険金を取得したものとする。

（無保険車傷害保険契約に係る保険金）

3－10　無保険車傷害保険契約に基づいて取得する保険金は、損害賠償金としての性格を有することから法第3条第

☞第1章第1節
3 (5) (P48)

参考法令等（相続税法基本通達（抄））

1項第1号の規定により相続又は遺贈により取得したもの
とみなされる保険金には含まれないものとして取り扱うも
のとする。

（「保険金受取人」の意義）

3−11　法第3条第1項第1号に規定する「保険金受取人」
　　とは、その保険契約に係る保険約款等の規定に基づいて保
　　険事故の発生により保険金を受け取る権利を有する者（以
　　下3−12において「保険契約上の保険金受取人」という。）
　　をいうものとする。

☞第1章第1節
1（1）（P17）

（保険金受取人の実質判定）

3−12　保険契約上の保険金受取人以外の者が現実に保険
　　金を取得している場合において、保険金受取人の変更の手
　　続がなされていなかったことにつきやむを得ない事情があ
　　ると認められる場合など、現実に保険金を取得した者がそ
　　の保険金を取得することについて相当な理由があると認め
　　られるときは、3−11にかかわらず、その者を法第3条第
　　1項第1号に規定する保険金受取人とするものとする。

☞第1章第1節
1（1）（P17）、
3（4）（P46）

（被相続人が負担した保険料等）

3−13　法第3条第1項第1号、第3号及び第5号に規定
　　する「被相続人が負担した保険料」は、保険契約に基づき
　　払い込まれた保険料の合計額によるものとし、次に掲げる
　　場合における保険料については、それぞれ次によるものと
　　する。

⑴　保険料の一部につき払い込みの免除があった場合　当
　　該免除に係る部分の保険料は保険契約に基づき払い込ま
　　れた保険料には含まれない。

⑵　振替貸付けによる保険料の払込みがあった場合（当該
　　振替貸付けに係る貸付金の金銭による返済がされたとき
　　を除く。）又は未払込保険料があった場合　当該振替貸
　　付けに係る部分の保険料又は控除された未払込保険料に
　　係る部分の保険料は保険契約者が払い込んだものとす
　　る。

289

（注）法第３条第１項第１号に規定する生命保険契約（以
下「生命保険契約」という。）が、いわゆる契約転換制
度により、既存の生命保険契約（以下３－13及び５－
７において「転換前契約」という。）を新たな生命保険
契約（以下５－７において「転換後契約」という。）に
転換したものである場合における法第３条第１項第１
号、第３号及び第５号に規定する「被相続人が負担し
た保険料」には、転換前契約に基づいて被相続人が負
担した保険料（５－７の適用がある場合の当該保険料
の額については、転換前契約に基づき払い込まれた保
険料の額の合計額に、当該転換前契約に係る保険金額
のうちに当該転換前契約に係る保険金額から責任準備
金（共済掛金積立金、剰余金、割戻金及び前納保険料
を含む。）をもって精算された契約者貸付金等の金額を
控除した金額の占める割合を乗じて得た金額）も含む
のであるから留意する。

（保険料の全額）

３－14　法第３条第１項第１号に規定する「当該契約に係
る保険料で被相続人の死亡の時までに払い込まれたものの
全額」並びに同項第３号及び第５号に規定する「当該契約
に係る保険料で当該相続開始の時までに払い込まれたもの
の全額」の計算については、３－13の取扱いに準ずるもの
とする。

（養育年金付こども保険に係る保険契約者が死亡した場合）

３－15　被保険者（子）が一定の年齢に達するごとに保険
金が支払われるほか、保険契約者（親）が死亡した場合に
はその後の保険料を免除するとともに満期に達するまで年
金を支払ういわゆる養育年金付こども保険に係る保険契約
者が死亡した場合における取扱いは、次に掲げるところに
よるものとする。

⑴　年金受給権に係る課税関係

　　保険契約者の死亡により被保険者等が取得する年金の

参考法令等（相続税法基本通達（抄））

受給権の課税関係については、次による。

　イ　保険契約者が負担した保険料に対応する部分の年金の受給権　法第3条第1項第1号に規定する保険金とする。

　ロ　保険契約者以外の者（当該受給権を取得した被保険者を除く。）が負担した保険料に対応する部分の年金の受給権　法第5条第1項に規定する保険金とする。

　（注）イ及びロの年金の受給権の評価については、24－2参照。

(2)　生命保険契約に関する権利に係る課税関係

　　生命保険契約者の死亡後被保険者が一定の年齢に達するごとに支払われる保険金に係る生命保険契約に関する権利のうち保険契約者が負担した保険料に対応する部分については、当該保険契約者の権利義務を承継する被保険者について法第3条第1項第3号の規定を適用する。

（保険料の負担者が被相続人以外の者である場合）

3－16　法第3条第1項第1号の規定により相続又は遺贈により取得したものとみなされる保険金は、保険料の負担者の死亡により支払われるものに限られ、その死亡した者及びその受取人以外の者が保険料を負担していたものについては、法第5条第1項の規定により保険金受取人が保険料を負担した者から贈与により取得したものとみなされるのであるから留意する。

☞第1章第1節
2（P31）

（雇用主が保険料を負担している場合）

3－17　雇用主がその従業員（役員を含む。以下同じ。）のためにその者（その者の配偶者その他の親族を含む。）を被保険者とする生命保険契約又はこれらの者の身体を保険の目的とする損害保険契約に係る保険料の全部又は一部を負担している場合において、保険事故の発生により従業員その他の者が当該契約に係る保険金を取得したときの取扱いは、次に掲げる場合の区分に応じ、それぞれ次によるも

☞第1章第1節
3（9）（P70）

291

のとする。ただし、雇用主が当該保険金を従業員の退職手当金等として支給することとしている場合には、当該保険金は法第3条第1項第2号に掲げる退職手当金等に該当するものとし、この取扱いを適用しない。

(1) 従業員の死亡を保険事故としてその相続人その他の者が当該保険金を取得した場合　雇用主が負担した保険料は、当該従業員が負担していたものとして、当該保険料に対応する部分については、法第3条第1項第1号の規定を適用する。

(2) 従業員以外の者の死亡を保険事故として当該従業員が当該保険金を取得した場合　雇用主が負担した保険料は、当該従業員が負担していたものとして、当該保険料に対応する部分については、相続税及び贈与税の課税関係は生じないものとする。

(3) 従業員以外の者の死亡を保険事故として当該従業員及びその被保険者以外の者が当該保険金を取得した場合　雇用主が負担した保険料は、当該従業員が負担していたものとして、当該保険料に対応する部分については、法第5条第1項の規定を適用する。

(注) 雇用主が契約者で、かつ、従業員以外の者が被保険者である生命保険契約に係る保険料を雇用主が負担している場合において、当該従業員が死亡したときは、当該生命保険契約に関する権利については、法第3条第1項第3号の規定は適用がないものとする。

〔退職手当金関係〕

(退職手当金等の取扱い)

3－18　法第3条第1項第2号に規定する「被相続人に支給されるべきであった退職手当金、功労金その他これらに準ずる給与」(以下「退職手当金等」という。)とは、その名義のいかんにかかわらず実質上被相続人の退職手当金等として支給される金品をいうものとする。

☞ 第 2 章 (2)
(P97)

(退職手当金等の判定)

参考法令等（相続税法基本通達（抄））

3−19　被相続人の死亡により相続人その他の者が受ける　　☞第　2　章　(2)
　　金品が退職手当金等に該当するかどうかは、当該金品が退　　(P97)
　　職給与規程その他これに準ずるものの定めに基づいて受け
　　る場合においてはこれにより、その他の場合においては当
　　該被相続人の地位、功労等を考慮し、当該被相続人の雇用
　　主等が営む事業と類似する事業における当該被相続人と同
　　様な地位にある者が受け、又は受けると認められる額等を
　　勘案して判定するものとする。

　（弔慰金等の取扱い）

3−20　被相続人の死亡により相続人その他の者が受ける　　☞第　2　章　(7)
　　弔慰金、花輪代、葬祭料等（以下「弔慰金等」という。）　　(P107)
　　については、3−18及び3−19に該当すると認められるも
　　のを除き、次に掲げる金額を弔慰金等に相当する金額とし
　　て取り扱い、当該金額を超える部分の金額があるときは、
　　その超える部分に相当する金額は退職手当金等に該当する
　　ものとして取り扱うものとする。

　⑴　被相続人の死亡が業務上の死亡であるときは、その雇
　　　用主等から受ける弔慰金等のうち、当該被相続人の死亡
　　　当時における賞与以外の普通給与（俸給、給料、賃金、
　　　扶養手当、勤務地手当、特殊勤務地手当等の合計額をい
　　　う。以下同じ。）の3年分（遺族の受ける弔慰金等の合
　　　計額のうち3−23に掲げるものからなる部分の金額が3
　　　年分を超えるときはその金額）に相当する金額

　⑵　被相続人の死亡が業務上の死亡でないときは、その雇
　　　用主等から受ける弔慰金等のうち、当該被相続人の死亡
　　　当時における賞与以外の普通給与の半年分（遺族の受け
　　　る弔慰金等の合計額のうち3−23に掲げるものからなる
　　　部分の金額が半年分を超えるときはその金額）に相当す
　　　る金額

　（普通給与の判定）

3−21　被相続人が非常勤役員である等のため、死亡当時
　　に賞与だけを受けており普通給与を受けていなかった場合

293

における 3 - 20に定める普通給与の判定は、その者が死亡
当時の直近に受けた賞与の額又は雇用主等の営む事業と類
似する事業における当該被相続人と同様な地位にある役員
の受ける普通給与若しくは賞与の額等から勘案し、当該被
相続人が普通給与と賞与の双方の形態で給与を受けていた
とした場合において評定されるべき普通給与の額を基準と
するものとする。

(「業務上の死亡」等の意義)

3 - 22　3 - 20に定める「業務」とは、当該被相続人に遂 ☞ 第 2 章 (7)
行すべきものとして割り当てられた仕事をいい、「業務上 (P111)
の死亡」とは、直接業務に起因する死亡又は業務と相当因
果関係があると認められる死亡をいうものとして取り扱う
ものとする。

(退職手当金等に該当しないもの)

3 - 23　次に掲げる法律等の規定により遺族が受ける弔慰 ☞ 第 2 章 (7)
金等については、法第 3 条第 1 項第 2 号に規定する退職手 (P109)
当金等に該当しないものとする。

(1)　労働者災害補償保険法（昭和22年法律第50号）第12条
　　の 8 第 1 項第 4 号及び第 5 号《業務災害に関する保険給
　　付》に掲げる遺族補償給付及び葬祭料並びに同法第21条
　　第 4 号及び第 5 号《通勤災害に関する保険給付》に掲げ
　　る遺族給付及び葬祭給付

(2)　国家公務員災害補償法（昭和26年法律第191号）第15
　　条《遺族補償》及び第18条《葬祭補償》に規定する遺族
　　補償及び葬祭補償

(3)　労働基準法（昭和22年法律第49号）第79条《遺族補
　　償》及び第80条《葬祭料》に規定する遺族補償及び葬祭
　　料

(4)　国家公務員共済組合法（昭和33年法律第128号）第63
　　条《埋葬料及び家族埋葬料》、第64条及び第70条《弔慰
　　金及び家族弔慰金》に規定する埋葬料及び弔慰金

(5)　地方公務員等共済組合法（昭和37年法律第152号）第

65条《埋葬料及び家族埋葬料》、第66条及び第72条《弔
　　慰金及び家族弔慰金》に規定する埋葬料及び弔慰金

(6)　私立学校教職員共済法（昭和28年法律第245号）第25
　　条《国家公務員共済組合法の準用》の規定において準用
　　する国家公務員共済組合法第63条、第64条及び第70条に
　　規定する埋葬料及び弔慰金

(7)　健康保険法（大正11年法律第70号）第100条《埋葬料》
　　に規定する埋葬料

(8)　船員保険法（昭和14年法律第73号）第72条《葬祭料》
　　に規定する葬祭料

(9)　船員法（昭和22年法律第100号）第93条《遺族手当》
　　及び第94条《葬祭料》に規定する遺族手当及び葬祭料

(10)　国会議員の歳費、旅費及び手当等に関する法律（昭和
　　22年法律第80号）第12条《弔慰金》及び第12条の2《特
　　別弔慰金》に規定する弔慰金及び特別弔慰金

(11)　地方公務員災害補償法（昭和42年法律第121号）第31
　　条《遺族補償》及び第42条《葬祭補償》に規定する遺族
　　補償及び葬祭補償

(12)　消防組織法（昭和22年法律第226号）第24条《非常勤
　　消防団員に対する公務災害補償》の規定に基づく条例の
　　定めにより支給される消防団員の公務災害補償

(13)　従業員（役員を除く。以下この(13)において同じ。）の
　　業務上の死亡に伴い、雇用主から当該従業員の遺族に支
　　給された退職手当金等のほかに、労働協約、就業規則等
　　に基づき支給される災害補償金、遺族見舞金、その他の
　　弔慰金等の遺族給付金（当該従業員に支給されるべきで
　　あった退職手当金等に代えて支給される部分を除く。）
　　で、(1)から(12)までに掲げる弔慰金等に準ずるもの

（「給与」の意義）

3−24　法第3条第1項第2号に規定する「給与」には、　　　☞第　2　章(2)
　　現物で支給されるものも含むのであるから留意する。　　（P97）

（退職手当金等の支給を受けた者）

3-25 法第3条第1項第2号の被相続人に支給されるべきであった退職手当金等の支給を受けた者とは、次に掲げる場合の区分に応じ、それぞれ次に掲げる者をいうものとする。

☞第 2 章(6)
(P105)

(1) 退職給与規程その他これに準ずるもの(以下3-25において「退職給与規程等」という。)の定めによりその支給を受ける者が具体的に定められている場合 当該退職給与規程等により支給を受けることとなる者

(2) 退職給与規程等により支給を受ける者が具体的に定められていない場合又は当該被相続人が退職給与規程等の適用を受けない者である場合

イ 相続税の申告書を提出する時又は国税通則法(昭和37年法律第66号。以下「通則法」という。)第24条から第26条までの規定による更正(以下「更正」という。)若しくは決定(以下「決定」という。)をする時までに当該被相続人に係る退職手当金等を現実に取得した者があるとき その取得した者

ロ 相続人全員の協議により当該被相続人に係る退職手当金等の支給を受ける者を定めたとき その定められた者

ハ イ及びロ以外のとき その被相続人に係る相続人の全員

(注) この場合には、各相続人は、当該被相続人に係る退職手当金等を各人均等に取得したものとして取り扱うものとする。

(「その他退職給付金に関する信託又は生命保険の契約」の意義)

3-26 法施行令第1条の3第8号に規定する「その他退職給付金に関する信託又は生命保険の契約」とは、雇用主がその従業員(その従業員が死亡した場合には、その者の遺族を含む。)を受益者又は保険金受取人として信託会社(信託業務を営む金融機関を含む。以下同じ。)又は生命保

参考法令等（相続税法基本通達（抄））

険会社と締結した信託又は生命保険の契約で、当該信託会
社又は生命保険会社が当該雇用主の従業員の退職について
当該契約に基づき退職手当金等を支給することを約したも
のをいい、当該契約に係る掛金又は保険料の負担者がだれ
であるかは問わないのであるから留意する。

（「これに類する契約」の意義）

3－27　法施行令第1条の3第9号に規定する「これに類
する契約」とは、雇用主が退職手当金等を支給する事業を
行う団体に掛金を納付し、その団体が当該雇用主の従業員
の退職について退職手当金等を支給することを約した契約
をいうものとする。

（退職手当金等に該当する生命保険契約に関する権利等）

3－28　雇用主がその従業員のために、次に掲げる保険契　　☞第1章第1節
約又は共済契約（これらの契約のうち一定期間内に保険事　　**3**⑼（P74）
故が発生しなかった場合において返還金その他これに準ず
るものの支払がないものを除く。）を締結している場合に
おいて、当該従業員の死亡によりその相続人その他の者が
これらの契約に関する権利を取得したときは、当該契約に
関する権利は、法第3条第1項第2号に規定する退職手当
金等に該当するものとする。

⑴　従業員の配偶者その他の親族等を被保険者とする生命
保険契約又は損害保険契約

⑵　従業員又はその者の配偶者その他の親族等の有する財
産を保険又は共済の目的とする損害保険契約又は共済契
約

（注）上記の場合において退職手当金等とされる金額は、
生命保険契約に関する権利として時価で評価したとき
の金額による。

（退職年金の継続受取人が取得する権利）

3－29　退職年金を受けている者の死亡により、その相続
人その他の者が当該年金を継続して受けることとなった場
合（これに係る一時金を受けることとなった場合を含む。）

297

においては、当該年金の受給に関する権利は、その継続受取人となった者が法第3条第1項第6号の規定により相続又は遺贈により取得したものとみなされるのであるから留意する。

（「被相続人の死亡後3年以内に支給が確定したもの」の意義）

3－30　法第3条第1項第2号に規定する「被相続人の死亡後3年以内に支給が確定したもの」とは、被相続人に支給されるべきであった退職手当金等の額が被相続人の死亡後3年以内に確定したものをいい、実際に支給される時期が被相続人の死亡後3年以内であるかどうかを問わないものとする。この場合において、支給されることは確定していてもその額が確定しないものについては、同号の支給が確定したものには該当しないものとする。　☞第　2　章（3）（P99）

（被相続人の死亡後支給額が確定した退職手当金等）

3－31　被相続人の生前退職による退職手当金等であっても、その支給されるべき額が、被相続人の死亡前に確定しなかったもので、被相続人の死亡後3年以内に確定したものについては、法第3条第1項第2号に規定する退職手当金等に該当するのであるから留意する。　☞第　2　章（3）（P99）

（被相続人の死亡後確定した賞与）

3－32　被相続人が受けるべきであった賞与の額が被相続人の死亡後確定したものは、法第3条第1項第2号に規定する退職手当金等には該当しないで、本来の相続財産に属するものであるから留意する。　☞第　2　章（4）（P105）

（支給期の到来していない給与）

3－33　相続開始の時において支給期の到来していない俸給、給料等は、法第3条第1項第2号に規定する退職手当金等には該当しないで、本来の相続財産に属するものであるから留意する。　☞第　2　章（4）（P105）

〔生命保険契約に関する権利関係〕

（保険金受取人が死亡した場合の課税関係）

参考法令等（相続税法基本通達（抄））

3－34　保険金受取人が死亡した時において、まだ保険事　　☞第1章第2節
　　故が発生していない生命保険契約で当該保険金受取人が保　　**1**（P87）
　　険契約者でなく、かつ、保険料の負担者でないものについ
　　ては、当該保険金受取人の死亡した時においては課税関係
　　は生じないものとする。

（契約者が取得したものとみなされた生命保険契約に関す
る権利）

3－35　法第3条第1項第3号の規定により、保険契約者　　☞第1章第1節
　　が相続又は遺贈によって取得したものとみなされた部分の　　**2**（P31）、第2
　　生命保険契約に関する権利は、そのみなされた時以後は当　　節**1**（P87）
　　該契約者が自ら保険料を負担したものと同様に取り扱うも
　　のとする。

（被保険者でない保険契約者が死亡した場合）

3－36　被保険者でない保険契約者が死亡した場合におけ　　☞第1章第2節
　　る生命保険契約に関する権利についての取扱いは、次に掲　　**1**（P88）
　　げるところによるものとする。

　(1)　その者が当該契約（一定期間内に保険事故が発生しな
　　　かった場合においては、返還金その他これに準ずるもの
　　　の支払がない生命保険契約を除く。以下(2)において同
　　　じ。）による保険料を負担している場合（法第3条第1
　　　項第3号の規定により、相続又は遺贈によって保険契約
　　　に関する権利を取得したものとみなされる場合を含む。）
　　　には、当該契約に関する権利は、相続人その他の者が相
　　　続又は遺贈により取得する財産となること。

　(2)　その者が当該契約による保険料を負担していない場合
　　　（法第3条第1項第3号の規定により、相続又は遺贈に
　　　よって保険契約に関する権利を取得したものとみなされ
　　　る場合を除く。）には、課税しないものとすること。

（保険契約者の範囲）

3－37　法第3条第1項第3号に規定する「生命保険契約
　　の契約者」には、当該契約に関する権利を承継したものを
　　含むものとする。

299

（保険金受取人が取得した保険金で課税関係の生じない場合）

3－38　保険金受取人の取得した保険金の額のうち、法第3条第1項第3号の規定により当該保険金受取人が相続又は遺贈により取得したものとみなされた部分に対応する金額又は自己の負担した保険料の金額に対応する部分の金額については、相続又は遺贈によって取得する財産とはならないのであるから留意する。

（「返還金その他これに準ずるもの」の意義）

3－39　法第3条第1項第3号に規定する「返還金その他これに準ずるもの」とは、生命保険契約の定めるところにより生命保険契約の解除（保険金の減額の場合を含む。）又は失効によって支払を受ける金額又は一定の事由（被保険者の自殺等）に基づき保険金の支払をしない場合において支払を受ける払戻金等をいうものとする。

〔定期金に関する権利関係〕

（定期金受取人が死亡した場合で課税関係の生じない場合）

3－40　定期金受取人となるべき者が死亡した時において、まだ給付事由の発生していない定期金給付契約（生命保険契約を除く。以下3－43までにおいて同じ。）で当該定期金受取人が契約者でなく、かつ、掛金又は保険料の負担者でないものについては、当該定期金受取人の死亡した時においては課税関係は生じないものとする。

☞第3章第1節（P123、128）

（定期金給付事由の発生前に契約者が死亡した場合）

3－41　定期金給付契約の契約者が死亡した時において、まだ給付事由の発生していない定期金給付契約で当該契約者が掛金又は保険料の負担者でないものについては、当該契約者の死亡した時においては当該定期金給付契約に関する権利については、課税しないものとする。ただし、法第3条第1項第4号の規定により当該契約者が掛金又は保険料の負担者から当該定期金給付契約に関する権利を相続又は遺贈によって取得したものとみなされた場合におけるそ

☞第3章第1節（P123、129）

300

参考法令等（相続税法基本通達（抄））

のみなされた部分については、この限りでない。

（定期金給付事由の発生前に掛金又は保険料の負担者が死亡した場合）

3−42　定期金給付事由の発生前に掛金又は保険料の負担者が死亡した場合におけるその定期金給付契約に関する権利は、契約者と掛金又は保険料の負担者とが同一人でないときは法第3条第1項第4号の規定によって契約者が掛金又は保険料の負担者からその負担した掛金又は保険料の金額のその相続の開始の時までに払い込まれた掛金又は保険料の全額に対する割合に相当する部分を相続又は遺贈により取得したものとみなされ、契約者と掛金又は保険料の負担者が同一人であるときは当該掛金又は保険料の負担者の本来の相続財産となることに留意する。

☞第3章第1節（P123、130）

（定期金給付契約の解除等があった場合）

3−43　定期金給付契約の解除、失効又は変更等により返還金又はこれに準ずるものの取得があった場合には、法第6条第2項の規定によりその受取人が掛金又は保険料の負担者からその負担した掛金又は保険料の金額のこれらの事由が発生した時までに払い込まれた掛金又は保険料の全額に対する割合に相当する部分を贈与によって取得したものとみなされるのであるから留意する。

☞第3章第1節（P131）

（被相続人が負担した掛金又は保険料等）

3−44　法第3条第1項第4号及び第5号に規定する「被相続人が負担した掛金又は保険料」及び「当該契約に係る掛金又は保険料で当該相続開始の時までに払い込まれたものの全額」の計算については、3−13及び3−14の取扱いに準ずるものとする。

☞第3章第2節（3）（P134）

〔保証期間付定期金に関する権利関係〕

（保証据置年金契約の年金受取人が死亡した場合）

3−45　保証据置年金契約（年金受取人が年金支払開始年齢に達した日からその死亡に至るまで年金の支払をするほか、一定の期間内に年金受取人が死亡したときは、その残

☞第3章第2節（4）（P139）

301

存期間中年金継続受取人に継続して年金の支払をするもの
をいう。）又は保証期間付年金保険契約（保険事故が発生
した場合に保険金受取人に年金の支払をするほか、一定の
期間内に保険金受取人が死亡した場合には、その残存期間
中継続受取人に継続して年金の支払をするものをいい、こ
れに類する共済契約を含む。）の年金給付事由又は保険事
故が発生した後、保証期間内に年金受取人（保険金受取人
を含む。以下3－45において同じ。）が死亡した場合には、
次に掲げるところによるのであるから留意する。

(1)　年金受取人が掛金又は保険料の負担者であるときは、
　　法第3条第1項第5号の規定により継続受取人が掛金又
　　は保険料の負担者からその負担した掛金又は保険料の金
　　額のその相続開始の時までに払い込まれた掛金又は保険
　　料の全額に対する割合に相当する部分を相続又は遺贈に
　　よって取得したものとみなされること。

(2)　年金受取人が掛金又は保険料の負担者でないときは、
　　法第6条第3項の規定により継続受取人が掛金又は保険
　　料の負担者からその負担した掛金又は保険料の金額の相
　　続開始の時までに払い込まれた掛金又は保険料の全額に
　　対する割合に相当する部分を贈与によって取得したもの
　　とみなされること。

(3)　掛金又は保険料の負担者と継続受取人とが同一人であ
　　るときは、課税しないものとすること。

〔契約に基づかない定期金に関する権利関係〕

（契約に基づかない定期金に関する権利）

3－46　法第3条第1項第6号に規定する「定期金に関す
　　る権利で契約に基づくもの以外のもの」には、3－29の定
　　めに該当する退職年金の継続受取人が取得する当該年金の
　　受給に関する権利のほか、船員保険法の規定による遺族年
　　金、厚生年金保険法（昭和29年法律第115号）の規定によ
　　る遺族年金等があるのであるが、これらの法律による遺族
　　年金等については、それぞれそれらの法律に非課税規定が

☞第3章第3節
(2) (P142)

参考法令等（相続税法基本通達（抄））

設けられているので、相続税は課税されないことに留意する。

(注) 1　被用者年金制度の一元化等を図るための厚生年金保険法等の一部を改正する法律（平成24年法律第63号）（以下「一元化法」という。）附則第37条第1項《改正前国共済法による給付等》の規定によりなおその効力を有するとされる場合における一元化法による改正前の国家公務員共済組合法（以下「改正前国共済法」という。）第88条《遺族共済年金受給権者》の規定により支給される遺族共済年金については、改正前国共済法第50条《公課の禁止》の規定により、相続税は課税されないことに留意する。

2　一元化法附則第61条第1項《改正前地共済法による給付等》の規定によりなおその効力を有するとされる場合における一元化法による改正前の地方公務員等共済法（以下「改正前地共済法」という。）第99条《遺族共済年金の受給権者》の規定により支給される遺族共済年金については、改正前地共済法第52条《公課の禁止》の規定により、相続税は課税されないことに留意する。

3　一元化法附則第79条《改正前私学共済法による給付》の規定によりなおその効力を有するとされる場合における一元化法による改正前の私立学校教職員共済法（以下「改正前私学共済法」という。）第25条《国家公務員共済組合法の準用》において準用する改正前国共済法第88条の規定により支給される遺族共済年金については、改正前私学共済法第5条《非課税》の規定により、相続税は課税されないことに留意する。

（退職手当金等を定期金として支給する場合）

3－47　法第3条第1項第6号に規定する「（第2号に掲　　☞第3章第3節

げる給与に該当するもの）」とは、定期金又はこれに準ずる方法で支給される退職手当金等をいうのであって、これらのものについては、法第3条第1項第2号に規定する退職手当金等として課税するのであるから留意する。

〔第2項関係〕

（「被相続人の被相続人」の意義）

3-48　法第3条第2項本文の規定は、被相続人の被相続人が負担した保険料又は掛金について適用があるのであって、その先代以前の被相続人が負担した保険料又は掛金については適用がないことに留意する。

第4条≪遺贈により取得したものとみなす場合≫関係

（相続財産法人からの財産分与の時期等）

4-1　民法第958条の2第1項《特別縁故者に対する相続財産の分与》の規定による相続財産の分与については、次のような段階を経て行われるので、相続開始後相当の期間（最短9か月）を経て行われることに留意する。

(1)　民法第952条《相続財産の清算人の選任》の規定による相続財産の清算人の選任並びに当該選任をした旨及び相続人があるならばその権利を主張すべき旨の公告

(2)　民法第957条《相続債権者及び受遺者に対する弁済》の規定による相続債権者及び受遺者に対しその請求の申出をすべき旨の公告

(3)　民法第958条の2の規定による特別縁故者の財産分与の請求

　また、特別寄与者が支払いを受けるべき特別寄与料の額については、同法第1050条第2項《特別の寄与》の規定により、当事者間に協議が調わないとき、又は協議をすることができないときは、特別寄与者が相続の開始及び相続人を知った時から6か月を経過するまで又は相続開始の時から1年を経過するまで家庭裁判所に対し処分の請求ができることから、相続開始後相当の期間を経て確定しうることに留意する。

(3)（P142）

参考法令等（相続税法基本通達（抄））

（相続財産法人から財産の分与を受ける者）

4－2　民法第958条の2第1項の規定による相続財産の分
　　与は、被相続人と生計を同じくしていた者、被相続人の療
　　養看護に努めた者その他被相続人と特別の縁故があった個
　　人のほか、特別の縁故があった人格のない社団若しくは財
　　団で代表者等の定めがあるもの又は法人（以下4－2にお
　　いて「社団等」という。）に対してもされるが、社団等に
　　対して財産の分与が行われた場合には、当該社団等につい
　　て法第66条第1項又は第4項の規定の適用があることに留
　　意する。

（相続財産法人から与えられた分与額等）

4－3　民法第958条の2の規定により相続財産の分与を受　　　☞第4章第1節
　　けた者が、当該相続財産に係る被相続人の葬式費用又は当　　　（P151）
　　該被相続人の療養看護のための入院費用等の金額で相続開
　　始の際にまだ支払われていなかったものを支払った場合に
　　おいて、これらの金額を相続財産から別に受けていないと
　　き又は同法第1050条の規定による支払いを受けるべき特別
　　寄与料の額が確定した特別寄与者が、現実に当該被相続人
　　の葬式費用を負担した場合には、分与を受けた金額又は特
　　別寄与料の額からこれらの費用の金額を控除した価額を
　　もって、当該分与された価額又は特別寄与料の額として取
　　り扱う。

（分与財産等に加算する贈与財産）

4－4　民法第958条の2の規定により相続財産の分与を受
　　けた者又は同法第1050条の規定による支払いを受けるべき
　　特別寄与料の額が確定した特別寄与者が、19－2《法第19
　　条第1項の規定の適用を受ける贈与》に定める加算対象期
　　間内に被相続人から贈与により財産を取得したことがある
　　場合においては、法第19条第1項の規定の適用があること
　　に留意する。

　　　第5条《贈与により取得したものとみなす場合》関係
　　（法第3条第1項第1号の規定の適用を受ける保険金に

305

関する取扱いの準用）

５－１　法第５条第１項の規定により贈与により取得した　☞第１章第１節
ものとみなされる保険金については、３－６及び３－８か　④（P78）
ら３－10までの取扱いに準ずるものとする。

　（保険金受取人の取扱いの準用）

５－２　法第５条第１項に規定する「保険金受取人」につ　☞第１章第１節
いては、３－11及び３－12の取扱いに準ずるものとする。　①（1）（P17）

　（保険金受取人以外の者が負担した保険料等）

５－３　法第５条第１項に規定する「保険金受取人以外の
者が負担した保険料」及び「これらの契約に係る保険料で
これらの保険事故が発生した時までに払い込まれたものの
全額」の計算については、３－13及び３－14の取扱いに準
ずるものとする。

　（損害賠償責任に関する保険又は共済の契約に基づく保険
　金）

５－４　次に掲げる保険又は共済の契約（これらに類する　☞第１章第１節
契約を含む。）に基づき支払われるいわゆる死亡保険金の　④（2）（P79）
うち契約者の損害賠償責任に基づく損害賠償金に充てられ
ることが明らかである部分については、法施行令第１条の
４に規定する「損害賠償責任に関する保険又は共済に係る
契約に基づく保険金」に該当するものとして取り扱っても
差し支えないものとする。

(1)　自動車保険搭乗者傷害危険担保特約

(2)　分割払自動車保険搭乗者傷害危険担保特約

(3)　月掛自動車保険搭乗者傷害危険担保特約

(4)　自動車運転者損害賠償責任保険搭乗者傷害危険担保特
　約

(5)　航空保険搭乗者傷害危険担保特約

(6)　観覧入場者傷害保険

(7)　自動車共済搭乗者傷害危険担保特約

　（搭乗者保険等の契約に基づく保険金）

５－５　５－４に掲げる保険又は共済の契約（これらに類　☞第１章第１節

306

参考法令等（相続税法基本通達（抄））

する契約を含む。）に基づき相続人が取得した死亡保険金については、次によることとなるのであるから留意する。

(1) 被相続人が当該契約に係る保険料の全部又は一部を負担した場合　当該保険金のうち被相続人の負担した保険料に対応する部分は、法第3条第1項第1号に規定する保険金に該当する。

(2) 被相続人及び保険金受取人以外の者が当該契約に係る保険料を負担した場合　当該保険金のうち被相続人及び保険金受取人以外の者が負担した保険料に対応する部分は、法第5条第1項に規定する保険金に該当する（5－4により損害賠償責任に関する保険又は共済に係る契約に基づく保険金として取り扱われる部分を除く。）。

（返還金その他これに準ずるものの取扱いの準用）

5－6　法第5条第2項に規定する「返還金その他これに準ずるもの」については、3－39の取扱いに準ずるものとする。

（生命保険契約の転換があった場合）

5－7　いわゆる契約転換制度により生命保険契約を転換前契約から転換後契約に転換した場合において、当該転換に際し転換前契約に係る契約者貸付金等の額が転換前契約に係る責任準備金（共済掛金積立金、剰余金、割戻金及び前納保険料を含む。）をもって精算されたときは、当該精算された契約者貸付金等の額に相当する金額は、転換前契約に係る契約者が取得した法第5条第2項に規定する「返還金その他これに準ずるもの」に該当するものとする。

第6条≪贈与により取得したものとみなす定期金≫
関係

（「定期金受取人」等の意義）

6－1　法第6条第3項に規定する「定期金受取人」とは定期金の継続受取人をいい、「被相続人」とは、法第3条第1項第5号に規定する定期金受取人たる被相続人をいうのであるから留意する。

□4□ (2)（P81）

307

（定期金受取人以外の者が負担した掛金又は保険料）

6－2　法第6条第1項に規定する「定期金受取人以外の者が負担した掛金又は保険料」及び同条第3項に規定する「当該第三者が負担した掛金又は保険料」の金額の計算については、3－13の取扱いに準ずるものとする。

☞第3章第4節（P146）

（定期金受取人が掛金又は保険料の負担者である場合）

6－3　定期金給付契約（生命保険契約を除く。）の定期金の給付事由が発生した場合においても、その定期金受取人が取得した定期金給付契約に関する権利のうち、その者が法第3条第1項第4号の規定により相続又は遺贈によって取得したとみなされた部分及び自ら負担した掛金又は保険料の金額のその給付事由の発生した時までに払い込まれた掛金又は保険料の全額に対する割合に相当する部分については、相続税及び贈与税の課税関係は生じないのであるから留意する。

第7条≪贈与又は遺贈により取得したものとみなす場合≫関係

（著しく低い価額の判定）

7－1　法第7条に規定する「著しく低い価額」であるかどうかは、譲渡があった財産が2以上ある場合には、譲渡があった個々の財産ごとに判定するのではなく、財産の譲渡があった時ごとに譲渡があった財産を一括して判定するものとする。

（公開の市場等で著しく低い価額で財産を取得した場合）

7－2　不特定多数の者の競争により財産を取得する等公開された市場において財産を取得したような場合においては、たとえ、当該取得価額が当該財産と同種の財産に通常付けられるべき価額に比べて著しく低いと認められる価額であっても、課税上弊害があると認められる場合を除き、法第7条の規定を適用しないことに取り扱うものとする。

（債務の範囲）

7－3　法第7条に規定する「債務」には、公租公課を含

参考法令等（相続税法基本通達（抄））

むものとして取り扱うものとする。

（「資力を喪失して債務を弁済することが困難である場合」の意義）

7－4　法第7条に規定する「資力を喪失して債務を弁済することが困難である場合」とは、その者の債務の金額が積極財産の価額を超えるときのように社会通念上債務の支払が不能（破産手続開始の原因となる程度に至らないものを含む。）と認められる場合をいうものとする。

（弁済することが困難である部分の金額の取扱い）

7－5　法第7条に規定する「債務を弁済することが困難である部分の金額」は、債務超過の部分の金額から、債務者の信用による債務の借換え、労務の提供等の手段により近い将来において当該債務の弁済に充てることができる金額を控除した金額をいうものとするのであるが、特に支障がないと認められる場合においては、債務超過の部分の金額を「債務を弁済することが困難である部分の金額」として取り扱っても妨げないものとする。

第8条≪免除等を受けた債務≫関係

（債務の免除）

8－1　法第8条第1号に掲げる場合に該当する「債務の免除」には、その債務者の扶養義務者以外の者によってされた免除をも含むのであるから留意する。

（事業所得の総収入金額に算入される債務免除益）

8－2　所得税法（昭和40年法律第33号）の規定により事業所得の総収入金額に算入される割引又は割戻しによる利益については、法第8条の規定は適用しないものとして取り扱うものとする。

（連帯債務者及び保証人の求償権の放棄）

8－3　次に掲げる場合には、それぞれ次に掲げる金額につき法第8条の規定による贈与があったものとみなされるのであるから留意する。

(1)　連帯債務者が自己の負担に属する債務の部分を超えて

309

弁済した場合において、その超える部分の金額について
他の債務者に対し求償権を放棄したとき　その超える部
分の金額

(2)　保証債務者が主たる債務者の弁済すべき債務を弁済し
た場合において、その求償権を放棄したとき　その代
わって弁済した金額

（法第7条の規定に関する取扱いの準用）

8－4　法第8条に規定する「著しく低い価額」、「債務」、「資
力を喪失して債務を弁済することが困難である場合」及び
「債務を弁済することが困難である部分の金額」について
は、7－1及び7－3から7－5までの取扱いに準ずるも
のとする。

　　　第9条≪その他の利益の享受≫関係

（「利益を受けた」の意義）

9－1　法第9条に規定する「利益を受けた」とは、おお
むね利益を受けた者の財産の増加又は債務の減少があった
場合等をいい、労務の提供等を受けたような場合は、これ
に含まないものとする。

（株式又は出資の価額が増加した場合）

9－2　同族会社（法人税法（昭和40年法律第34号）第2
条第10号に規定する同族会社をいう。以下同じ。）の株式
又は出資の価額が、例えば、次に掲げる場合に該当して増
加したときにおいては、その株主又は社員が当該株式又は
出資の価額のうち増加した部分に相当する金額を、それぞ
れ次に掲げる者から贈与によって取得したものとして取り
扱うものとする。この場合における贈与による財産の取得
の時期は、財産の提供があった時、債務の免除があった時
又は財産の譲渡があった時によるものとする。

(1)　会社に対し無償で財産の提供があった場合　当該財産
を提供した者

(2)　時価より著しく低い価額で現物出資があった場合　当
該現物出資をした者

☞第6章第3節
（P218）

参考法令等（相続税法基本通達（抄））

(3)　対価を受けないで会社の債務の免除、引受け又は弁済
　　があった場合　当該債務を免除、引受け又は弁済をした
　　者

(4)　会社に対し時価より著しく低い価額の対価で財産の譲
　　渡をした場合　当該財産の譲渡をした者

（会社が資力を喪失した場合における私財提供等）

9－3　同族会社の取締役、業務を執行する社員その他の
者が、その会社が資力を喪失した場合において9－2の(1)
から(4)までに掲げる行為をしたときは、それらの行為によ
りその会社が受けた利益に相当する金額のうち、その会社
の債務超過額に相当する部分の金額については、9－2に
かかわらず、贈与によって取得したものとして取り扱わな
いものとする。

　なお、会社が資力を喪失した場合とは、法令に基づく会
社更生、再生計画認可の決定、会社の整理等の法定手続に
よる整理のほか、株主総会の決議、債権者集会の協議等に
より再建整備のために負債整理に入ったような場合をいう
のであって、単に一時的に債務超過となっている場合は、
これに該当しないのであるから留意する。

（同族会社の募集株式引受権）

9－4　同族会社が新株の発行（当該同族会社の有する自
己株式の処分を含む。以下9－7までにおいて同じ。）を
する場合において、当該新株に係る引受け（以下9－5ま
でにおいて「募集株式引受権」という。）の全部又は一部
が会社法（平成17年法律第86号）第206条各号《募集株式
の引受け》に掲げる者（当該同族会社の株主の親族等（親
族その他法施行令第31条に定める特別の関係がある者をい
う。以下同じ。）に限る。）に与えられ、当該募集株式引受
権に基づき新株を取得したときは、原則として、当該株主
の親族等が、当該募集株式引受権を当該株主から贈与に
よって取得したものとして取り扱うものとする。ただし、
当該募集株式引受権が給与所得又は退職所得として所得税

☞第6章第3節
（P218）

311

の課税対象となる場合を除くものとする。

（贈与により取得したものとする募集株式引受権数の計算）

9－5　9－4において、だれからどれだけの数の募集株式引受権の贈与があったものとするかは、次の算式により計算するものとする。この場合において、その者の親族等が2人以上あるときは、当該親族等の1人ごとに計算するものとする。

$$A \times \frac{C}{B} = \text{その者の親族等から贈与により取得したものとする募集株式引受権数}$$

（注）算式中の符号は、次のとおりである。

　　Aは、他の株主又は従業員と同じ条件により与えられる募集株式引受権の数を超えて与えられた者のその超える部分の募集株式引受権の数

　　Bは、当該法人の株主又は従業員が他の株主又は従業員と同じ条件により与えられる募集株式引受権のうち、その者の取得した新株の数が、当該与えられる募集株式引受権の数に満たない数の総数

　　Cは、Bの募集株式引受権の総数のうち、Aに掲げる者の親族等（親族等が2人以上あるときは、当該親族等の1人ごと）の占めているものの数

（合同会社等の増資）

9－6　同族会社である合同会社及び合資会社の増資については、9－4及び9－5の取扱いに準ずるものとする。

（同族会社の新株の発行に伴う失権株に係る新株の発行が行われなかった場合）

9－7　同族会社の新株の発行に際し、会社法第202条第1項《株主に株式の割当てを受ける権利を与える場合》の規定により株式の割当てを受ける権利（以下9－7において「株式割当権」という。）を与えられた者が株式割当権の全部若しくは一部について同法第204条第4項《募集株式の割当て》に規定する申込みをしなかった場合又は当該申込みにより同法第206条第1号に規定する募集株式の引受人

312

参考法令等（相続税法基本通達（抄））

となった者が同法第208条第3項《出資の履行》に規定する出資の履行をしなかった場合において、当該申込み又は出資の履行をしなかった新株（以下「失権株」という。）に係る新株の発行が行われなかったことにより結果的に新株発行割合（新株の発行前の当該同族会社の発行済株式の総数（当該同族会社の有する自己株式の数を除く。以下9－7において同じ。）に対する新株の発行により出資の履行があった新株の総数の割合をいう。以下9－7において同じ。）を超えた割合で新株を取得した者があるときは、その者のうち失権株主（新株の全部の取得をしなかった者及び結果的に新株発行割合に満たない割合で新株を取得した者をいう。以下9－7において同じ。）の親族等については、当該失権株の発行が行われなかったことにより受けた利益の総額のうち、次の算式により計算した金額に相当する利益をその者の親族等である失権株主のそれぞれから贈与によって取得したものとして取り扱うものとする。

(1) その者が受けた利益の総額

$$\begin{aligned} &\text{新株の発行後} \\ &\text{の1株当たり} \\ &\text{の価額（A）} \end{aligned} \times \left(\begin{aligned} &\text{その者の新株の} & \text{その者が取得} \\ &\text{発行前における} + \text{した新株の数} \\ &\text{所有株式数（B）} & \text{（C）} \end{aligned}\right) -$$

$$\left(\begin{aligned} &\text{新株の発行前} & \text{その者の新株の} \\ &\text{の1株当たり} \times \text{発行前における} + \\ &\text{の価額（D）} & \text{所有株式数（B）} \end{aligned}\right. \begin{aligned} &\text{新株の1株当たり} \\ &\text{の払込金額（E）} \end{aligned}$$

$$\left.\times \begin{aligned} &\text{その者が取得し} \\ &\text{た新株の数（C）} \end{aligned}\right)$$

(2) 親族等である失権株主のそれぞれから贈与により取得したものとする利益の金額

$$\text{その者が受けた利益の総額} \times \frac{\begin{aligned}&\text{親族等である各失権株主}\\&\text{が与えた利益の金額（G）}\end{aligned}}{\text{各失権株主が与えた利益の総額（F）}}$$

(注) 1 (1)の算式中の「A」は次により計算した価額による。

313

$$\dfrac{\left(\begin{array}{l}\text{新株の発行前}\\ \text{D}\times\text{の発行済株式}\\ \text{の総数(H)}\end{array}\right)+\left(\begin{array}{l}\text{新株の発行により}\\ \text{E}\times\text{出資の履行があっ}\\ \text{た新株の総数(I)}\end{array}\right)}{\text{(H + I)}}$$

2　(2)の算式中の「F」は失権株主のそれぞれについて次により計算した金額の合計額による。

$(D \times B + E \times C) - A \times (B + C)$

3　(2)の算式中の「G」は、失権株主のうち親族等である失権株主のそれぞれについて2の算式により計算した金額による。

（婚姻の取消し又は離婚により財産の取得があった場合）

9－8　婚姻の取消し又は離婚による財産の分与によって取得した財産（民法第768条《財産分与》、第771条《協議上の離婚の規定の準用》及び第749条《離婚の規定の準用》参照）については、贈与により取得した財産とはならないのであるから留意する。ただし、その分与に係る財産の額が婚姻中の夫婦の協力によって得た財産の額その他一切の事情を考慮してもなお過当であると認められる場合における当該過当である部分又は離婚を手段として贈与税若しくは相続税のほ脱を図ると認められる場合における当該離婚により取得した財産の価額は、贈与によって取得した財産となるのであるから留意する。　　☞第6章第3節（P218）

（財産の名義変更があった場合）

9－9　不動産、株式等の名義の変更があった場合において対価の授受が行われていないとき又は他の者の名義で新たに不動産、株式等を取得した場合においては、これらの行為は、原則として贈与として取り扱うものとする。　　☞第6章第3節（P218）

（無利子の金銭貸与等）

9－10　夫と妻、親と子、祖父母と孫等特殊の関係がある者相互間で、無利子の金銭の貸与等があった場合には、それが事実上贈与であるのにかかわらず貸与の形式をとったものであるかどうかについて念査を要するのであるが、こ　　☞第6章第3節（P218）

参考法令等（相続税法基本通達（抄））

れらの特殊関係のある者間において、無償又は無利子で土地、家屋、金銭等の貸与があった場合には、法第9条に規定する利益を受けた場合に該当するものとして取り扱うものとする。ただし、その利益を受ける金額が少額である場合又は課税上弊害がないと認められる場合には、強いてこの取扱いをしなくても妨げないものとする。

（負担付贈与等）

9－11　負担付贈与又は負担付遺贈があった場合において当該負担額が第三者の利益に帰すときは、当該第三者が、当該負担額に相当する金額を、贈与又は遺贈によって取得したこととなるのであるから留意する。この場合において、当該負担が停止条件付のものであるときは、当該条件が成就した時に当該負担額相当額を贈与又は遺贈によって取得したことになるのであるから留意する。

（共有持分の放棄）

9－12　共有に属する財産の共有者の1人が、その持分を放棄（相続の放棄を除く。）したとき、又は死亡した場合においてその者の相続人がないときは、その者に係る持分は、他の共有者がその持分に応じ贈与又は遺贈により取得したものとして取り扱うものとする。

（信託が合意等により終了した場合）

9－13　法第9条の3第1項に規定する受益者連続型信託（以下「受益者連続型信託」という。）以外の信託（令第1条の6に規定する信託を除く。以下同じ。）で、当該信託に関する収益受益権（信託に関する権利のうち信託財産の管理及び運用によって生ずる利益を受ける権利をいう。以下同じ。）を有する者（以下「収益受益者」という。）と当該信託に関する元本受益権（信託に関する権利のうち信託財産自体を受ける権利をいう。以下同じ。）を有する者（以下「元本受益者」という。）とが異なるもの（以下9の3－1において「受益権が複層化された信託」という。）が、信託法（平成18年法律第108号。以下「信託法」という。）

☞第5章第1節
(2)（P168）

315

第164条《委託者及び受益者の合意等による信託の終了》
の規定により終了した場合には、原則として、当該元本受
益者が、当該終了直前に当該収益受益者が有していた当該
収益受益権の価額に相当する利益を当該収益受益者から贈
与によって取得したものとして取り扱うものとする。

（配偶者居住権が合意等により消滅した場合）

9－13の2　配偶者居住権が、被相続人から配偶者居住権
を取得した配偶者と当該配偶者居住権の目的となっている
建物の所有者との間の合意若しくは当該配偶者による配偶
者居住権の放棄により消滅した場合又は民法第1032条第4
項《建物所有者による消滅の意思表示》の規定により消滅
した場合において、当該建物の所有者又は当該建物の敷地
の用に供される土地（土地の上に存する権利を含む。）の
所有者（以下9－13の2において「建物等所有者」という。）
が、対価を支払わなかったとき、又は著しく低い価額の対
価を支払ったときは、原則として、当該建物等所有者が、
その消滅直前に、当該配偶者が有していた当該配偶者居住
権の価額に相当する利益又は当該土地を当該配偶者居住権
に基づき使用する権利の価額に相当する利益に相当する金
額（対価の支払があった場合には、その価額を控除した金
額）を、当該配偶者から贈与によって取得したものとして
取り扱うものとする。

（注）民法第1036条《使用貸借及び賃貸借の規定の準用》
　　　において準用する同法第597条第1項及び第3項《期間
　　　満了及び借主の死亡による使用貸借の終了》並びに第
　　　616条の2《賃借物の全部滅失等による賃貸借の終了》
　　　の規定により配偶者居住権が消滅した場合には、上記
　　　の取り扱いはないことに留意する。

（法第7条の規定に関する取扱いの準用）

9－14　法第9条に規定する「著しく低い価額」、「債務」、
「資力を喪失して債務を弁済することが困難である場合」
及び「債務を弁済することが困難である部分の金額」につ

参考法令等（相続税法基本通達（抄））

いては、７－１及び７－３から７－５までの取扱いに準ず
るものとする。

第９条の２≪贈与又は遺贈により取得したものとみ
なす信託に関する権利≫関係

（受益者としての権利を現に有する者）

９の２－１ 法第９条の２第１項に規定する「受益者とし
ての権利を現に有する者」には、原則として例えば、信託
法第182条第１項第１号《残余財産の帰属》に規定する残
余財産受益者は含まれるが、停止条件が付された信託財産
の給付を受ける権利を有する者、信託法第90条第１項各号
《委託者の死亡の時に受益権を取得する旨の定めのある信
託等の特例》に規定する委託者死亡前の受益者及び同法第
182条第１項第２号に規定する帰属権利者（以下９の２－
２において「帰属権利者」という。）は含まれないことに
留意する。

☞第５章第１節
(1)（P161）、(2)
（P165）、第５節
2（P208）

（特定委託者）

９の２－２ 法第９条の２第１項に規定する特定委託者
（以下「特定委託者」という。）とは、公益信託ニ関スル法
律（大正11年法律第62号）第１条《公益信託》に規定する
公益信託（以下９の２－６において「公益信託」という。）
の委託者（その相続人その他の一般承継人を含む。以下同
じ。）を除き、原則として次に掲げる者をいうことに留意
する。

☞第５章第１節
(1)（P161）

(1) 委託者（当該委託者が信託行為の定めにより帰属権利
者として指定されている場合、信託行為に信託法第182
条第２項に規定する残余財産受益者等（以下９の２－５
までにおいて「残余財産受益者等」という。）の指定に
関する定めがない場合又は信託行為の定めにより残余財
産受益者等として指定を受けた者のすべてがその権利を
放棄した場合に限る。）

(2) 停止条件が付された信託財産の給付を受ける権利を有
する者（法第９条の２第５項に規定する信託の変更をす

317

る権限を有する者に限る。）

（信託の受益者等が存するに至った場合）

9の2−3　法第9条の2第2項に規定する「信託の受益者等が存するに至った場合」とは、例えば、次に掲げる場合をいうことに留意する。

(1)　信託の受益者等（法第9条の2第1項に規定する受益者等をいう。以下同じ。）として受益者Aのみが存するものについて受益者Bが存することとなった場合（受益者Aが並存する場合を含む。）

(2)　信託の受益者等として特定委託者Cのみが存するものについて受益者Aが存することとなった場合（特定委託者Cが並存する場合を含む。）

(3)　信託の受益者等として信託に関する権利を各々半分ずつ有する受益者A及びBが存する信託についてその有する権利の割合が変更された場合

☞第5章第1節
(2)(P165)、第2
節**2**(1)(P175)、
第5節**2**(P209)

（信託に関する権利の一部について放棄又は消滅があった場合）

9の2−4　受益者等の存する信託に関する権利の一部について放棄又は消滅があった場合には、原則として、当該放棄又は消滅後の当該信託の受益者等が、その有する信託に関する権利の割合に応じて、当該放棄又は消滅した信託に関する権利を取得したものとみなされることに留意する。

☞第5章第1節
(2)(P166)、第2
節**3**(1)(P179)、
第5節**2**(P209)

（信託が終了した場合）

9の2−5　法第9条の2第4項の規定の適用を受ける者とは、信託の残余財産受益者等に限らず、当該信託の終了により適正な対価を負担せずに当該信託の残余財産（当該信託の終了直前においてその者が当該信託の受益者等であった場合には、当該受益者等として有していた信託に関する権利に相当するものを除く。）の給付を受けるべき又は帰属すべき者となる者をいうことに留意する。

☞第5章第1節
(2)(P166)、第2
節**4**(1)(P180)、
第5節**2**(P209)

（公益信託の委託者の地位が異動した場合）

参考法令等（相続税法基本通達（抄））

9の2−6　公益信託の委託者の地位が異動した場合に
は、それに伴い当該公益信託に関する権利も異動するので
あるが、相続税又は贈与税の課税上、当該公益信託のうち
所得税法施行令（昭和40年政令第96号）第217条の2第1
項各号に掲げる要件を満たすものに関する権利の価額は零
として取り扱うものとする。

（注）9の4−2参照

（生命保険信託）

9の2−7　いわゆる生命保険信託に関する権利について
は、生命保険契約に関する規定（法第3条及び第5条）の
適用があることに留意する。

　　第9条の3≪受益者連続型信託の特例≫関係

（受益者連続型信託に関する権利の価額）

9の3−1　受益者連続型信託に関する権利の価額は、例　　☞第5章第3節
えば、次の場合には、次に掲げる価額となることに留意す　　(3)（P191）
る。

(1)　受益者連続型信託に関する権利の全部を適正な対価を
　　負担せず取得した場合　信託財産の全部の価額

(2)　受益者連続型信託で、かつ、受益権が複層化された信
　　託（以下9の3−3までにおいて「受益権が複層化され
　　た受益者連続型信託」という。）に関する収益受益権の
　　全部を適正な対価を負担せず取得した場合　信託財産の
　　全部の価額

(3)　受益権が複層化された受益者連続型信託に関する元本
　　受益権の全部を適正な対価を負担せず取得した場合（当
　　該元本受益権に対応する収益受益権について法第9条の
　　3第1項ただし書の適用がある場合又は当該収益受益権
　　の全部若しくは一部の受益者等が存しない場合を除く。）
　　零

（注）法第9条の3の規定の適用により、上記(2)又は(3)の
　　　受益権が複層化された受益者連続型信託の元本受益権
　　　は、価値を有しないとみなされることから、相続税又

319

は贈与税の課税関係は生じない。ただし、当該信託が
終了した場合において、当該元本受益権を有する者が、
当該信託の残余財産を取得したときは、法第9条の2
第4項の規定の適用があることに留意する。

（受益権が複層化された受益者連続型信託に関する元本受
益権の全部又は一部を有する法人の株式の時価の算定）

9の3-2　受益権が複層化された受益者連続型信託で、
個人がその収益受益権の全部又は一部を、法人（当該収益
受益権を有する個人が当該法人の株式（出資を含む。）を
有する場合に限る。）がその元本受益権の全部又は一部を
それぞれ有している場合において、当該個人の死亡に基因
して、当該個人から当該法人の株式を相続又は遺贈により
取得した者の相続税の課税価格の計算に当たっては、当該
株式の時価の算定における昭和39年4月25日付直資56ほか
1課共同「財産評価基本通達」（以下「評価基本通達」と
いう。）185《純資産価額》の計算上、当該法人の有する当
該受益者連続型信託に関する元本受益権（当該死亡した個
人が有していた当該受益者連続型信託に関する収益受益権
に対応する部分に限る。）の価額は零として取り扱う。

（法第9条の3第1項本文又は法令第1条の12第3項の
規定の適用がある場合の信託財産責任負担債務の帰属）

9の3-3　信託財産責任負担債務（信託法第2条第9項
《定義》に規定する信託財産責任負担債務をいう。以下「信
託財産責任負担債務」という。）は、次に掲げる場合には、
次に掲げる信託に関する権利に帰属することに留意する。

(1)　信託財産責任負担債務に係る信託に関する権利につい
て法第9条の3第1項本文の規定の適用がある場合　同
項本文に規定する制約が付されていないものとみなされ
た受益者連続型信託に関する権利

(2)　信託財産責任負担債務に係る信託に関する権利につい
て法令第1条の12第3項の規定の適用がある場合　同項
各号に規定する受益者等が有するものとみなされた信託

参考法令等（相続税法基本通達（抄））

に関する権利

　　　第９条の４≪受益者等が存しない信託等の特例≫関係

（目的信託についての法第１章第３節の規定の不適用）

９の４－１　信託法第258条第１項《受益者の定めのない
信託の要件》に規定する受益者の定め（受益者を定める方
法の定めを含む。）のない信託で、かつ、特定委託者の存
しないものについては、相続税法第１章第３節の規定の適
用がないことに留意する。

（受益者等が存しない信託の委託者が死亡した場合）

９の４－２　受益者等が存しない信託の委託者が死亡した
場合には、法第９条の４第１項の規定の適用により当該信
託の受託者が当該信託に関する権利を遺贈によって取得し
たものとみなされる場合を除き、当該信託に関する権利は
当該死亡した委託者の相続税の課税財産を構成しないこと
に留意する。

（受益者等が存しない信託の受益者等となる者）

９の４－３　法第９条の４第１項に規定する「当該信託の
受益者等となる者」又は第２項に規定する「当該受益者等
の次に受益者等となる者」が複数名存する場合で、そのう
ちに１人でも当該信託の委託者（同項の次の受益者等とな
る者の前の受益者等を含む。）の親族（令第１条の９に規
定する者をいう。以下９の５－１において同じ。）が存す
るときは、法第９条の４第１項又は第２項の規定の適用が
あることに留意する。

☞第５章第４節
2（3）（P199）

（受益者等が存しない信託の受託者が死亡した場合）

９の４－４　法第９条の４第１項又は第２項の規定の適用
により、信託に関する権利を贈与又は遺贈により取得した
ものとみなされた受託者が死亡した場合であっても、当該
信託に関する権利については、当該死亡した受託者の相続
税の課税財産を構成しないことに留意する。

☞第５章第４節
1（3）（P196）、
2（5）（P200）

　　　第９条の５関係

（法第９条の５の規定の適用がある場合）

321

９の５－１　受益者等が存しない信託については、法第９条の４第１項又は第２項の規定の適用の有無にかかわらず、当該信託について受益者等（同条第１項又は第２項の信託の残余財産の給付を受けることとなる者及び同項の次に受益者等となる者を含む。）が存することとなり、かつ、当該受益者等が、当該信託の契約締結時（令第１条の11各号に規定する時をいう。）における委託者の親族であるときは、法第９条の５の規定の適用があることに留意する。

☞第５章第４節 ⑤ (6)（P206）

第10条関係

（生命保険契約及び損害保険契約の所在）

10－２　法第３条第１項第１号に規定する生命保険契約及び損害保険契約の所在については、法第10条第１項第５号の規定に準ずるものとする。

（特別寄与料の所在）

10－７　特別寄与料については、法第10条第１項各号に掲げる財産及び同条第２項に規定する財産のいずれにも該当しないことから、同条第３項の規定によりその所在を判定することに留意する。

第11条の２≪相続税の課税価格≫関係

（「財産」の意義）

11の２－１　法に規定する「財産」とは、金銭に見積ることができる経済的価値のあるすべてのものをいうのであるが、なお次に留意する。

☞はじめに ①
（P5）

(1)　財産には、物権、債権及び無体財産権に限らず、信託受益権、電話加入権等が含まれること。

(2)　財産には、法律上の根拠を有しないものであっても経済的価値が認められているもの、例えば、営業権のようなものが含まれること。

(3)　質権、抵当権又は地役権（区分地上権に準ずる地役権を除く。）のように従たる権利は、主たる権利の価値を担保し、又は増加させるものであって、独立して財産を構成しないこと。

参考法令等（相続税法基本通達（抄））

第12条≪相続税の非課税財産≫関係

〔保険金関係〕

（相続を放棄した者等の取得した保険金）

12－8　相続を放棄した者又は相続権を失った者が取得した保険金については、法第12条第1項第5号に掲げる保険金の非課税金額の規定の適用がないのであるから留意する。

（保険金の非課税金額の計算）

12－9　相続人の取得した法第3条第1項第1号に掲げる保険金（法第12条第1項第4号に掲げる給付金を受ける権利を除く。以下12－9において同じ。）の合計額の全部又は一部について措置法第70条第1項（同条第10項において準用する場合を含む。）又は第3項の規定の適用を受ける部分がある場合は、同条の規定の適用を受ける部分の金額を控除した後の保険金の額を基礎として法第12条第1項第5号に掲げる保険金の非課税金額を計算するものとする。なお、同号ロの規定によるこの保険金の非課税金額の計算を算式で示せば、次のとおりである。

$$（500万円 \times n）\times \frac{B}{A} = 各相続人の非課税金額$$

（注）　1　算式中の符号は、次のとおりである。

nは、法第15条第2項に規定する相続人の数

Aは、各相続人が取得した保険金の合計額の総額

Bは、各相続人が取得した保険金の合計額

2　各相続人が取得した保険金の合計額の総額が、500万円に法第15条第2項に規定する相続人の数を乗じて算出した金額以下の場合には、各相続人の取得した保険金の合計額に相当する金額が、その者の保険金の非課税金額となるのであるから留意する。

3　保険金を取得した被相続人の養子（相続を放棄した者を除く。）については、全員保険金の非課税

323

金額の適用があることに留意する。

〔退職手当金関係〕

（保険金についての取扱いの準用）

12－10　相続を放棄した者等の取得した退職手当金等及び
退職手当金等の非課税金額の計算については、12－8及び
12－9の取扱いに準ずるものとする。

第19条≪相続開始前7年以内に贈与があった場合の
相続税額≫関係

19－1　法第19条第1項の規定により相続税の課税価格に　　☞第5章第4節
加算される同項に規定する加算対象贈与財産（以下41－5　　（P220）
までにおいて「加算対象贈与財産」という。）の価額は、
当該財産の次に掲げる区分に応じ、それぞれ次に定める金
額となることに留意する。

⑴　加算対象贈与財産のうち相続の開始前3年以内に取得
した財産　当該財産にかかわる贈与の時における価額

⑵　加算対象贈与財産のうち相続の開始前3年以内に取得
した財産以外の財産　当該財産に係る贈与の時における
価額の合計額から100万円を控除した残額

（注）1　当該財産を取得した者ごとに100万円を控除する
ことに留意する。

　　　2　当該価額の合計額が100万円以下である場合には、
当該残額は零となることに留意する。

第24条≪定期金に関する権利の評価≫関係

（「定期金給付契約に関する権利」の意義）

24－1　法第24条に規定する「定期金給付契約に関する権　　☞第3章第4節
利」とは、契約によりある期間定期的に金銭その他の給付　　⑵（P145）
を受けることを目的とする債権をいい、毎期に受ける支分
債権ではなく、基本債権をいうのであるから留意する。

（注）法第24条の規定の適用に当たっては、評価基本通達
第8章第3節《定期金に関する権利》の定めに留意す
る。

（年金により支払を受ける生命保険金等の額）

参考法令等（相続税法基本通達（抄））

24-2　年金の方法により支払又は支給を受ける生命保険契約若しくは損害保険契約に係る保険金又は退職手当金等の額は、法第24条の規定により計算した金額による。

　なお、一時金で支払又は支給を受ける生命保険契約若しくは損害保険契約に係る保険金又は退職手当金等の額は、当該一時金の額を分割の方法により利息を付して支払又は支給を受ける場合であっても当該一時金の額であることに留意する。

☞第1章第1節
2（P29）、**3**
(8)(P62)、第2
章(2)(P98)、第
3章第4節(2)
(P145)

（解約返戻金の金額）

24-3　法第24条第1項第1号イ、同項第2号イ及び同項第3号イに規定する解約返戻金の金額は、定期金給付契約に関する権利を取得した時において定期金給付契約を解約するとした場合に支払われることとなる解約返戻金に、当該解約返戻金とともに支払われることとなる剰余金の分配額等がある場合にはこれらの金額を加算し、解約返戻金の金額につき源泉徴収されるべき所得税の額に相当する金額がある場合には当該金額を減算した金額をいうことに留意する。

☞第3章第4節
(2)(P145)

（解約返戻金の金額等がない場合）

24-4　法第24条第1項第1号に規定する有期定期金の評価に当たって、次に掲げる場合に該当するときは、それぞれに掲げる金額により評価することに留意する。

(1)　同号イに規定する解約返戻金の金額がない場合
　　　同号ロ又はハに掲げる金額のうちいずれか多い金額による。

(2)　同号ロに規定する一時金の金額がない場合
　　　同号イ又はハに掲げる金額のうちいずれか多い金額による。

(3)　同号イに規定する解約返戻金の金額及び同号ロに掲げる一時金の金額がない場合
　　　同号ハの金額による。

(注)　同項第2号及び第3号の規定の適用に当たっても同

☞第3章第4節
(2)(P145)

325

様であることに留意する。

第25条関係

（解約返戻金の金額）

25－1　法第25条第2号に規定する解約返戻金の金額については、24－3《解約返戻金の金額》を準用する。

（注）法第25条の規定の適用に当たっては、評価基本通達第8章第3節《定期金に関する権利》の定めに留意する。

参考法令等（財産評価基本通達（抄））

○財産評価基本通達（抄）〔最終改正：令和 6 年課資 2 −25他〕

第 8 章　その他の財産

第 3 節　定期金に関する権利

（給付を受けるべき金額の 1 年当たりの平均額）

200　相続税法第24条《定期金に関する権利の評価》第 1 項第 1 号ハ、同項第 2 号ハ及び同項第 3 号ハに規定する「給付を受けるべき金額の 1 年当たりの平均額」は、これらの規定の定期金給付契約に基づき 1 年間に給付を受けるべき定期金の金額による。

　　ただし、次に掲げる場合における「給付を受けるべき金額の 1 年当たりの平均額」については、それぞれ次によるものとする。

⑴　有期定期金に係る定期金給付契約のうち、年金により給付を受ける契約（年 1 回一定の金額が給付されるものに限る。）以外の契約の場合

　　当該定期金給付契約に係る給付期間（定期金給付契約に関する権利を取得した時における当該契約に基づき定期金の給付を受けるべき残りの期間をいう。以下同じ。）に給付を受けるべき金額の合計額を当該給付期間の年数（その年数に 1 年未満の端数があるときは、その端数は、切り上げる。）で除して計算した金額

⑵　終身定期金に係る定期金給付契約のうち、1 年間に給付を受けるべき定期金の金額が毎年異なる契約の場合

　　当該定期金給付契約に関する権利を取得した時後当該契約の目的とされた者に係る余命年数（相続税法第24条第 1 項第 3 号ハに規定する余命年数をいう。以下同じ。）の間に給付を受けるべき金額の合計額を当該余命年数で除して計算した金額

（定期金に関する権利を取得した日が定期金の給付日である場合の取扱い）

200− 2 　定期金給付契約に関する権利を取得した日が定

327

期金の給付日（当該契約に基づき定期金の給付を受けた日
又は給付を受けるべき日をいう。）である場合における、
相続税法第24条第1項第1号から第3号までの規定（同項
第2号ハを除く。）の適用に当たっては、当該権利を取得
した日に給付を受けた、又は受けるべき定期金の額が含ま
れるのであるから留意する。

（完全生命表）

200-3　相続税法施行規則第12条の6に規定する「完全
生命表」は、定期金給付契約に関する権利を取得した時の
属する年の1月1日現在において公表されている最新のも
のによる。

（予定利率の複利による計算をして得た元利合計額）

200-4　相続税法第25条第1号イに規定する「当該掛金
又は保険料の払込金額に対し、当該契約に係る予定利率の
複利による計算をして得た元利合計額」の算出方法を算式
で示すと、次のとおりである。

定期金給付契約に係る掛金又は保険料の金額×複利終価率
複利終価率＝（1＋r)^n（小数点以下第3位未満の端数が
あるときは、その端数は、四捨五入する。）

上記算式中の「r」及び「n」は、それぞれ次による。

「r」＝当該定期金給付契約に係る予定利率

「n」＝当該定期金給付契約に係る掛金又は保険料の払込
　　　開始の時から当該契約に関する権利を取得した時ま
　　　での期間（以下本項及び次項において「経過期間」
　　　という。）の年数（その年数に1年未満の端数がある
　　　ときは、その端数は、切り捨てる。）

**（経過期間に払い込まれた掛金又は保険料の金額の1年当
たりの平均額）**

200-5　相続税法第25条第1号ロに規定する「経過期間
に払い込まれた掛金又は保険料の金額の1年当たりの平均
額」は、経過期間に払い込まれた掛金又は保険料の額の合
計額を経過期間の年数（その年数に1年未満の端数がある

ときは、その端数は、切り上げる。）で除して計算した金額による。

　年１回一定の金額の掛金又は保険料が払い込まれる契約の場合の「経過期間に払い込まれた掛金又は保険料の金額の１年当たりの平均額」は、当該定期金給付契約に基づき１年間に払い込まれた掛金又は保険料の金額によっても差し支えない。

（予定利率）

200－6　相続税法第24条及び第25条の規定により定期金給付契約に関する権利を評価する場合の「予定利率」は、当該定期金給付契約に関する権利を取得した時における当該契約に係る「予定利率」をいうのであるから留意する。

(注)「予定利率」については、端数処理は行わないのであるから留意する。

　　　第５節　信託受益権

（信託受益権の評価）

202　信託の利益を受ける権利の評価は、次に掲げる区分に従い、それぞれ次に掲げるところによる。

☞第５章第１節 (2)（P167）、 第 ２節**1**(3)(P172)

(1)　元本と収益との受益者が同一人である場合においては、この通達に定めるところにより評価した課税時期における信託財産の価額によって評価する。

(2)　元本と収益との受益者が元本及び収益の一部を受ける場合においては、この通達に定めるところにより評価した課税時期における信託財産の価額にその受益割合を乗じて計算した価額によって評価する。

(3)　元本の受益者と収益の受益者とが異なる場合においては、次に掲げる価額によって評価する。

　　イ　元本を受益する場合は、この通達に定めるところにより評価した課税時期における信託財産の価額から、ロにより評価した収益受益者に帰属する信託の利益を受ける権利の価額を控除した価額

　　ロ　収益を受益する場合は、課税時期の現況において推

329

算した受益者が将来受けるべき利益の価額ごとに課税
時期からそれぞれの受益の時期までの期間に応ずる基
準年利率による複利現価率を乗じて計算した金額の合
計額

第6節　その他の財産

（生命保険契約に関する権利の評価）

214　相続開始の時において、まだ保険事故（共済事故を
含む。この項において同じ。）が発生していない生命保険
契約に関する権利の価額は、相続開始の時において当該契
約を解約するとした場合に支払われることとなる解約返戻
金の額（解約返戻金のほかに支払われることとなる前納保
険料の金額、剰余金の分配額等がある場合にはこれらの金
額を加算し、解約返戻金の額につき源泉徴収されるべき所
得税の額に相当する金額がある場合には当該金額を減算し
た金額）によって評価する。

☞第1章第2節
2 （P89）

（注）1　本項の「生命保険契約」とは、相続税法第3条
《相続又は遺贈により取得したものとみなす場合》
第1項第1号に規定する生命保険契約をいい、当
該生命保険契約には一定期間内に保険事故が発生
しなかった場合において返還金その他これに準ず
るものの支払がない生命保険契約は含まれないの
であるから留意する。

2　被相続人が生命保険契約の契約者である場合に
おいて、当該生命保険契約の契約者に対する貸付
金若しくは保険料の振替貸付けに係る貸付金又は
未払込保険料の額（いずれもその元利合計金額と
する。）があるときは、当該契約者貸付金等の額に
ついて相続税法第13条《債務控除》の適用がある
のであるから留意する。

〈著者紹介〉

武藤　健造（むとう　けんぞう）

昭和27年茨城県生まれ。

大蔵省主税局税制第一課税制専門官（所得税法担当）、同税制第三課課長補佐（相続税法担当）、同総務課主税調査官（資産課税担当）、藤岡税務署長（群馬県）、関東信越国税局課税第一部審理官、同調査査察部調査部門統括官、同課税第二部消費税課長、下館税務署長（茨城県）、関東信越国税局総務部企画課長、同課税第一部個人課税課長、課税総括課長、同徴収部次長の勤務を経て、関東信越国税局課税第一部部長を最後に退職。現在、税理士事務所を開設（関東信越税理士会竜ケ崎支部所属）。

［主な著書］

「相続税　重要計算ハンドブック」平成29年度版～令和３年度版（中央経済社）

「一目でよ～くわかる消費税」（法令出版）

「専門家のための全解土地税制（共著）」（税務研究会）

「DHC　コンメンタール相続税法（共著）」（第一法規）

サービス・インフォメーション

―――――――――――――――――――――――――――― 通話無料 ――――

① 商品に関するご照会・お申込みのご依頼
　　　　　　　TEL 0120 (203) 694／FAX 0120 (302) 640
② ご住所・ご名義等各種変更のご連絡
　　　　　　　TEL 0120 (203) 696／FAX 0120 (202) 974
③ 請求・お支払いに関するご照会・ご要望
　　　　　　　TEL 0120 (203) 695／FAX 0120 (202) 973

● フリーダイヤル（TEL）の受付時間は、土・日・祝日を除く
　9:00～17:30です。
● FAXは24時間受け付けておりますので、あわせてご利用ください。

改訂版　図解でわかる「みなし相続財産」の基本と課税関係
―保険金・退職手当金・定期金・信託受益権―

2020年 2 月15日　　初版発行
2025年 3 月10日　　改訂版発行

著　者　　武　藤　健　造

発行者　　田　中　英　弥

発行所　　第一法規株式会社
　　　　　〒107-8560　東京都港区南青山2-11-17
　　　　　ホームページ　https://www.daiichihoki.co.jp/

みなし相続財産改　ISBN 978-4-474-04799-0　C2034（3）